高职高专

HUIZHAN

会展策划与管理
专业系列教材

U0676956

"十二五"职业教育国家规划教材
经全国职业教育教材审定委员会审定

大型活动策划与管理

主　编　郑建瑜

副主编　杜昀倩

第3版

重庆大学出版社

内容提要

本书是读者了解大型活动行业的一本入门教材,经修订后共10章,内容包括:大型活动含义、大型活动市场调研与分析、大型活动策划、大型活动立项与可行性分析、大型活动营销策略与管理、大型活动赞助商与供应商管理、大型活动流程管理、大型活动日常管理、大型活动品牌塑造与经营、城市会展业发展及其大型活动的经典案例。

本书可作为高职高专会展策划与管理专业、旅游管理类专业的学生教材,也可作为会展策划、管理和设计等系列职业资格培训用书,还可作为大型活动业以及相关行业的从业人员的参考用书。

图书在版编目(CIP)数据

大型活动策划与管理 / 郑建瑜主编. -- 3 版. --重庆 : 重庆大学出版社, 2021.4(2023.7 重印)
高职高专会展策划与管理专业规划教材
ISBN 978-7-5624-4137-3

Ⅰ.①大… Ⅱ.①郑… Ⅲ.①活动—组织管理学—高等职业教育—教材 Ⅳ.①C936

中国版本图书馆 CIP 数据核字(2021)第 056997 号

高职高专会展策划与管理专业系列教材
大型活动策划与管理
(第 3 版)

主 编 郑建瑜
副主编 杜昀倩

责任编辑:史 骥 马 宁 版式设计:史 骥
责任校对:刘志刚 责任印制:张 策

*

重庆大学出版社出版发行
出版人:饶帮华
社址:重庆市沙坪坝区大学城西路 21 号
邮编:401331
电话:(023)88617190 88617185(中小学)
传真:(023)88617186 88617166
网址:http://www.cqup.com.cn
邮箱:fxk@cqup.com.cn(营销中心)
全国新华书店经销
重庆华林天美印务有限公司印刷

*

开本:787mm×1092mm 1/16 印张:15.75 字数:385千
2007 年 9 月第 1 版 2021 年 4 月第 3 版 2023 年 7 月第 15 次印刷
印数:35 001—37 000
ISBN 978-7-5624-4137-3 定价:45.00 元

编委会

主　任:马　勇

副主任:田　里　高　峻　罗兹柏
　　　　谢　苏

委　员:(以姓氏笔画为序)
　　　　马克斌　王　芬　王　斌
　　　　王　瑜　韦晓军　刘红霞
　　　　许传宏　苏　英　吴亚生
　　　　吴　虹　陈　颖　陈　薇
　　　　杨　林　杨朝晖　杨　煌
　　　　张　佶　张金祥　张树坤
　　　　张显春　张跃西　林大飞
　　　　郑建瑜　夏桂年　梁圣蓉
　　　　谭红翔

第 3 版前言

长期以来,大型活动凭借其带来的巨大综合效益受到各个国家的青睐。奥运会、世界杯、世博会等大型活动受到了全球范围的广泛关注。主办国或城市希望借助举办大型活动,提升国际知名度,促进社会、经济甚至政治、外交的发展,同时提高可长期持续的其他附加效益。近年来,我国已成功举办了 2008 北京奥运会、2010 广州亚运会、2010 上海世博会、2019 世界军人运动会(武汉)和中国北京世界园艺博览会等大型国际活动,这给我国大型活动产业带来了新的发展机遇。

从整体上看,中国大型活动产业的宏观管理体制和微观运作机制相对大型活动发达的欧美国家仍较为落后,国内大型活动的理论研究成果仍然比较缺乏,理论研究滞后于市场发育。大型活动的研究成果主要见于各种会议、报告、领导讲话、报纸等,多是从本区域、本单位情况出发,提出一些经验与教训总结,一般就事论事是其主要的表达方式,很少有上升到从系统理论高度来进行跨区域的研究。就其他国家而言,它们的管理相对比较成熟,形成了一些可以借鉴的模式,但怎样"洋为中用",开展合作与竞争,以及如何创造我们本土化经营管理的一些大型活动品牌,是目前我们要研究的新课题。

《大型活动策划与管理》第 3 版的修订,在吸取第 2 版精华内容的基础上,增添了一个新的章节,主要讲述了国内外城市会展业发展的现状和趋势,着重介绍了北京、上海、广州会展业发展现状、发展特征及趋势,并列举了北京、上海、广州各地区举办的大型活动经典案例供读者学习了解。书中各章节前配有本章导读以及学习任务,各章节后配有相关的案例及专家评析,以便帮助读者带着问题阅读并更好地理解各章节的内容。

修订过程中,我们通过多方面收集数据资料、查阅报告、翻译国外文献、进行访谈、实地考察等方式,吸收国内外相关研究理论成果,在此基础上梳理总结,形成自己的观点和结论。本书具有较强的专业性、系统性、时代性、实用性和前瞻性。

本书于 2020 年 5 月开始进行修订,在修订过程中保持了原书基本框架不变。全书共 10 章,各章节的案例、图片、数据、图表、阅读资料等内容都进行了更新,更符合时代特征。第 10 章由"大型文化娱乐活动与旅游活动的策划"更改为"城市会展业发展及其大型活动的经典案例"。

　　本书由上海师范大学旅游学院会展管理系郑建瑜教授担任主编，其负责提出全书的修订大纲与修改意见，并负责全书的统稿工作；吉林大学珠海学院旅游学院教师杜昀倩博士担任副主编，负责第10章编撰及第1—9章的修订工作；澳门科技大学研究生关沛琪协助收集数据及案例素材。在此向他们表示衷心的感谢。

　　特别感谢重庆大学出版社领导和编辑对本书的大力支持，使本书得以顺利出版。在本书修订过程中，参考引用了很多国内外学者的观点、研究成果等文献资料，因数量较多不便逐一列举，在此向各位学者表示最诚挚的谢意！

　　由于本人水平有限，书中难免有不足之处，望各位专家和读者批评指正。

编　者

2021 年 1 月

第 2 版前言

改革开放以来,伴随着社会主义市场经济在中国的逐步确立与完善,经济总量不断扩大,我国大型活动产业逐渐发展起来。全国兴起了一股举办大型活动的热潮,我国已成功地举办了亚运会、联合国世界妇女大会、昆明世界园艺博览会、上海"财富"论坛、APEC会议、网球大师杯赛和F1中国大奖赛等大型活动。大型活动已成为中国经济新亮点,并继续飞快地发展。并且,近年来我们又成功举办了2007年世界特奥会、2008年奥运会(北京)和2010年世博会(上海)等大型国际活动,更给我国大型活动产业的发展带来了新机遇。正如国际会议协会(ICCA)主席所说:"中国有可能成为21世纪国际大型活动旅游的首要目的地。"

从整体上看,中国大型活动产业的宏观管理体制和微观运作机制相对德国、美国等大型活动发达国家都明显落后,而且到目前为止,国内大型活动的理论研究成果仍然比较缺乏,理论研究严重滞后于市场发育。大型活动的研究成果主要见于各种会议、领导讲话、报纸等,多是从本区域、本单位情况出发,提出一些经验与教训总结,一般就事论事是其主要的表达方式,很少有上升到系统理论高度来进行跨区域的研究。就国际而言,他们的管理相对比较成熟,形成了一些可以借鉴的模式,但怎样"洋为中用",开展合作与竞争,以及我们本土化经营管理的一些大型活动品牌如何创造,是目前我们要研究的新课题。

《大型活动策划与管理》一书经过修订,在从第1版中吸取精华内容的基础上,增添了两个新的章节,对大型活动从产业的高度、区域的角度、企业的层面进行了系统的理论研究。书中每个章节前配有本章导读以及学习任务,各章节后都配有相关的案例及专家评析,以便帮助读者带着问题阅读并更好地理解各章节的内容。

本书通过吸收国外在大型活动研究方面的先进成果,结合国内发展实践,站在策划管理战略高度、立足于企业管理实务提出全新的知识点,使大型活动策划与管理的研究现状明晰,研究的理论与生动、鲜活的实际成果,向读者展示了国际国内在大型活动策划与管理方面的新的理念方法和技术手段。

我们通过多方面查阅收集资料、访谈、实际调查、翻译外国文献、开研讨会,吸收国内外已经获得的研究成果,在此基础上形成自己的观点和结论。本书具有较强的专业性、系统性、时代性、实用性和前瞻性。

本书修订后,每章节都新增了与内容匹配的图片、内容结构图以及图表,生动直观,有助于读者归纳重点内容,并且建立了全面的教学支持体系,随书配备了教学资源包,包括专门的教学课件、参考资料和辅导资料等,是很好的理论与实际相结合的资料,可以开阔视野,指导读者如何突破传统教材的内容限制进行自主性和研究型的学习。

本书由上海师范大学旅游学院会展管理系主任郑建瑜担任主编,负责编写大纲,指导全书的统稿和修订工作;上海师范大学旅游学院旅游管理专业研究生常宏宇协助修改,在此表示衷心的感谢。

在我国,对大型活动的研究还是一个全新的领域,将大型活动策划与管理中的理论和实践问题作为一个专题来研究,是一个富有挑战性的尝试。本书在这个领域里进行了开拓性的研究,书中的很多内容在我国大型活动的理论界是全新的、首次被系统论述的。作者真诚地希望能通过本书为中国的大型活动策划与管理探索一条适应市场新形势的道路,同时借此推动我国大型活动和相关行业主管部门对大型活动研究的重视。

著名的新凯恩斯宏观经济学家曼昆曾经说过:"智慧的思想总是潮起潮落。"由于作者水平有限和时间紧迫,书中不足之处在所难免,希望各位读者和业内专家不吝赐教,以使该书不断得到修正和完善! 毕竟,路才刚刚开始,已经迈出的脚步会永远不断向前。

郑建瑜

2013 年 1 月

第1版前言

改革开放以来,伴随着社会主义市场经济在中国的逐步确立与完善,经济总量的不断扩大,我国大型活动产业逐渐发展起来。在全国兴起了一股举办大型活动的热潮,我国已成功举办了亚运会、世妇会、昆明世界园艺博览会、上海"财富"论坛、APEC会议、网球大师杯赛和F1中国大奖赛等大型活动。大型活动已成为中国经济新亮点,并继续飞快地发展。并且,近年来我们又成功举办了2007年世界特奥会、2008年奥运会和2010年世博会等大型国际活动,更给我国大型活动产业的发展创造了机遇。正如国际会议协会(ICCA)主席所说:"中国有可能成为21世纪国际大型活动旅游的首要目的地。"

从整体上看,中国大型活动产业的宏观管理体制和微观运作机制相对德国、美国等大型活动发达国家明显落后,而且到目前为止,国内有关大型活动的理论研究成果也比较缺乏,处于理论研究严重滞后于市场发育的情况。对于大型活动的研究成果主要见于各种会议、领导讲话、报纸等,多是从本区域、本单位情况出发,提出一些经验与教训总结,一般就事论事是其主要的表达方式,很少有上升到系统理论高度来进行跨区域的研究。就国际而言,他们的管理相对比较成熟,形成了一些可以借鉴的模式,但怎样"洋为中用",开展合作与竞争,以及我们本土化经营管理的一些大型活动如何创造品牌,是目前我们要研究的新课题。

《大型活动策划与管理》一书对大型活动从产业的高度、区域的角度、企业的层面进行了系统的理论研究。书中每个章节后都配有相关的案例及专家评析,以及复习思考题,以便帮助读者更好地理解各章节的内容。

本书通过吸收国外在大型活动的研究方面的先进成果,结合国内发展实践,站在策划管理战略高度、立足于企业管理实务提出全新的知识点,使大型活动策划与管理的研究现状明晰,研究的理论与生动、鲜活的实际成果,向读者展示了国际国内在大型活动策划与管理方面的新的理念方法和技术手段。

我们通过多方面查阅收集资料、访谈、实际调查、翻译外国文献、开研讨会,吸收国内外已经获得的研究成果,在此基础上形成自己的观点和结论。本书具有较强的专业性、系统性、时代性、实用性和前瞻性。

　　本书由上海师范大学旅游学院会展管理系主任郑建瑜担任主编,负责编写大纲,撰写第二章至第九章及全书的统稿和修改工作;上海师范大学旅游学院人文地理专业研究生王尚君撰写了第一章;上海师范大学旅游学院人文地理专业研究生孙勤撰写了第十章和第十一章,在此表示衷心的感谢。

　　在我国,对大型活动的研究还是一个全新的领域,将大型活动策划与管理中的理论和实践问题作为一个专题来研究,是一个富有挑战性的尝试。本书在这个领域里进行了开拓性的研究,书中的很多内容在我国大型活动的理论界是全新的、首次被系统论述的。作者真诚地希望能通过本书为中国的大型活动策划与管理探索一条适应市场新形势的道路,同时借此推动我国大型活动和相关行业主管部门对大型活动研究的重视。

　　著名的新凯恩斯宏观经济学家曼昆曾经说过:"智慧的思想总是潮起潮落。"由于作者水平有限和时间紧迫,书中不足之处在所难免,希望各位读者和业内专家不吝赐教,以使该书不断得到修正和完善! 毕竟,路才刚刚开始,已经迈出的脚步会永远不断向前。

郑建瑜

2007 年 3 月

目 录 CONTENTS

第1章
大型活动含义

【本章导读】

本章大型活动含义,包括大型活动的性质和特点、大型活动的基本类型、大型的活动功能,以及大型活动的发展。学习本章,可以对大型活动有一个概念性的了解,为以后的学习打下基础。

【关键词汇】

大型活动　大型活动类型　大型活动功能

【学习任务】

1.从不同的角度对大型活动进行分类。

2.阐述大型活动的内涵。

3.了解大型活动的特点有哪些。

4.掌握大型活动的功能主要有哪些。

5.比较我国和国外大型活动发展特点的异同。

1.1　大型活动的性质和特点

1.1.1　大型活动(Mega-event)的定义

1)与大型活动相关的几个概念

活动(Activity):对于活动一词,人们有许多种不同的解释。以《现代汉语词典》收录的关于活动的定义为例,活动一词是指为了达到某种目的而采取的行动。一次班级聚会、一次野外旅游、一次展览会、一次比赛等,这些都可以称为活动。

事件(Event):有些学者也将"Event"译为活动,因此业内近年来出现了"事件旅游""特殊事件""标志性事件",同时也出现了"大型活动""重大活动""特殊活动"等不同说法。事实上,两者并无明显区别,只是翻译有所不同而已。美国卡盖瑞大学盖茨(Getz)教授曾将事件定义为短时间内发生的一系列活动项目的总和,以及发生时间内的环境、设施管理和人员的独特组合。

特殊事件(Special Event):1955年,华特·迪士尼(Walt Disney)在加利福尼亚阿纳海姆的迪士尼乐园开业的时候,遇到了一个如何让成千上万游客迅速离开乐园的问题,时任迪士尼公关部长(后来拥有最成功的活动组织与管理公司)的罗伯特·加尼提出了一个方案,成功地解决了这一问题——举行一个所谓的"大街电动游行"(Main Street Electric Parade)的晚间游行活动。后来,他回答记者提问时给"Special Event"下了一个简单而且经典的定义:不同于日常生活的事件。

盖茨在1997年深入研究活动类型时指出,对于特殊事件应当从两个角度加以理解:①对于特殊事件的组办方或者组织者而言,特殊事件与平时的例行公务不同,是发生在主办者或组织者日常进行的或者经常碰到或举办的活动、项目范围以外的事件,具有一次性或至少不是经常发生的特点。②对于消费者来说,特殊事件与日常的常规活动不同,是发生在人们日常生活体验或者日常选择范围之外的事件,为消费者或顾客提供了休闲、社交和文化的体验机会。

2)国外学术界专家对于大型活动的界定

马里斯(Marris)于1987年在国际旅游专家联合会以大型活动为主题的会议上指出,大型活动可以根据活动的参观人数、花费及其声誉影响来进行界定。从规模上看应该有超过100万的参观人数,从活动花费上看不少于500万加元或25亿法郎(约3 000万人民币),从声誉上看应该对参与者来说是一次非参与不可的活动。他认为,声誉影响是大型活动能否通过政治当局审批的重要因素。

鲁尼(Rooney)从体育活动的角度研究了大型活动。他认为所有大型体育活动具有以下一些主要特征:承载传统文化,有着某种神秘色彩或至少有某种神秘成分,获得媒体尤其是国际媒体的广泛关注,多与诸如旅游及节庆等活动同时举行,有时也在特殊地点举行。

霍尔(Hall)认为,大型活动是指那些以国际旅游市场为明确对象的活动。同时,重大事件的举办需要公共资金的投入、公众的支持,以完善硬件设施建设和(或)目的地形象再塑的机制。他主要从参与活动的人数、目标市场、公共财政介入水平、公共影响、媒体报道程度、相关设施建设以及对东道国或地区的经济社会结构的影响来衡量。这样的大型活动主要有世界博览会、世界杯或奥运会。

美国乔治·华盛顿大学大型活动管理专业创始人及首任主任戈德布莱特博士(Dr. Goldblatt)在他的专著《现代节事活动管理的最佳实践》(*The Best Practice of Modern Event Management*)一书中,将大型活动定义为:"为满足特殊需求,用仪式和典礼进行欢庆的特殊时刻"。

我们也可将大型活动称为"能对人们产生吸引,并有可能被用来规划开发成消费对象的各种大型活动的总和"。在国际旅游研究中,大型活动专指以各种节日(Festivals)和盛事(Special Events,Mega-events)的庆祝和举办为核心吸引力的一种特殊旅游形式。

在美国内华达大学饭店管理学院旅游和会展管理系的课程介绍中明确表示:会展业包括大型活动(Events)。美国乔治·华盛顿大学于1988年推出的大型活动管理资格认证得到了世界许多国家的承认,目前,全球20多所大学采用了该校的认证课程。

与常规旅游活动相比,大型活动的旅游者为某一目的(如观看体育盛会等)从全世界或全国各地在短时间内聚集到旅游目的地。大型活动具有旅游团体规模大、停留时间长、消费水平较高等特点,能使举办活动的城市或地区旅游设施的综合利用率提高,具有强大的产业联动效应。

3) 大型活动的内涵

对此,我们可以从表1.1所示的5个方面来理解大型活动的内涵。

表 1.1　大型活动的内涵

目的	举办大型活动主要是为了庆祝、教育、市场营销和重聚。对于旅游业来说,大型活动还可以提高举办地的知名度,树立举办地的良好形象,促进当地旅游业的发展并以此带动经济的发展
内容	从当地的特色和文化传统出发,根据游客需求设计制作,活动内容的文化性和地方性表现突出
形式	大型活动的内容组合形式严谨,环环相扣,围绕主题开展;活动的内容表现形式活泼,亲和力强,使旅游者能够通过参加大型活动获得特殊的娱乐经历
功能	兼具文化价值和经济价值,是地区文化现象与经济内容的载体
实质	大型活动实质为商业性活动,大量的人流量使活动举办期间购物业、娱乐业、住宿业、餐饮业等服务性行业收入大大增加,促进了交通、贸易、金融、通信等行业的发展,使整个市场销售量大幅度提升,消费得到刺激,商业活动频繁

1.1.2　大型活动的性质

北京市政府对于大型活动的界定是主办者租用、借用或者以其他形式临时占用场所、

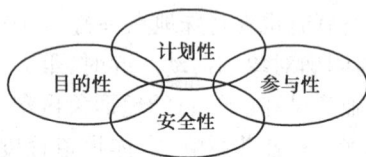

图 1.1　大型活动的定义

场地,面向社会公众举办的文艺演出、体育比赛、展览展销、招聘会、庙会、灯会、游园会等群体性活动。但其在法律上的界定比较模糊,这从侧面反映了我国活动管理的法律法规尚不完善。我国理论界普遍认为大型活动是有目的、有计划、有步骤地组织众多人参与的一项社会协调活动。这一定义要把握4个重要概念(见图1.1):

第一,目的性。无论是企业举办的品牌推广活动,或是现在世界各国政府举办的奥运会,还是群众或者是社会团体组织的公益活动都具有明确的目的性。从宏观上说,大型活动的目标往往体现在社会效益、经济效益和环境效益3个方面。

第二,计划性。大型活动由于其参与者众多,影响面广,因此活动前的计划必不可少且要更加详细周密,主要包括前期策划、营销推广计划、现场协调计划、人力资源管理计划、财务预算等。

第三,参与性。既然是大型活动,就应该有众多的人参与,但并不是参与人数多就是大型活动。大型活动和小型活动的根本区别不仅在于参与者的数量,还在于活动的社会化程度。

第四,安全性。由于活动现场往往有大规模的人流量,因此安全尤为重要,不管是活动的举办者还是政府有关部门,只要发现安全隐患就应该及早启动应急预案,避免严重事故的发生。

大型活动规模庞大,能够影响整个经济,并对参与者和媒体尤其是国际媒体产生强烈的吸引力。

1.1.3　大型活动的特点

了解大型活动的特点,是策划组织大型活动和开发大型活动的前提和基础之一。归纳起来,大型活动有下列特点(见图1.2)。

图 1.2　大型活动的特点

1) 文化性

大型活动的举办受主办地历史文化的影响,因此被赋予一定的文化性,这也是大型活动能够吸引世界观众的原因之一。

一般的大型活动将当地的文化与旅游促销一体化,以文化特别是民族文化、地域文化、节日文化等为主导的大型活动,有文化气息、文化色彩和文化氛围。随着旅游业的发展,文化旅游节开始逐步演化为以大型文化活动为载体，以旅游和经贸洽谈为内容的全方位的经济活动。浙江金华旅游节（中国金华·国际黄大仙文化旅游节）的举办就是通过"文化搭台"，达到"经济唱戏"的目的。兰溪中国彩船会以积淀深厚的中国江南地区水文化和兰溪彩船文化为背景，以江浙地区的"母亲河"钱塘江上游的兰溪江和地处"三江之汇""六水之腰"的"彩船之城"兰溪为载体，通过举办"中华水上彩船台阁盛会"以及各种具有兰溪民俗特色的文化活动，促进中国彩船文化建设和社会主义精神文明建设，同时也将兰溪旅游综合成一个全面完整的旅游产品。在国内外取得较大影响的上海国际服装文化节，对促进上海的经济发展、丰富市民的文化生活、提升市民的文化素养起到了积极作用。大型活动具有突出的文化特色。

2001年7月，何振梁在莫斯科做申奥陈述时，曾留下铭刻史册的声音："选择北京，你们将在奥运会历史上第一次将奥运会带到拥有世界上五分之一人口的国家，让十多亿人民有机会用他们的创造力和奉献精神为奥林匹克运动服务。""如果你们把举办2008年奥运会的荣誉授予北京，我可以向你们保证，7年后的北京，将让你们为今天的决定而自豪。""给中国15天还世界5 000年。"这是对中国奥运会深远影响的经典阐释。《奥运回顾》认为，我们现在仍然缺少对一个问题的科学理解，那就是作为一项社会运动的奥林匹克运动到底有多大可能来影响社会变化。现代奥运会之父——皮埃尔·德·顾拜旦的梦想到今天仍在指引奥林匹克运动的发展。但是在这个科技飞速发展的时代，人们期望看到具体的内容，那通过奥林匹克运动来影响社会的梦想是否正在实现呢？在北京奥运会留给奥林匹克运动的遗产中，价值巨大得无法估量的一项就是它的人文遗产。这个目标表达为北京奥运会3个理念中的一个：人文奥运。它在英语中被译成"Humanistic"或者"People's"奥运。我国把孔子儒家传统文化作为创造和谐社会的一个教育方法显现了强大的影响力。实现"人文奥运"的一个主要途径就是进行大规模的奥林匹克教育，包括召开学术和专业会议，在学校里提供教科书和课程，开办教育电视和广播节目，在杂志和报纸登载文章，进行互联网教育等。

奥运会吉祥物是展现主办国文化性的代表。吉祥物的造型富有活力，为人们所喜爱，体现了奥林匹克精神，传达了当届奥运会的举办理念以及主办城市的历史文化和人文精神，营造了奥运会的节日氛围，是向广大群众，特别是向儿童和青少年推广奥林匹克精神的重要载体。比如2016年里约热内卢奥运会、残奥会吉祥物维尼休斯和汤姆（见图1.3）。主色调为黄色的里约热内卢奥运会吉祥物由巴西的动物组成，体现了猫的灵性，猴子的敏捷以及鸟儿的优雅。主色调为蓝色的里约热内卢残奥会吉祥物的设计灵感则来自巴西热带雨林的植物，它头顶上长满了绿色和黄色树叶，以此象征巴西。

图1.3 2016年里约热内卢
奥运会、残奥会吉祥物

2）参与性

既然是活动，那么人与人之间就不免要发生相互关系。随着旅游业和休闲业的发展，旅游者和休闲者越来越注重活动的参与性，大型活动就是这样一种参与性很强的旅游和休闲活动。众多大型活动想方设法拉近与参与者的距离,如上海国际服装文化节使众多的服装企业、服装品牌能通过这一平台脱颖而出,造就更多的中国时装设计大师,突出了广泛的参与性。

大型活动的参与性主要表现在两个方面:一方面,大型活动可以让参与者进入自然与文化生态系统中去,体验大型活动的魅力,从而更热爱大自然,更热爱生活,更崇尚高雅文化,更自觉地保护自然与文化资源。同时,参与者通过参与可获得与众不同的经历和丰富的体验。另一方面,大型活动又是旅游者,旅游目的地居民,旅游经营者和政府、社团组织及策划人员广泛参与的一种旅游活动,所以大型活动还要求旅游者,旅游目的地居民,旅游经营者和政府、社团组织及策划人员广泛参与到大型活动的决策和管理之中,从而提高大型活动决策和管理的科学性、民主性,促进地方经济和社会的发展。

从某种程度上来说,大型活动的成功与否关键看其参与人数,以及是否达到了预期的社会效益、经济效益。所有大型活动的主办者、赞助商都希望招徕足够多的参与者,没有参与者或者参与者很少的大型活动只能是失败的。

2019 年,中国北京世界园艺博览会(以下简称"北京世园会")于 4 月 29 日—10 月 7 日在北京延庆举行(见图 1.4)。北京世园会是迄今展出规模最大、参展国家最多的一届世界园艺博览会,共有约 110 个国家和国际组织参展。自 2019 年 4 月 28 日开幕以来,北京世园会共举办了 3 284 场活动,吸引了 934 万中外观众前往参观,创造了 A1 类世园会国际参展方数量的记录。北京世园会的举办,极大提升了园区所在地——北京市延庆区的社会建设水平,当地基础设施和公共服务大大改善,其间接待的游客数量与上年同期相比成倍增加,共接待游客 2 084.7 万人次,旅游收入 15.3 亿元,分别增长 71%、61%。同时,区域基础设施和公共服务加速提升,现代园艺、冰雪体育、休闲旅游等绿色产业和绿色消费快速发展。

图 1.4　北京世界园艺博览会

3)多样性

从大型活动的定义可以得知,大型活动是一个含义非常广泛的集合概念,任何能够对旅游者产生吸引力的因素,经过开发都可以成为大型活动。此外,大型活动在表现形式上也往往呈现出多样化的特点。它可以是展/博览会及体育赛事,又可以是会议庆典、花车游行及各种形式的文化娱乐活动;它的主题可以是大自然,也可以是纪念某个名人;可以是某个历史事件,也可以是时尚庆典。活动的内容可以有宴会、戏剧、音乐、舞蹈、服装展示、画展、土特产品展销、体育竞技、杂技表演、狂欢游行等各种形式,涉及政治、经济、文化、体育、商业等多方面。如上海国际服装文化节就由11项活动组成,分别为开幕式、博览会、国际著名服装品牌及设计师作品发布、流行趋势信息发布、经典联想、"中华杯"服装设计大赛、国际模特大赛、国际服装论坛、创意服饰绘画艺术展示、主要街区商业营销活动等。

在2010年上海世界博览会(以下简称"上海世博会")期间,48个场馆同时举行各类文化演出活动,节目量达到20 600多场。2019年上海旅游节恰逢30周年,上海围绕着落实文旅融合和长三角一体化国家战略,在旅游节上推出7大板块、100项活动,如"演艺大世界"花车大巡游(见图1.5)、"海洋之恋"邮轮婚典、朱家角水乡音乐节、扬子江德国啤酒节(见图1.6)、长三角一体化文旅集市、"一带一路"民俗文化展、"上海国际家庭日"嘉年华、"弄堂风情游"等丰富多彩的娱乐活动,并邀请市民游客共享"走进欢乐与美好"的主题。活动数量为历年之最,涵盖食、住、行、游、购、娱六大旅游要素,跨越文化、商业、体育、农业、工业等各个行业,充分体现了文化和旅游的深度融合,促进了"文旅+"的溢出效应。

图1.5　"演艺大世界"花车大巡游

图1.6　扬子江德国啤酒节

4)地方性与国际性

大型活动往往带有很强的地方色彩,是主办地文化的折射。随着旅游的发展,有些活动已成为反映旅游目的地形象的指代物,如山东潍坊的国际风筝节、大连的国际时装节、青岛的啤酒节等。广州的"中国进出口商品交易会"(以下简称"广交会")是其在国际市场推广广州形象的重要活动,而一年一度与中国传统佳节——春节相连的广州花会,则是体现花城广州形象的地方性活动。深圳的荔枝节从无到有,已举办了30余届,而深圳每年的"中国国际高新技术成果交易会"(以下简称"高交会")则已成为深圳的标志性活动。少数民族的节日更是有其独特的地方性,其大型活动的地方色彩更为浓厚。例如,泼水节总是与傣族的形象联系在一起,而那达慕大会也总是代表着内蒙古的形象。

另外,由于当今世界的多元性,大型活动也必然吸引世界各地的游客,具备一定的国际性。

北京不仅具有丰富的历史文化和民俗文化(如长城、故宫、天安门、京剧、胡同等),还具有典型的品牌文化,如北京烤鸭,尤其是全聚德烤鸭店,是几百年的老字号,还有同仁堂药店,充分体现了中医、中药的特色。现代文化更突出了北京风貌和北京人的生活,如120多个博物馆,亚洲最大的图书馆,数十个国家级的艺术团体,北大、清华等蜚声国内外的高等学府,众多的名人故居,国家大剧院等都展现了中国的现在和未来。北京是中外文化交往的中心,不仅能为西方游客提供东方文化精品,也能为东方游客(包括中国国内游客)提供西方文化的展示舞台,如一年一度的国际电影艺术节,各种艺术会演、体育赛事、文化展览,以及富有中国传统文化特色的京剧和杂技等,都充分展现了异国风情和中华民族的风采。不同的文化和艺术形式在北京得到交流和发展,国内外人士来到北京,一定会体验到融入现实生活中的中国文化,也将体验到东西方文化交融的巨大魅力。

5) 短期性

对于每一项大型活动来说,都有季节和时间的限制,都是在某一事先计划好的时段内进行的。当然,大型活动的时间不是随意决定的,往往要根据当地的气候条件,旅游淡旺季,交通情况,接待能力,主题确定、经费落实、策划组织所需要的时间等,从实际情况出发来确定。如桃花节只能在桃花盛开的阳春三月举办,桂花节只能在农历八月举行。同时,在短期内要有充足的饭店客房等旅游接待设施和便利的交通等基础设施,来接纳从四面八方潮涌而来的旅游者,这既给举办大型活动的地区和城市带来了机遇,也带来了挑战。另外,越大型越正规的活动对时间的要求越高,不能随便选择时间,也不能随便更改时间。中国国际航空航天博览会,是世界五大最具国际影响力的航展之一,每逢双年的11月中上旬在珠海机场举行,至2018年已成功举办了十二届。其中飞行表演环节是航展的重头戏,但是受天气因素影响很大,因此出色的气象保障服务是航展成功举办的关键之一。11月的珠海秋高气爽,气温宜人,降水量和降水日数明显减少,平均能见度较好,低云量全年最少,是珠海机场飞机飞行的黄金季节。为了保证每日飞行表演环节的顺利进行,珠海民航气象台为此制定了周密的气象保障技术方案,成功组织并实施了保障服务。由于对不同的航空器、不同的表演项目需要提供不同的个性化气象预报服务,因此对于能见度、云、风及降水的预报精细化程度要求较高。而珠海从10月底便开始做航展天气趋势展望,11月初起每日定时发布7份预报产品,随时为境内外各参展单位和机组人员提供天气问询讲解和所需的个性化气象服务产品(包括0~2 h的临近预报服务、为小轻型航空器提供边界层风的垂直分布情况、对飞行表演有某些影响的特殊天气的预测预警等)。

6) 交融性

正是大型活动的多样性,决定了大型活动必然有强烈的交融性,许多大型的活动,如奥运会、世博会、旅游节、服装节、食品节等都包含了许多会议、展示活动、宴会、晚会等,而在许多会议、展览、奖励旅游中也同样包含着许多大型活动。大型活动和会展业的其他细分市场都有一个共同的特点,那就是"你中有我、我中有你",这些活动互相交融,共添光彩,使大型活动更具有吸引力。这也是会展业包含大型活动的原因之一。

1.2 大型活动的基本类型

国内业界有学者用 MICE 来定义会展的范围,MICE 分别由 Meeting(会议)、Incentives (奖励旅游)、Conferencing/Conventions(大型企业会议)、Exhibitions/Exposition(活动展览)的第一个大写字母组成,是会展的英文缩写。然而,笔者认为用 Events(事件)加以定义更为科学。MICE 框架内的奖励旅游、活动展览、会议、大型企业会议实际上都是 Events。笔者使用的大型活动仅仅是从规模上加以区别,那些规模足够大的会议、活动展览、奖励旅游、特殊节庆都可以称为一种大型活动。

大型活动可以按照不同的分类标准分为许多类型,了解大型活动的类型对于开发和策划大型活动、推动会展业和旅游业的发展有着十分重要的意义。我们可以参考下列标准对大型活动进行分类。

1.2.1 按照大型活动的属性划分

1)传统节日活动

从传统节日的发展历史可分为古代传统型和近代纪念型两种。

(1)古代传统型

这是指追溯历史文化、反映和弘扬民族传统文化的大型活动。重阳节的大型登山活动,端午节的赛龙舟活动,新春元宵节的逛花灯活动,西方的圣诞节、复活节等,都属于这一类型的大型活动。

(2)近代纪念型

这是指各国国庆节、国际劳动节、国际儿童节、国际妇女节等节日活动。

2)现代庆典活动

(1)与生产劳动紧密联系的大型活动

这类大型活动有中国广州的花会、中国深圳的荔枝节、菲律宾的捕鱼节、泰国的水牛节、阿尔及利亚的番茄节、摩洛哥的献羊节、意大利丰迪市的黄瓜节、美国新墨西哥州哈奇城的辣椒节、西班牙的鸡节等。

(2)与生活紧密联系的大型活动

这类大型活动有潍坊风筝节、上海旅游节、大连国际服装节、青岛国际啤酒节、澳门美食节、上海国际音乐烟花节等。

3) 其他重大活动

其他重大活动包括大型会议、大型展览和体育盛事等。其中,体育盛事主要指世界上定期举办的大型体育活动,如每四年举办一次的奥运会以及残疾人奥运会、世界杯足球赛、亚运会、F1 方程式大奖赛等,不仅数量多,而且规模越来越大。大型国际体育活动有人数众多的运动员、教练员、随队工作人员、记者以及大量的"啦啦队员"和观众参加。举办大型体育活动,对自然旅游资源缺乏的国家或地区来说,可以吸引更多游客;对具有较好旅游接待条件和设施的国家或地区来说,可以最大限度地利用现有条件设施。举办大型体育活动,还可以为一个城市树立新的形象提供良好机会,提高主办国家和城市的知名度;可以提供发展旅游业的契机,带来更多的客源,获得巨大的经济效益。

1.2.2　按照地域划分

1) 国际性大型活动

这类大型活动在世界范围内有重要影响,活动参加者来自世界各地,对城市的经济会产生重大影响,对于举办地的区位条件要求也相对较高。例如,奥运会、世博会、F1 方程式大奖赛、奥斯卡颁奖典礼、爱丁堡国际艺术节以及中国的南宁国际民歌艺术节等。

2) 洲际性大型活动

洲际性大型活动往往只对某一个洲产生影响,如欧盟内部货币统一进程中的公投、欧洲杯、亚运会、东盟领导人会议。这种类型的活动对于举办地的影响非常巨大,对于举办地的要求也是非常高的。由于其服务的对象大多数是非本国运动员,因此对于服务人才的要求也很高。例如,2006 年多哈亚运会的总投资高达 28 亿美元,这在亚运会历史上不仅是空前的,也很可能是绝后的。28 亿美元的投入几乎是 2002 年釜山亚运会的 10 倍。相比于多哈的奢华,2010 年广州亚运会将它的"高投入"几乎都放到了城市建设上。广州亚运会共投入 1 200 亿元人民币,其中有 1 090 亿用于城市改建。本着节俭、廉洁的原则,广州亚运会呈献给亚洲乃至世界人民的不仅仅是一场恢宏的体育盛会,更为广州的未来发展创造了良好的条件。

3) 国家级大型活动

这种大型活动往往局限在某一国的范围内,在世界不会产生影响,其参加者也往往是国内居民,涉及的范围比较小。我国大部分城市举办的旅游节皆属于此类,各国举办的足球联赛也属于此类,越来越流行的选秀活动也可以归为此类。

4) 城市大型活动

城市大型活动是在一个城市内举办的大型活动。参照盖茨对于大型活动至少 100 万参加者的要求,这类大型活动一般要求充分调动城市居民,同时还需要开展城市整体营销,推广活动品牌。例如,上海旅游节,作为上海五大大型活动之一,2019 年第 30 届上海旅游节共接待市民游客 2 570 万人次,同比增长 48%。据统计,旅游节举办期间,全市旅游景区接待游客 1 563 万人次,文化场馆接待游客 280 万人次;参加旅游节活动的有 679 万人次,参加阅读建筑活动的有 179 万人次,观看花车巡游的有 138 万人次。

1.2.3　按照活动内容来分

瓦根(Wagen,2004)将活动分为体育,娱乐、艺术和文化,商场市场营销和促销活动,会议和展览,节日庆祝活动等。

1) 体育

在世界各地开展体育赛事,不仅能跨越所有语言、社会、种族、国别的界限,构建世界人民沟通的桥梁,也提供了大量具有吸引力、富有竞争性的就业机会。体育产业已经位列美国前十大产业之一,产值超过 1 900 亿美元。在意大利北部阿尔卑斯山区的小镇古马尤,当地居民虽然只有 3 000 人,但古马尤却是欧洲著名的"滑雪爱好者"之家,每年接待到此度假、消遣余暇时间的滑雪游客达 50 多万人次。国际足联 FIFA 公布的 2018 年俄罗斯世界杯观众数据的最终审计结果显示,2018 俄罗斯世界杯共有 35.72 亿人观看,其中法国和克罗地亚的决赛吸引了全球 11.2 亿观众,有 8 亿观众通过电视转播进行观看。

2) 娱乐、艺术和文化

中国演出行业协会发布的《2018 中国演出市场年度报告》显示,2018 年我国演出市场总体经济规模达 514.11 亿元,同比增幅 5%,其中农村演出收入 29.02 亿元,较 2017 年上升 10.22%。

爱丁堡国际艺术节是始于 1947 年创办的国际节,经过数十年的发展,这一艺术节已从最初的一个节日发展为如今的爱丁堡国际节、边缘艺术节、军乐节、国际图书节、国际电影节、国际爵士乐节、视觉艺术节和多元文化节等 11 个独立的节日。爱丁堡军乐节于 1950 年首次加入爱丁堡国际艺术节。如今,军乐节的演出节目已经不仅限于军乐和队列训练,节目类型更加多元化,以体现各国各地的不同风情。每年 7 月底至 9 月初在苏格兰首府爱丁堡举办的艺术节目前已成为世界上最大的综合性节日。它不仅吸引了世界顶级艺术家,而且成了艺术爱好者的朝圣地,为爱丁堡和苏格兰创造了不凡的文化、社会和经济效益。2011 年,爱丁堡国际艺术节首次聚焦亚洲主题,成为探索丰富多彩的亚洲文化的庆典,吸引了近 40 万观众共享这一盛事。节庆期间共有 2 542 场演出,演出场地既有正规的音乐厅、剧场和博物馆,也有街头和教堂等,内容涵盖歌剧、戏剧、音乐和舞蹈。2019 年,爱丁堡国际艺术节正式公布演出清单——17 个表演场地、293 场艺术演出、来自 40 个国家的 1 600 多位艺术创作者;8 月 2 日至 26 日,属于全世界的艺术狂欢就在爱丁堡!

3) 商场市场营销和促销活动

商场市场营销和促销活动的目的是挖掘潜在的客户,获得更多消费者的青睐,使产品体现出与众不同的特色。消费者、潜在的消费者、销售部门都可能成为活动的参与者或观众,媒体往往也关注这些活动,并会给予及时的报道,在短时期内产生轰动。但这种活动离本书定义的大型活动差距较远。

4) 会议和展览

根据世界最权威的国际会议组织——国际大会及会议协会(ICCA)的统计,每年在世界各地举办的参加国超过4个、参加外宾超过50人的各种国际会议已达40万次以上;此外根据不完全统计,世界上每年还要定期举行4 000多个大型展览会。全世界每年用于会议的开支达2 800亿美元。还有占会展市场绝大部分的公司小型会议和展览活动,为改善和提高企业的经营沟通和商业交流提供机会。国际上每年共举办约150个大型、著名的国际博览会,其中130个左右在德国,全球的进货商、销售商汇聚德国,参观人数超过1 000万人次。

5) 节日庆祝活动

节日庆祝活动源于人们对生活的热爱,尤其是传统节日,不仅有着悠久的历史,而且也是一个民族或国家的历史文化长期积淀凝聚而成的。大型活动中有许多是节日庆祝活动。中央电视台春节联欢晚会自1983年开办至今,已成为全球华人除夕夜中不可或缺的一道"年夜大餐"。2020年1月24日20时,中央电视台《2020年春节联欢晚会》如约而至,北京主会场与郑州分会场、粤港澳大湾区分会场三地隔空联动,围绕"共圆小康梦,欢乐过大年"的主题,兼顾思想性、艺术性和观赏性的统一,为观众们献上了一道精彩纷呈的精致文化大餐。同时,2020年春晚还包含社会热点,关注奋战在抗击疫情第一线的医务工作者、老百姓,传递了众志成城的坚定信心与决心。2020年春晚收视率较往年大幅增长,据不完全统计,截至24日24时,春晚新媒体平台直播累计观看人数为11.16亿次,电视端为5.89亿人。另有560多家海外媒体转播和报道了春晚,其中通过油管、脸书等观看春晚直播的人数超过2 462万。

1.2.4　按照主办单位来分

1) 政府性

政府出面组织的大型活动有奥运会、世博会、世园会等。

2) 民间性

这是指由民间组织自发的大型活动,如彝族的火把节、傣族的泼水节(见图1.7)、法国的狂跳节、意大利的狂欢节等。

图1.7 傣族的泼水节

3) 企业性

这类活动是指由企业组织的大型商业活动,如大连国际服装节、北京国际汽车展览会、上海桂花节、上海旅游风筝会等。

1.2.5 按活动的参与程度

根据参与的程度,大型活动可以分为三大类:一是亲身参与型;二是观赏型,如文艺表演、体育赛事;三是混合型,既可亲身参与,也可以欣赏,如西班牙奔牛节。

1.2.6 按大型活动的主题划分

1) 宗教性

如麦加朝觐、西藏等地晒大佛、伊斯兰教古尔邦节。

2) 文化性

如巴西嘉年华、哥伦布航海500年历史纪念日、戛纳国际电影节、上海国际艺术节等。

3) 经济性

如五年一次的世界博览会、一年两次的广交会、一年一度的德国法兰克福书展等。

4) 体育性

如奥运会、世界杯足球赛、世界一级方程式锦标赛(F1)、网球大师杯赛等。

5) 政治性

如两国邦交建立周年庆典、世界银行大会、亚太经济合作组织(APEC)会议、博鳌亚洲论坛等。

1.2.7 按大型活动涉及的内容分类

1) 单一性

单一性的大型活动是指活动内容和形式单一,如瑞士洋葱节、法国香槟节、中国啤酒节、新加坡食品节等。

2) 综合性

综合性的大型活动是指活动内容和形式综合广泛,如杭州西湖国际博览会等。

综上所述,大型活动的分类如表1.2所示。

表 1.2 大型活动的分类

分类划分的标准	类别
活动属性	传统节日活动、现代庆典活动、其他重大活动
活动地域	国际性、洲际性、国家级、城市大型活动
活动内容	体育,娱乐、艺术和文化,商场市场营销和促销活动,会议和展览、节日庆祝活动
活动主办单位	政府性、民间性、企业性
活动参与程度	亲身参与型、观赏型、混合型
活动主题	宗教性、文化性、经济性、体育性、政治性
活动涉及内容	单一性、综合性

1.3 大型活动的功能

任何一项大型活动的举办不仅能够吸引旅游者、消费者、赞助商、承包商等参与者,而且能给主办地带来多种连带效应。它一方面推动了当地经济的发展,带来了物质文明方面的经济效益;另一方面为当地的文化定位奠定了基础,带来了精神文明方面的社会效益。大型活动的举办对于举办国家、地区乃至城市而言都会产生重要影响。

尽管出于评估的方便性以及其他诸多方面的原因,经济方面的影响总是被强调得最多,但是现有的研究已经对大型活动从经济影响、旅游影响、商业机会、社会影响、政治影响等诸多领域进行了讨论。

1.3.1 经济影响

1) 经济效益显著

经济学有一个重要的理论:乘数效应。乘数效应是一个变量以乘数加速度方式变化而引起最终量的增加。这是一种宏观的经济效应,也是一种宏观经济控制手段。以奥运会为例,1984 年洛杉矶奥运会一改奥运会长期亏损的历史,为南加利福尼亚地区带来了 32.9 亿美元的收益;1992 年巴塞罗那奥运会给加泰罗尼亚地区带来了 260.48 亿美元的经济效益;1996 年亚特兰大奥运会为佐治亚州带来了 51 亿美元的总效益;2000 年悉尼奥运会给澳大利亚和新南威尔士州带来了 63 亿美元的收益。2014 年 7 月英国政府官方报告显示,英国从 2012 年伦敦奥运会得到的后续经济收益已经超过 140 亿英镑(约合 240 亿美元)。可见,奥运会的其他经济收益也很显著,除了奥运会以前以及奥运会期间的短期收益外,还有长期的"奥运遗产",包括基础设施的改善、增加的贸易合作和国外投资、奥运会后的旅游收入,以及民众自豪感提升所带来的无形收益。大型活动的经济影响由此可见一斑。

2) 促进相关行业的发展

大型活动的举办往往涉及许多行业的供应商,像奥运会这样的国际性大型活动涉及服务业、建筑业、通信业、运输业等,几乎涵盖了第三产业和第二产业的所有行业。2006 年世界杯,德国作为主办方虽然没有取得预期的经济效益,但是世界杯对于服务业的促进作用还是得到公认的:超过 90% 的旅游观光者对于德国的接待业表示满意。德国的铁路运输业也凭借世界杯走出了低迷状态,世界杯期间德国铁路共运输旅客 1 500 万人次。

3) 改善基础设施建设

举办大型活动可以极大地促进城市的交通、通信、城建、绿化等基础设施和配套服务设施的建设。"一个会议改变了一座城市",中国 1999 年的昆明世博会对昆明乃至整个云南都有着深远的意义和影响,使昆明的基础设施建设提前了至少 10 年。2004 年雅典奥运会虽然有着巨大的亏损,但各界人士有不同的看法。雅典大学的经济学教授拉尼罗斯在接受记者采访时说:"对组委会来说,这届奥运会肯定亏本,这是必定无疑的。但奥运会对雅典的城市建设和人民生活水平有一个很大的推动,使雅典城市建设水平上了一个新台阶。就在一年前,雅典还没有有轨电车,也没有连接市区和机场的地铁,一些高速道路还没有建成,大量运动场馆也没有建成和完工,而现在这些都有了。另外,我们还多了几百辆公共汽车和救护车,以及遍布全城的高清晰度摄像机网络。希腊政府把未来 20 年对雅典的投资都花在这 4 年了。"

1.3.2 旅游和商业的影响

1) 减少旅游淡旺季的差异

季节性问题是许多旅游目的地管理机构一直感到非常困惑的问题。从目前旅游经济发展的实践来看,已经有许多旅游目的地通过淡季举办相关活动很好地解决了这个问题。大型活动甚至还能成为目的地延长旅游旺季或者形成一个新的"旅游季"的重要手段。

旅游资源、旅游活动具有季节性是一个不争的事实。在城市的旅游业发展中,存在着"淡季""旺季"之分。旺季时游人如织,淡季则游客寥寥,资源闲置,人浮于事。通过对本地旅游资源、民俗风情、特殊事件等因素的优化融合,举办具有独出心裁的、丰富多彩的大型活动,一方面,可以吸引游客,为游客提供新的旅游选择;另一方面,可以调整旅游资源结构,为城市旅游业的发展提供新的机会,并能较好地解决旅游淡季市场需求不足的问题。如哈尔滨国际冰雪节,既充分利用了当地的旅游资源,又缓解了旅游市场的淡旺季。在这期间,有逾百万游客来哈尔滨旅游,市内各大宾馆酒店的入住率比平时普遍提高了30%～50%。相反,如果举办地在旺季也策划一定的大型活动,有时非但不能取得预期的积极效益,反而会产生许多负面效应,如可能会因为设施不足而损害声誉。

当然,客观地说,并非所有这样的战略都是可以成功的。比如像举办奥运会这样的活动,对于平衡季节差异的效果就不是很明显,而且若举办奥运会的季节恰恰是举办地的旅游旺季,会反而加剧旅游季节性的差异程度,带来过度拥挤。而某些成熟的旅游者可能会回避奥运会举办期间到举办地旅游。各届奥运会及其主要战略目标如表1.3所示。

表1.3　各届奥运会及其主要战略目标

奥运会年份与举办方	主要战略目标
1988,汉城(今首尔)	韩国对外开放战略的核心组成部分,用来展示韩国在世界政治和经济体系中民主、开放的新定位、新形象
1992,巴塞罗那	促进加泰罗尼亚地区的经济复苏,实施巴塞罗那城市更新
1996,亚特兰大	为本区域增加新的商业活动,如会展等大型活动,吸引企业进驻亚特兰大(尤其是美国国内的企业和商务活动)
2000,悉尼	促进国际旅游业发展和吸引区域性商务活动,提高悉尼作为国际都市的地位和吸引力
2004,雅典	将雅典再造成现代化城市,促进旅游业发展
2008,北京	举办一届"有特色、高水平"的奥运会和残奥会,实现"新北京、新奥运"的目标
2012,伦敦	以"可持续发展理念"为目标,实现"零废物填埋",提升英国形象,最大限度地提高全英国旅游业的经济效益
2016,里约热内卢	打造绿色星球运动,减少奥运会对环境的影响;以包容的态度为所有人提供计划和传递奥运精神;为里约的经济发展做出贡献

2) 促进旅游业发展

2019年北京世园会的胜利召开,不仅带动了延庆当地的园艺花卉产业发展,拓宽了当地居民就业渠道,同时也带动了延庆旅游、休闲、观光、采摘、养老等产业的迅猛发展。恰逢2022年北京冬奥会、冬残奥会的高山滑雪、高山雪橇项目也将在延庆小海坨山举办,随之而来的冰雪旅游产业已提前谋篇布局。

2000年悉尼奥运会在全球吸引了37亿电视观众,为澳大利亚提供了一个巨大的展示

"澳大利亚品牌"的媒体平台,其宣传价值达到了61亿澳元(约301亿人民币)。大规模的宣传活动以及奥运会本身使澳大利亚旅游业不仅深入了其传统的旅游市场,还发展了新兴旅游市场;奥运宣传及其宣传效果推动澳大利亚旅游业前进了10年。对参加奥运会和来自澳大利亚主要旅游市场游客的调查证明了以上观点。澳大利亚旅游协会(Tourism Australia)指出在111 000名观看了悉尼奥运会的体育游客中有高达88%(97 680人)表示还会再次到澳大利亚旅游。一项对日本市场做的独立旅游市场调查表明悉尼奥运会使人们认识到澳大利亚作为旅游目的地的魅力和优点,有60%的被调查者表示奥运会直接使他们更加了解了澳大利亚,有75%的被调查者表示奥运会增加了他们去澳大利亚旅游的兴趣。据统计,澳大利亚从申办奥运会成功的第二年到举办奥运会后的第一年期间所接待的入境游客增长了44.4%。可见,大型活动对旅游业的带动作用是非常巨大的。

大型活动针对的是商务和休闲两大旅游市场,既吸引商务旅游者,又吸引休闲旅游者。大型活动及活动旅游理论认为,大型活动的影响力大,涉及面广,对旅游业整体发展的重要性不言而喻。

1.3.3 社会文化和心理影响

1)提高当地居民对活动的参与水平以分享体验

上海世博会举办期间,普通老百姓参与世博会可以有多种途径。第一,参观世博园区。世博会主题涉及很多老百姓关心的问题,各国也会把他们最好的文化、历史拿来展览。参观者还可以通过互动的活动直接参与。第二,观赏演出。在184天的世博会举办期间,会有大量的文艺演出,既包括世界各国的一些精彩的文艺演出,还包括中国各民族的一些文艺演出。这些演出有非常好的观赏性和参与性。第三,论坛和网上互动。在世博会期间的各种论坛中,有一个"大众论坛",适合各界人士参与讨论世博会。参观者还可以在网上发表意见,即使很多的老百姓不能到世博园区,也可以通过网络来参与世博会。

2)恢复传统的活力,注入新的精神并强化传统及地方价值观

以北京奥运会为例,中国在申奥的过程中提出了"人文奥运、绿色奥运、科技奥运"的口号,其中"人文奥运"被认为是第一位且最具东方文化特色的一个口号,也是中国成功申办奥运会的一个重要筹码。中国要为奥林匹克运动留下一份独一无二的世界性遗产,"人文奥运"的建设无疑是中国申奥成功后的一项重要内容。"人文"在很大程度上可以用"文化"来表示,绝大多数学者都认为中国传统精神文化是建设"人文奥运"的思想宝库。中国传统精神文化底蕴深厚、源远流长、博大精深,必将对消除奥运会中的人文危机起到重要作用。各种不同的文化都是人类共同的精神财富,像奥运会就已成为一个全球性的盛会,奥林匹克运动成了世界性的文化现象,在世界范围内产生了广泛的影响,对促进不同民族、不同文明间的交流,维护世界和平做出了卓越的贡献。在西方社会现代化进程中,理性精神的弘扬是西方社会率先实现现代化的重要条件之一,这一历史经验对正在迅速向现代化目标迈进的中国也具有重要的意义。中国传统精神文化作为特定民族历史积淀而成的、主导性的生存模

式,它体现的是典型农业文明的精神,无法与现代工业文明的精神完全契合,也无法像支撑传统农业文明那样再成功地支撑一个现代工业文明,而必须向以技术理性和人本精神为内涵的科学、民主、理性文化精神开放。现代奥运会的复兴是人类理性觉醒的结果,现代奥运会的蓬勃发展,更是体现出人类理性的无限力量。2008年北京奥运会为中国借鉴西方理性精神,促进中国传统精神文化的创造性转化提供了一个平台。

如果说奥林匹克"更快、更高、更强"的进取精神体现了对自我极限的挑战、对自由的无限逼近,那么"重在参与"则是对社会过程的公正性主张,是西方民主精神在奥林匹克运动中的体现。所以,奥林匹克运动中的人权问题成为人们关注的焦点。中国在申办2000年及2008年奥运会的过程中,西方国家均以人权为由对中国提出责难。中国在2008年奥运会的申办报告中也明确提出,中国的人权状况也并非完全不尽如人意,中国也在不断改善人权状况。要改善人权状况,首先要提高人们的人权意识,其中,提高国人的现代政治意识是其中一项重要任务。现代政治意识的前提是人们的个性得到张扬,主体意识日益觉醒,个人的权利、利益和尊严得到更多的尊重和确认。现代社会发展趋势要求人们从传统的"边缘人"向现代社会的"参与人"过渡,逐步体现其社会主体地位。中国传统的政治意识正在发生改变,2008年北京奥运会推动了这一过程的发展。

目前,环境问题是国际奥委会最关注的问题之一,这是全球生态环境变化的客观要求,也是奥林匹克运动促进人与自然和谐相处,人与社会协调发展的保障。中国在2008年奥运会的申办报告中明确提出的"绿色奥运"口号不仅是对这一号召的回应,也是对传统生态意识的批判性继承与发展。2008年北京奥运会对环境的要求不仅是对中国城市环保工作的一次检阅与挑战,也为提高中国人的生态环保意识提供了一个难得的机遇。城市的环境质量是衡量现代化生活质量最重要的指标之一,环境质量关系到全体公民的日常生活。中国"绿色奥运"行动的实施对提高广大人民的环保意识,引导广大民众积极参与环保具有积极的意义。而科技奥运的内涵就是要紧密结合科技最新进展,集成全国并吸取全世界高新技术成果,举办一届高科技含量的体育盛会,使奥运会成为展示我国高新技术成果的窗口。奥运会作为全球关注的体育盛会,不仅要反映各个国家体育运动的水平,也要反映各个国家的科技水平,因此许多国家都把奥运会的召开视为展示本国科学技术水平、提高人民科技意识的一个舞台。

在中国传统精神文化中,美即是符合义理的生命精神,与人的高尚本质一致,能满足人的健康的精神生活的需要。但是,随着中国传统伦理精神的发展,审美意识也要有现代性转型。审美意识的现代性转型的本质特征集中体现在对人的个体自由的关注方面,"人"是现代审美意识的主体,审美必须以具有个性主体意识的每个人的个性自觉为前提,否则会沦落为丧失主体性的群体伦理规范。通过体育运动追求真善美是现代奥运会的指导思想。在美和尊严的指导下,奥运会逐渐形成了一整套恢宏、庄严、华彩而凝重的传统仪式,它对人们审美能力的陶冶虽然无形,但影响深刻。此外,观众还可以从奥运会的比赛中感受形体之美、技艺之美以及运动员一往无前、奋进拼搏的精神境界;体验比赛过程中的公平竞争精神,感受奥林匹克运动中对个性的张扬,体会奥林匹克运动的神圣与崇高。2008年北京奥运会,使人们零距离地接触奥运成为现实,丰富了人们的审美感受,为人们审美理想提供新的感性内容,从而提升了人们的审美能力。

顾拜旦从恢复奥林匹克运动那天起,就将教育作为奥林匹克的主要内容。竞技运动作为教育的一种重要形式被顾拜旦视为重塑年轻一代、整复其业已失衡身心的强有力的促进剂。将体育运动的作用提高到不仅要促进人的全面发展,而且还要促进社会发展的认识高度,明确地将体育运动作为一种改造社会的力量,并有意识地将这种力量应用到这样广阔的范围,不能不说是奥林匹克运动的一大创举。2008年北京奥运会的举办引发了奥林匹克运动的热潮,奥林匹克思想中的和谐教育观念亦将深入人心,从而为转变人们的教育理念、推动中国教育的改革进程创造了外部条件。

3)形成社区自豪感并强化社区精神

仍然以奥运会为例,举办奥运会是一个动员民众、振奋民心、集结民气的过程。自1964年东京奥运会以后,日本青年便掀起学外语的高潮。为举办1988年的汉城(今首尔)奥运会,韩国人掀起一股英语热。我国自申办奥运会开始,北京就掀起了外语学习热潮,北京市民广泛开展了"市民讲英语活动"。市民外语水平的提高,有助于国际的文化交流,提高市民的素养。当然,外语学习只是提高市民素质的一个方面。1980年莫斯科奥运会后,苏联社会学家经调查得出:莫斯科和列宁格勒(今圣彼得堡)两市居民的体育热情与参与积极性都有明显提高。1988年汉城奥运会以后,根据韩国开发院的调查,79.1%的韩国人认为"这次奥运会开阔了人们尤其是青少年的国际视野,增长了人们的见识"。对于我国来说,筹备和举办奥运会与当时正广泛开展的素质教育结合了起来,对一些不良社会风气的扭转发挥了独特的作用,形成市场经济对广大民众的素质要求,如自尊、自律、诚实、守信的社会风气,对国民尤其是青少年的思想观念、生活方式产生了巨大影响。

4)引进外来的新意识和理念

上海世博园区浦东中心绿地占地29公顷(0.29平方千米),并以"滩""扇"为理念,设计成一幅独特的"中国水墨画",形成世博永久性公园,被永久保留下来。"扇形"就是利用乔木作为"扇子"的"骨架",整块绿地沿着滨江,从外向内呈现发散状,从空中俯瞰就好像是一把打开的扇子,别具特色。

该规划提出了"滩、扇形"的设计理念,其中扇形是中国传统艺术符号的标志,"滩"是上海的本土特色。2010年世博会在5—10月举行,参观者在这里体会到春、夏、秋、冬四个季节的景色变化。设计前,预计世博会期间要接待游客7 000万人次。因为对"空间面积"要求较大,上海便学习日本"爱知世博会"的经验,利用一些小木屑做成"抽屉式"的凳子,世博会结束后这些"凳子"可变成小花坛,种植植物。世博园区内,保留了"塔吊"和"行架"("塔吊"和"行架",就是指原来工厂内运输钢铁、水泥等建筑材料的机械设备),建成空中花园。除了"塔吊"以外,还有"船坞"也利用起来了。在上海世博园的园区里,有上海最早、也是唯一一个保留初期形态的船坞,包括这个船坞在内的6幢上海近代优秀历史建筑均得以保留。而浦东钢铁公司的特钢厂厂房也被重新利用,改建成为世博文化活动场馆。这些经营理念实际上都是在借鉴了历届世博会的基础上形成的。当今世界越来越国际化,在大型活动的策划准备中,肯定会借助外国的智慧,形成中西兼容的活动特色。

1.3.4 政治和管理影响

1)提高主办地的国际声望,塑造主办地形象

城市形象是一个综合的形象塑造系统,需要大量的时间和精力来打造才能成功。而大型活动的举办对于目的地的形象塑造和改善是其他营销手段所不能比拟的。2008 年的北京奥运会和 2010 年的上海世博会是中国百年难遇的机遇,但同时也存在风险。1936 年柏林奥运会举办时,希特勒上台执政,德国民族主义上升,3 年后第二次世界大战爆发。目前,西方有少数人片面认为中国的民族主义正在上升,误认为这将给世界带来威胁。民族主义不同于爱国主义,民族主义是以本民族为中心,而爱国主义是基于人类的共同价值。国际社会对中国的认识是“扭曲的”,只有到过中国的人对中国的认识才会更客观一些。奥运会和世博会正是让世界了解中国的机会,有了解才会有合作,有合作才能发展。通过举办奥运会和世博会,可以塑造中国的形象,形象就是生产力。日本举办了 1964 年的东京奥运会和 1970 年的大阪世博会,全国动员,上下一心,使这两项活动成为拉动日本国民经济的巨大动力。1961—1970 年,日本经济年均增长率高达 11.4%,两大活动使日本经济跃上了一个更高的台阶。韩国 20 世纪 80 年代政坛混乱,但为了筹备 1988 年汉城奥运会,政坛各派停止争吵,齐心协力办好奥运,使韩国在汉城奥运会和大田世博会之后经济发展上了一个新台阶。在欧洲,西班牙在 1992 年举办了巴塞罗那奥运会和塞维利亚世博会后,国民生产总值实现了大幅度增长,改变了其欧洲穷国的地位。

曾经经济不发达的韩国从 1962 年开始认真着手发展经济。在不到 40 年的时间里,韩国取得了被誉为“汉江奇迹”的经济成就。这一惊人的进程改变了韩国的经济,成为韩国历史上的转折点。1962—2004 年,韩国的国民总收入由 23 亿美元增加到 6 674 亿美元,人均国民收入由 87 美元增加到 16 900 美元,GDP 在 2003 年达到 6 052 亿美元,居世界第 11 位。这些令人刮目相看的数据清楚地表明了韩国的经济发展所取得的重大成就。汉城(今首尔)首都圈集中了约 70%的国家经济总量,在韩国的振兴和现代化进程中,汉城一直发挥着火车头的动力作用。20 世纪 80 年代,汉城主办了两次国际性的体育赛事,使城市形象得到空前的提升。1986 年,汉城申办 1988 年奥运会并主办同年的第 10 届亚运会,这是汉城城市营销的坚实起点。从此,汉城加快了城市建设的步伐并抓住了建设国际化都市的机会,并大力解决环境污染和城市建设,积极推进汉江综合开发工程,不仅修建了蓄水池和河岸,还修建了汉江边城市高速公路,这些城市建设都是 1988 年的汉城奥运会给全世界留下的深刻印象。1988 年汉城奥运会对韩国经济起飞产生了巨大的推动作用。实践证明,韩国利用举办奥运会把汉江北岸发展了起来,当年就使经济实现了 12.4%的增长。1985—1990 年,韩国人均国内生产总值从 2 300 美元增加到 6 300 美元,实现了从发展中国家向新兴工业国家的转变。韩国汉城奥运会给予韩国的政治影响和精神影响更加强烈。

2)提高规划和行政管理方面的技能

2004 年雅典奥运会期间,城市管理办法的宗旨是向游客和世界展示一个“开放、人文和安全"的雅典,一个充满庆典气氛的雅典。《城市管理办法》规定,奥运会期间,希腊主要街道遍插彩旗和悬挂彩色标语,特别是在穿越雅典市中心历史古迹的 7 条道路的两侧,通过着力打扮,使之与奥运会和雅典独有的悠久历史和谐统一,并交相辉映,同时在一些主要广场举办高品位的文化活动。《城市管理办法》对商品供应、垃圾清理和交通畅通等都做出了具体安排。奥运会期间,有关区域内的商店延长了营业时间,"奥林匹克公路网络"确保奥林匹克大家庭成员畅通无阻,"奥林匹克交通线"为游客、观众和服务人员提供了便利,公交系统24 小时运转,游客和观众持门票可以免费乘坐公共交通工具。此外,有关方面还对奥运会主会场周边的主要道路以及雅典市中心、停泊旅馆型豪华游轮的比雷埃夫斯港和从此港至格理发扎滨海地区的道路严加管制,对进出比赛场所的周边区域进行控制,并对这些地区的泊车做出严格规定。

　　大型活动举办期间,有来自世界各地的观众前来参观旅游,对于城市管理来说是一大挑战。在大型活动的筹划期间,城市管理部门应该首先提升硬件设备,提高服务水平,其次应该做好各种应急预案,并通过实战提高应对能力,提升城市管理水平。

　　综上,大型活动的功能如图 1.8 所示。

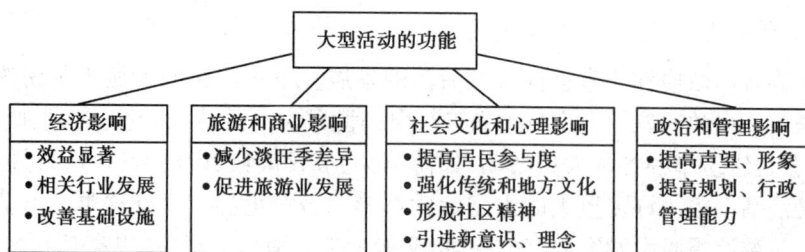

图 1.8　大型活动的功能

1.4　大型活动的发展

1.4.1　国际大型活动的发展状况

1)国际大型活动的历史回顾

　　从远古到 19 世纪初,在人类漫长的生活岁月里,形成了诸多丰富多彩、形式各异的节日风俗。这些节日风俗都是伴随着历史的发展而形成的,反映了各个民族生存、发展、进步的过程。大型活动最初就起源于人类的这些节日风俗。所谓"节",一般是指针对一年的气候变化而言的,也有以纪念某一重大事件而称"节"的。节日风俗的形成过程,大致是根据人们生活的需要,经历了由不自觉到自觉,由不定型到定型,逐渐发展和补充的过程,其内容有生产方面的,有祭祀类的,也有表彰、庆贺性质的。古代的大型活动吸引了来自四面八方和异国他乡的人们的参与,促进了古代人们的旅行交流,可以说,古代的旅行家、学者、商人和传教士等都可算作现代大型活动的先驱。但那一阶段的大型活动并没有带来真正意义上的节事旅游,因为那时真正的旅游业还没有形成。

19 世纪 40 年代以后,旅游作为一种广泛的社会活动在世界上兴起,并逐渐成为人们日常生活不可缺少的部分。第二次世界大战后,特别是进入 20 世纪 60 年代以后,世界的旅游业进入高速发展时期,并迅速成为许多国家的支柱产业。大型活动越来越受到人们的青睐,每一个国家都有自己的多种大型活动。许多国家如瑞士、印度等,甚至被称为"节日之国"。德国的科隆狂欢节经过 750 多年的发展,已经成为充满世俗风情的欢庆大典,"让大家都来欢乐"成为节日举办者的宗旨,每年吸引着数百万人参加,其中包括了大量涌入的各国游客。位于非洲东南部的斯威士兰王国的芦苇节实为选妃盛典,当传统的内涵与现代的气息使其成为一年一度的盛大节日时,它同时也成了最吸引游客的一个热点。历史长达几个世纪的西班牙奔牛节使体育与旅游结合起来,较强的体育娱乐性使体育竞争被淡化,不仅使旅游者领略了当地的民俗风情,感受到了这个民族特有的精神风貌和得到了很好的放松,同时还满足了民众锻炼和保健的需要。

2) 国际大型活动的发展特点

(1) 政府重视,推动大型活动,发展旅游

今天,世界各国政府都非常重视大型活动的发展。很多国家的大城市都纷纷争夺大型活动的举办权,并由政府领导人亲自出面参与申办世界大型活动,如奥运会、世博会、世界杯等。一些协会也纷纷举办各种大型活动,如博览会、节日庆典、市场游行、庆祝周年纪念日、体育运动、义演活动等。许多重大的大型活动都影响着全世界。举办这类大型活动可以一举两得,既是旅游淡季吸引游客的有力手段,又能为举办地树立形象,提高其知名度。例如,由澳门旅游局主办的第五届澳门光影节,于 2019 年 12 月 31 日落下帷幕,活动内容包括光雕表演、灯饰装置艺术和互动游戏等,让市民和游客感受到了澳门喜迎回归祖国 20 周年的喜庆氛围。许多地方节日的最初目的只是为当地居民带来娱乐,但随着规模日益扩大,就会吸引来自四面八方的游客。国际节庆协会估计,每年全世界举行的大小活动中,持续半日的有 5 万次,长达 1 日的超过万次,2 日以上的超过 5 000 次。

(2) 大型活动发展,专业管理

随着大型活动的发展,大型活动管理一枝独秀,脱颖而出,运用现代化的手段进行专业管理和促销,促进了大型活动的发展,使大型活动的数量在不断增加,并不断地创造出许多新的就业机会,吸纳着为活动提供服务的工作人员。与此同时,全年运行的大型活动组织也应运而生,提供了教育和培训计划。

(3) 赞助商和志愿者:大型活动成功的重要因素

由于大型活动的发展和规模的不断扩大,大型活动所需经费也在不断增加,于是,赞助就成了如今大型活动成功举办的重要因素。赞助商为大型活动的举办者提供资金,同时也取得相应的商业回报。没有赞助,地方、国家乃至国际活动都将难以维持。赞助已经成为重大的商业行为。

此外,出于大型活动的短期性特点和费用控制等原因,其举办者不可能长期雇用一批工作人员,而必须依靠大量的志愿者来保证大型活动短期内对大量工作人员的需要。这样,高

素质的志愿者也成了取得大型活动成功的关键因素。根据国际节庆协会提供的报告,美国周末大型活动参与者平均每周为22.2万人次,因此需要大量志愿者做大量的工作才能保证活动的顺利进行,没有志愿者,大多数活动将无法进行。在2019年北京世园会期间,为期162天的世园会共招募了2万名志愿者,他们来自47所高校、16个区和60余个企业组织。志愿者们坚守在北京世园会的各个岗位上,为前来参观的中外游客提供咨询、指引等服务,以最饱满的精气神和最精湛的服务擦亮了志愿者这个"金名片"。

3)国际大型活动发展的若干趋势

(1)国际大型活动将更受人们欢迎

就全球范围而言,各国对大型活动和节事旅游的重视程度在迅速提高。在瑞士,许多大旅游批发商认为,传统的团体多地观光游览在这里已经失宠,逐渐被散客旅游、家庭小团体和专项旅游取代。目前的消费倾向正在明显地向专项旅游发展。一些重大的专项大型活动产品,如大型节庆活动,以及音乐、文化等活动,受到大小旅游批发商们的普遍重视。有些大旅游批发商为大型活动开设了专职部门,如ITV旅行社设立了文化旅游部。在瑞士公民目前17种旅游方式中,"经历大型活动"这一项位居第七,可见大型活动的概念已深入民心。大型活动和由此产生的节事旅游,已成为人们度过休闲时间的最佳方式之一,随着社会的进步,越来越多的人将参与到放松、休闲、娱乐的大型活动中去。

(2)国际大型活动将更为综合性和多样化

发展大型活动很重要的一点就是挖掘当地的民族文化,因为体验异国他乡的风土人情是促使旅游者出游的主要动机。风土人情作为一个民族或一个地区的特点,在节日喜庆中能充分体现一种原汁原味的真实感和人情味,使旅游者获得直接和充分的体验。在大型活动中把服饰表演、饮食品尝、游艺竞技、民间工艺等活动有机地结合起来,一方面可以丰富节庆活动的内容,另一方面还可以促进当地旅游资源的综合开发,既激活某些公共设施、商店、市场等静态吸引物,又吸引投资、经济开发及基础设施改造,做到充分利用现有一切资源,取得最大的经济效益、社会效益和环境效益。

(3)国际大型活动将更为品牌化和专业化

大型活动品牌在会展业和旅游业中扮演着十分重要的角色,其本身就是一种会展和旅游的吸引物,能提高会展和旅游目的地的知名度,丰富会展和旅游产品,延长旅游季节,扩大客源地分布。如今,大型活动的举办者越来越重视大型活动品牌的塑造和经营。美国的玫瑰花节、意大利的狂欢节、马来西亚的国际风筝节的品牌都对本国会展业和旅游业的发展起到了不可替代的作用。随着大型活动的发展,专业化管理日益重要,大型活动的专职管理部门已成为旅游业和会展业发展最快的一个机构。它们在客源地设立办事处进行全年的运营,为当地提供了很多新的就业机会。大型活动管理不仅形成了一个专业领域,而且其专业化程度亦将变得越来越高。美国乔治·华盛顿大学提供的大型活动管理培训和资格认证项目得到了全球许多国家共20多所大学的认可,便是一个很好的例证。

(4)国际大型活动宣传力度将更为加强

大型活动对会展业和旅游业市场的国际竞争,将引起各国宣传促销力度的不断加强。

世界著名的西班牙奔牛节在举办之前,政府会印制大量的日程表和节目单,便于国内和国际游客挑选自己喜爱的活动项目;日本交通公社等大型旅行社会提前 5 年将国内的节庆计划公布于众。做提前的宣传促销是大型活动获得成功的基础。从大型活动宣传的发展趋势来看,更多的国家会像一些发达国家一样采取全方位出击的策略,花大力气建立覆盖面比较广的驻外旅游机构,为宣传提供组织保证,如美国有遍及 80 多个国家和地区的 180 多个驻外旅游机构,德国有 39 家驻外旅游机构。许多国家除了印制精美的各类宣传品外,还派促销团到各客源国进行宣传。

1.4.2　我国大型活动的发展状况

随着我国现代旅游业的发展,大型活动也伴随着一般性旅游娱乐从无到有地成长起来。在一些人工旅游景点中,从观赏性的表演到最后以游客参与为主的所谓“大家乐”活动,几乎成为必不可少的一种旅游吸引因素,而宣传和推出各具特色的大型活动,更成为 20 世纪 90 年代以来我国招徕国际旅游者、开发节事旅游资源的重要内容。

1)我国大型活动的发展历程

（1）形成时期

我国大型活动的历史可谓源远流长,从远古时期的祭天地、祭神灵、祭祖宗的仪式活动到 20 世纪 70 年代末的各民族节庆活动,经历了一个从萌芽到成型的漫长过程。在这一时期,我国的大型活动经历了人们从不自觉开展到自发组织这样一个过程。如我国有许多节日起源于礼尚往来的中华民族传统美德。每年农历正月春节,正值农闲季节,人们在一年辛勤劳动之后,需要休养生息,因此我国便把春节作为合家团圆、庆祝丰收、展示成绩、亲友互访、交流信息的日子来庆祝。而且,随着春天的来临,天气也慢慢暖和起来,正是适合举办大型娱乐活动的好时期。元宵节时扎花灯和闹花灯也充分地说明了中华民族对生活的热爱。我国各少数民族的节日更是在地域的影响下,体现出不同民族的特殊风貌和独特个性。如彝族每年“虎月”（农历七月）的“火把节”的主要活动就是“打牛”,并在晚上开展斗牛、摔跤、跑马和弹月琴等活动,表现出彝族人民勇敢的民族性格。可以说,在 20 世纪 80 年代前,我国的大型活动多属于民间自发活动,即使有寻求节庆体验的旅行者,也仅仅属于少数个人旅行,还没有形成真正意义上的节事旅游。

（2）起步时期

改革开放后,我国在各方面进入了一个全新的发展时期。1979—1990 年,旅游事业的大发展充满了无限的生机和活力。以国际旅游为主导,以国内旅游为基础,协调发展,共同促进,是当时我国旅游业发展的主要内容。旅游部门从旅游产品的角度进行旅游资源开发,使我国进入了重点旅游资源较大规模开发建设的新阶段。“七五”期间,国家公布了 38 座国家历史文化名城、40 个国家重点风景区和 258 处全国重点文物保护单位,有力地推动了各地旅游资源的开发和保护。同时,各地也投资建设了一批有特色的旅游点,增加了娱乐场地和观赏内容,增强了我国旅游业发展的后劲。但由于我们对旅游资源和旅游产品的开发在认识上有局限性和片面性,还没有认识到大型活动和会展业的重要性,以及它们对旅游发展的重要作用,因此,大型活动发展缓慢,节事旅游还处于起步阶段。虽然各地都举办了各种各样的大型活动,但总的来说,我国对大型活动这样一个重要旅游资源和专项旅游产品不够重视。

(3)发展时期

1991年以后,我国在旅游资源开发和保护工作上进入一个突飞猛进的阶段。国家旅游局(今文化和旅游部)借鉴国际上举办大型主题年活动的成功经验,举办系列旅游年活动,与全国各地推出的旅游专线相配合举办了丰富多彩的文化活动,很好地展示了我国作为世界著名文明古国的风姿,逐渐形成了在国际上有一定影响力的一批大型活动,如云南西双版纳的泼水节、路南石林的火把节、大理的三月街、贵州的蜡染艺术节、哈尔滨的国际冰雪节、潍坊的国际风筝节、青岛的国际啤酒节、内蒙古的那达慕大会、大连的国际服装节、洛阳的牡丹文化节、广州的春节花市以及各种少数民族的服饰、礼仪、民俗和民间竞技活动等。这些大型活动对吸引旅游者、推动当地的经济和旅游发展起到了有目共睹的作用,人们对大型活动重要性的认识在实践中不断得到提高和深化。正因为这样,我国开始从民间自发组织大型活动到政府有意识地推广原有大型活动,又进入到一个有计划、有组织地主动开发大型活动的新阶段。我国在成功地举办了1999年昆明世博会后,又举办了2008年北京奥运会、2010年上海世博会、2019年北京世园会、2019年武汉世军会以及许多体育、文化、经济、科技、旅游等国际大型活动,并且都取得了成功。我国大型活动无论在数量、规模、内容和质量上,都取得了令世人瞩目的成绩。

2)我国大型活动的发展特点

(1)大型活动的数量和规模从小发展到大

在20世纪70年代末—80年代初的改革开放初期,我国大型活动数量少、规模小。主要以传统的大型活动为主,基本上都是作为观光旅游的补充。从20世纪80年代后期开始,游客在观赏风景的同时,也参加大型民族活动,比如在彝族传统的火把节,当地的男女老幼会穿上节日的盛装,小伙子弹起大三弦、吹笛子,姑娘们则和着音乐翩翩起舞。还有传统的斗牛和摔跤活动,夜晚,人们舞动火把,祈盼幸福,围着篝火唱歌跳舞,直至天明。这种大规模的活动将游客的整个旅游活动推向高潮,大大地增强了路南石林在世界旅游市场的知名度和吸引力。我国旅游业开始意识到大型活动的重要性,并逐渐提高了举办大型活动的自觉性。尤其是进入20世纪90年代后,随着会展业和旅游业的不断发展,大型活动的数量和规模也在明显地增加和扩大。仅在1997年中国旅游年,我国就推出了48个大型活动,在1998年"华夏城乡游",我国又着重办好了23个大型活动。大规模的大型活动吸引了海内外大批的旅游者,既提高了我国大型活动的国际知名度,也带来了丰厚的经济和社会效益。

(2)大型活动的内容从单一性发展到多样化

在大型活动发展初期,出于认识不足、策划缺乏创意、经验不够、配套设施不全等原因,每个活动的内容往往比较单一。随着大型活动的发展,各个地方大型活动的主办单位开始根据当地的特色,深层次地挖掘地方或民族文化,推进活动策划的创新,使大型活动集食、住、行、游、购、娱为一体,内容更加丰富。近年来,有些地方还举办了祭孔等大型的历时数天的文化活动,吸引了大量中外游客。有的大型活动和体育竞赛、经贸活动结合在一起,具有更丰富的活动内容。许多星级饭店也策划并推出了丰富多彩的民族文化节、艺术节、音乐节、时装节、美食节等,既给饭店带来了良好的经济效益,又带来了较好的社会效益,弘扬了我国优秀的民族风情。

(3)参与大型活动方式从旁观欣赏向直接体验发展

最初旅游部门要求旅游目的地组织大型活动,主要是为了丰富旅游节目,仅将大型活动作为一个可供旅游者观赏的节目来安排。随着旅游者需求的多样化,现代旅游者早已不满足于观赏,而越来越喜爱直接体验,即亲身经历旅游目的地的大型活动,以了解当地的民俗文化和风土人情等,从中体会到传统的观赏式旅游所体会不到的乐趣。比如,在众多的音乐节、啤酒节、美食节中,游客们往往能一饱眼福、耳福、口福,多感官体验,既可做观赏者,又可做参与者,大大提高了大型活动的吸引力,效果相当好。

(4)在大型活动的组织层次上从初级向高级发展

我国大型活动的现代化发展应该说是随着我国旅游业和会展业的发展而发展的。由于我国旅游业和会展业起步较晚,我国大型活动的开发和管理更为落后。经过多年的实践和探索,大型活动的组织层次已从初级阶段向高级阶段发展,也就是说,向专业化和市场化的方向发展。许多地方的政府专门设立了大型活动管理部门,负责大型活动的策划、组织、宣传和发展。在加强大型活动开发和管理的同时,对大型活动开发的理论研究也从无到有,在一些报纸和杂志上也出现了对大型活动的研讨。与国际同类的大型活动相比,我国大型活动的开发还存在着一定的差距。我们相信,通过已经成功申办、筹备、举办的 2008 年北京奥运会、2010 年上海世博会、2019 年武汉世军会等这些世界大型活动,我国一定会积累起丰富的宣传、组织、策划和管理的经验,提高我国在世界会展业和旅游业的美誉度,赶上国际发达国家的水平。

综上,我国大型活动的发展特点如图 1.9 所示。

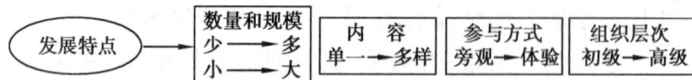

图 1.9　我国大型活动的发展特点

3)我国大型活动的发展趋势

(1)我国大型活动的发展前景将更为广阔

2019 年北京世博会、国庆 70 周年大庆等一系列大型活动和各地策划的形式多样、各具特色的地方和民族大型活动,使我国以大型活动为重要内容的旅游资源的开发速度和规模都上了一个新台阶。这不仅为扩大内需、活跃市场及我国会展业和旅游业的快速发展起了显著的推动作用,更为我国大型活动的进一步发展积累了宝贵的经验。近年来,我国综合实力的不断增长,基础设施的不断完善,国民收入的不断提高,又为大型活动的进一步发展打下了坚实的基础。我国已经成功地举办了 2008 年北京奥运会、2010 年上海世博会、2010 年广州亚运会、2019 年国际篮联篮球世界杯、2019 年武汉世军会等一系列大型活动,我们可以毫无疑问地断言:我国大型活动的发展前景将更为广阔。

（2）我国大型活动将向系列化、参与化方向发展

大型活动系列化是使举办地产生轰动效应,激活潜在市场的有力手段。上海旅游节、杭州西湖国际博览会等都已成了我国大型活动系列化和参与化的范例。通过大型活动来吸引公众传播媒介,产生光环效应,配合一系列小型活动来吸引各种志趣的参与者,已成为我国大型活动的一种发展趋势。具有连贯性、一致性、互补性和协调性的系列化大型活动,会使大型活动主题更加饱满、内容更为丰富、吸引力更强、效益更好。大型活动系列化发展必然也会加大大型活动参与化的广度和深度,使游客由"局外人"变为"局内人",真正领略大型活动的丰富内涵。

（3）我国大型活动将向市场化和专业化方向发展

大型活动和会展业都是市场经济发展到一定阶段的产物。市场化操作经营是国外成功大型活动的基本运作模式,由大型专业的服务或策划公司承办,政府部门只起协调、支持的作用。而我国由于社会主义市场经济还不够健全,市场化运作机制还不够完善,大型活动的发展起步又较晚,因而许多大型活动仍是由政府主办和安排,或仍带有很多明显的计划经济的影子,使企业难以通过公平竞争的方法来介入和进行市场化操作。大型活动的市场营销,也没有受到相应的重视,处于滞后的状态,缺乏积极有效的营销策略和宣传。在大型活动的管理方面,体制也还没有理顺,由于缺少统一的大型活动管理部门而管理无序,档次不高,缺少品牌意识和明确定位,因此影响了大型活动应有的规模和效益。大型活动管理和策划的专业人才也相当缺乏,从业者大多是半路出家,没有经过专业培训,无论是管理水平还是策划、服务方面,同国外相比还有很大的差距。因此,加强国际交流与合作,学习先进的经验,逐步建立我国大型活动的市场化经营体制和模式,培养大型活动策划管理的专业化人才,实施对大型活动的专业化管理,使我国大型活动向市场化和专业化方向发展,是我国大型活动发展的强烈要求和必然趋势。

阅读资料

武汉催热"赏花经济"樱花园游客再创历史新高

"赏花游"成为时下武汉最热的词汇。2019 年 3 月 23 日,武汉大学 30 000 个网上预约赏樱花名额在前一天就被抢空;东湖樱花园入园人次突破 80 000,再创历史新高。

3 月 25 日,记者从武汉火车站了解到,3 月 22 日武汉到站旅客量为 85 114 人,其中大多数为赏花游客。武汉火车站工作人员刘奎书介绍,借助武广高铁,广东、香港游客慕名而来。同时,今年游客来源地范围更广,北方客人逐步增多。

近 10 年来,武汉锁定"新花城"旅游品牌集中发力,一批赏花精品项目纷纷落地。中心城区东湖现有梅园、樱园、荷花园、杜鹃园、牡丹园等 5 园,落雁岛、玫瑰园也已建成;张公堤公园,建成了百亩桃林、百亩玉兰林、百亩芙蓉林、百亩花海等城市赏花带。远城区黄陂云雾山有 100 000 亩野生杜鹃花,黄陂、新洲、蔡甸有 100 000 亩油菜花。"迎得春来非自足,百花

千卉共芬芳。"伴随赏樱热,武汉快速形成全域赏花、全季赏花格局。

"今年的赏花游市场,将融入更多本地特色旅游元素。"湖北嘉程国际旅行社总经理齐海涛介绍说,在产品设计上,今年赏花线路融入了更多季节性旅游产品,对市场起到了很大拉动作用,如"赏花+温泉""赏花+三国文化"等。

以花为媒,"赏花经济"迅速在武汉兴起。武汉市文化和旅游局局长杨相卫表示,着力打造新花城,武汉各种配套设施日趋完善,正逐渐成为游客"来了不想走"的城市。

近年来,武汉市成立赏花游发展领导小组,全面启动赏花基地建设,出台赏花游3年建设总体实施方案,首次推出12条精品赏花游线路:春有浪漫樱花游、湿地观鸟赏花游等5条线路;夏有莲花水乡游、木兰故里草原风情赏花游等4条线路;秋有品桂花游;冬季有赏梅、观鸟等3条线路。

2018年,武汉共接待游客2.88亿人次,赏花高峰期接待游客8 496.6万人次,同比增长13%,赏花游综合收入达157亿元。

"'赏花经济'的背后,是发展思路的转变,直接促进了产业结构调整。"武汉商学院武汉旅游研究院院长薛兵旺告诉记者,下一步武汉可完善"花居、花食、花行、花娱、花购、花娱"为主要内容的夜色旅游项目;还可以通过竞赛、会展等活动,增加赏花旅游的趣味性、文化性和互动性。此外,赏花游产业链还可以延伸,如开发花饮料、鲜花饼、精油等周边产品。

(资料来源:郑明桥,柳洁.武汉催热"赏花经济"樱花园游客再创历史新高[N].经济日报,2019-03-28.)

专家评析

武汉大学和东湖磨山樱园都是武汉著名的赏樱胜地,每年樱花季,慕名而来的游客络绎不绝。"赏花游"深入挖掘当地的旅游资源特色——樱花,使其成为时下武汉最热的词汇。以樱花为媒,"赏花经济"迅速带动武汉旅游业发展。结合当地其他一些旅游资源,举办大型的赏花游活动,这对当地旅游业的发展来说无疑起到了巨大的促进作用,无论从经济效益还是社会效益来说,都是有利可图的。由此可见,大型活动在带动旅游业发展、促进经济增长等方面具有不可小觑的作用。

第2章
大型活动市场调研与分析

【本章导读】

本章大型活动市场调研与分析,讲述了大型活动市场调研、消费者行为分析和目标市场分析。学习本章,可以对策划大型活动前如何进行市场调研与分析有一定的了解。

【关键词汇】

市场调研　消费者行为　目标市场

【学习任务】

1.阐述大型活动市场调研的必要性和市场调研的类型。

2.试述进行大型活动市场调研时可用的方法以及如何选择合适的调研方法。

3.如何对大型活动的消费者行为进行分析?

4.如何对大型活动的目标市场进行分析?

2.1 大型活动市场调研

市场调研(Marketing Research)是运用科学的方法,有目的、有计划地收集、整理、分析有关供求、资源的各种情报、信息和资料,把握供求现状和发展趋势,为制定营销策略和企业决策提供正确依据的信息管理活动。它是市场调查与市场研究的统称,是市场预测和经营决策过程中必不可少的组成部分。

市场调研的流程一般包括:撰写调研计划—设计调研问卷—实施调研问卷—收集、整理调研问卷—数据分析—撰写调研报告。

2.1.1 进行市场调研的必要性

杰出的市场调研可以降低风险的程度。在活动开展之前,要进行的、也是有可能进行的是调研。多年来,活动策划人员已经逐步地意识到调研在精确判断潜在公众的要求、想法、期望和追求等方面所蕴藏的内在价值。各级政府在批准重大项目之前,通常都要进行可行性的研究。这些可行性研究中包括了巨细无遗的调研工作。活动就是一种在公众面前展示的产品,这种产品的用途是对公众参与的理性的期待。因此,进行周全而精确的调研是减少"无人喝彩"的绝对要素,也是为未来策划新活动奠定基础。

在活动管理中优秀的专业人士,他们明确地表示,在活动的调研和评价中必须要多花费些时间。根据这些专家的意见,如果在活动的组织、管理和生产这些阶段中多花费一些时间,最终可以减少协调和摆平这些阶段所需要的时间和资金。

2.1.2 市场调研的类型

大型活动前期的调研类型主要有 3 种:定量调研、定性调研、定量定性混合调研。

1)定量调研

定量调研是指确定事物某方面量的规定性的科学研究,是将问题与现象用数量来表示,进而去分析、考验、解释,从而获得有意义的研究方法和过程。定量,就是以数字化符号为基础去测量。定量调研是通过对研究对象的特征按某种标准进行比较来测定对象特征数值,或求出某些因素间的量的变化规律。对于活动前期的定量调研,活动组织经理人主要采用收集性别、年龄、收入等人口统计方法以及收集有关活动未来市场的资料来进行调研。定量调研开展的费用相对低廉,也容易制表和进行计算分析。表 2.1 是一种典型的活动前期的定量调研调查表。

表 2.1 活动组织前期定量调研的调查表样式

下列调查将使××娱乐活动的组织者得以判断举办此活动是否可行,你的参与将对该活动起到重要作用。请回答问题并在小方框内打钩。敬请在 2020 年 7 月 20 日前寄回调查表。

1.性别:

□男性　　□女性

2.年龄:

□25 岁以下　　□26~34 岁　　□35~44 岁　　□45~60 岁　　□60 岁以上

3.收入:

□5 000 元人民币/年以下　　　　　□5 000~20 000 元人民币/年

□20 000~50 000 元人民币/年　　　□50 000 元人民币/年以上

4.如果这项活动在夏季举办,我将:(莱克尔特统计法)

□不参加　　□可不参加　　□不发表意见　　□也许参加　　□积极参加

5.如果这项活动在秋季举办,我将:(语义差异统计法)

□不参加　　　□1　　　□2　　　□3　　　□4　　　□5　　　□积极参加

6.如果你选择 1 号方框,请把自己不参加的理由写在下列空行里:

_____

_____

请于 2020 年 7 月 20 日前将本表寄到或通过传真(86-××-×××××××)发送至:_____

×××旅游有限公司市场部

在寄调查表时,请随表附上您的名片,我们将为您寄送纪念品。

2) 定性调研

定性调研是指通过发掘问题、理解事件现象、分析人类的行为与观点以及回答提问来获取信息。定性调研是研究者用来定义问题或处理问题的途径。具体目的是深入研究消费者的看法,进一步探讨消费者行为产生的原因。如果说定量调研解决"是什么"的问题,那么定性调研解决的就是"为什么"的问题。活动策划的成功,除了需要在主题研发、策划文案创作等方面的优势外,更应该强调市场研究,尤其应重视对定性调研的实施和应用。市场调研咨询顾问主要依靠定性调研找出那些隐藏在定量调研中的问题。因此定性调研也是调研过程的一个重要步骤。这种类型的调研采取的形式是重点调查小组调研、参加者/观察者调研、案例研究。

一般来说,定性调研的成本要高于定量调研的成本,原因是:定性调研在探求层次更深和意义更深奥的答案时,所需要的时间多于单纯研究数字意义的时间。定性调研的成本由培训采访者的费用、采访者的时间成本、分析数据的时间成本和其他费用共同构成。尽管成本昂贵,但为了证实自己的设想或者对市场进行调研,许多活动组织经理人既需要定量调研的成果,也需要定性调研的结论。

3) 定量定性混合调研

在大多数的情况下,活动组织经理人会使用定量定性混合调研的方式,为未来的活动组织制定决策。这种混合式调研可以运用定量方法廉价地获取大量的信息,然后运用定性的方法查明深层的意义和差别。成效显著的定量调研包含了增加调查问题有效性所需要的定性调研的元素。在开始调研之前,应使用小规模的重点小组或专家组对调查问题进行审核。这些专家可以对一个调查问题是否能被理解和对要展开的调研是否有效,做出裁定。再与时间框架和供给资金相结合,最终确定哪种方式最适合活动的前期调研。无论使用哪种类型的调研,获取有效和可靠的信息是必须关注的头等大事。

2.1.3 市场调研的方法

1)文案调研法

文案调研法又称二手资料调研法或文献调研法,这种调研方法主要是通过对二手资料的收集、整理,然后进行分析。包括对图书信息、研究论文、网上资料检索等信息的获取,是一种对现有资料吸收和消化的调研方法。

这种调研方法的优点是:不受时空限制,信息资料多;信息获得较方便、容易,能够节省时间和精力;调查的费用低;内容比较客观,适宜纵向比较。这种调研方法的缺点是:有局限性,无法收集市场的新情况、新问题;不可预见性,所收集资料无法直接应用;缺乏直观感、现实感,对调查者能力要求较高。

2)实地调研法

大型活动的实地调研法可分为询问法和观察法。

(1)询问法

询问法是调查人员通过各种方式向被调查者发问或征求意见来搜集市场信息的一种方法。它可分为深度访谈、GI座谈会、问卷调查等方法,其中问卷调查又可分为电话访问、邮寄调查、留置问卷调查、入户访问、街头拦访等调查形式。

不管使用的是书面调查、个人采访还是电话采访的方式,采用这些方法时都需注意:所提问题确属必要,被访问者有能力回答所提问题,访问的时间不能过长,询问的语气、措辞、态度、气氛必须合适。为了充分调动被调查人答复的积极性,可以采用寄送纪念品等作为奖励手段,而最为立竿见影的奖励措施之一是在调查表中直接附上纪念品。

(2)观察法

观察法是调查人员在调研现场,直接或通过仪器观察、记录被调查者的行为和表情,以获取信息的一种调研方法。

这种调研方法可以不动声色地观察到被观测者最真实的一面,由于被观测者并不知情,因此,其在心理、行为或者言语上都未加"修饰"。因此,观察法很适合应用在活动进行之中,收集的信息可以反映参与者对活动满意或不满意的方面,为活动在形式、服务、管理等方面提出改进的信息。例如,如果你急于确定某个活动规定的目的地是否适合活动的举办,那么在你做出决定之前,可以花费一定的时间对这个活动目的地进行实地考察、亲身体验和深入观察。采访重要的信息线人也是进行此类调研的关键。

3）特殊调研法

（1）莱克尔特统计法

莱克尔特统计法是进行询问调研时可供使用的一种方法,采用这种统计法可以使回答者准确地选择代表自己意见的答案。如表 2.1 中问题 4 的设置,就采用了莱克尔特统计法。

（2）语言差异统计法

语言差异统计法可以使回答者在两个根本对立的目标之间设立的级差性答案中选择。如表 2.1 中问题 5 的设置,回答者所打钩的号数可以表明自己参加或不参加这一项活动。

（3）重点调查小组调研法

重点调查小组通常由 8~12 名有相似背景和经验的人组成,小组组建的目的是开展研讨。一位受过培训的主持人负责向小组提出各种专项问题。这些专项问题可以暴露调研所期望的,与目标和结果关联的种种线索。重点调查小组的"生存"时间一般在一个小时,但在大多数情况下,小组通常要多"存活"半个到一个小时。有时,在会议室里会安装一面窥视玻璃镜,利益关系人可以通过这面镜子观察参加者的肢体语言、脸部表情和其他姿态表现的细微变化。这些变化披露了参加者言语表述观点之外的信息。重点调查小组的发言都会进行场地录音,随后把录音的内容整理成文字材料进行分析,从而划定赞成和异议的分布范围。

（4）德尔菲法

德尔菲法（Delphi Method）,即函询调查法,这是一种匿名的专家问卷调查法。方法是将提出的问题和必要的背景材料,用通信的方式向有经验的专家提出,然后把他们答复的意见进行综合,回收整理相同意见的部分,再将不同意见的部分再次设计并寄出问卷反馈给他们,如此反复多次,直到意见一致。

（5）案例研究法

案例研究法是把以前组织过的一项活动作为特定的案例单独剥离,然后进行深层次的专门研究,可以从历史藕断丝连的联系角度进行研究,或者对利益关系人进行采访以从中确定个性、技能和其他因素在推动这项活动成功中所起的作用。案例研究法可以使活动调研者从一个具有类比性质的活动的调研中获取结论。

2.1.4　市场调研方法的选择

确定要开展市场调研后,就要选择合适的调研方法。选择调研方法时,要综合考虑调研成本、时间、预算以及调研目标。调研具有重要的意义,科学的选择合适的调研方法才能获取有效和可靠的信息,为活动的策划与改进奠定基础。

在需要考虑的因素中,最重要的是调研目标,然后根据提供的时间和预算资金,选择适宜的方法（见表 2.2）。

表 2.2　选择合适的调研方法

调研目标	调研方法
收集人口统计因素数据	问卷调查
收集态度和意见信息	问卷调查/深度访谈/座谈会/重点调查小组
收集活动现场的参与者信息	观察法/问卷调查/一对一访谈
辨别可比较的特点	文案调研/案例研究
收集业界专家意见	座谈会/德尔菲法

2.1.5　撰写调研报告

将调研获取的信息进行整理和分析后,市场调研的结果最终以调研报告的形式提交给决策部门,因此,调查组织者十分重视调研报告的撰写。调研报告的撰写原则包括:客观、真实、准确地反映调查成果;内容简明扼要,文字精练,重点突出;结论和建议表达清楚,可归纳为要点;调研报告后应附必要的图表和附件,以便阅读和使用;结构完整,印刷精致、美观。

一份完整的市场调研报告应包括以下部分:

①题目。包括调研报告的标题、完成日期、承办部门、撰写人等。

②摘要。介绍调研报告的主要内容,提出重要的结论和建议。

③序言。简要介绍调查的背景、动机、调查拟解决的主要问题、调查过程设计、调查实施要点、调查方法说明等。

④报告主体。主要是对调查资料的分析,综合各种调查结果所得出的重要结论,根据结论提出合理化建议等。

⑤附录。包括统计图表、计算公式、参考数据和资料来源、使用的统计分析方法说明等。

2.2　消费者行为分析和目标市场分析

在进行大型活动营销的时候,我们经常会思考一些问题,消费者究竟对什么样的大型活动感兴趣,他们会参加什么样的娱乐互动活动? 他们为什么会成为我们该活动的目标市场? 为什么不是其他活动的客户? 欲解决上述问题,我们必须对消费者行为和目标市场有所了解。

2.2.1　消费者行为分析

消费者行为(Consumer Behavior)是指人们购买和使用产品或服务时相关的决策行为。

1) 消费者行为分析

对消费者行为的分析,有两点基本假设:一是消费者行为的连贯一致性,即消费者对商品消费偏好的排列是有序的,也就是对商品或劳务偏好的比较可以传递,比如认为 A 商品的效用优于 B 商品,B 商品优于 C 商品,那么偏好的排列次序就是 A,B,C;二是消费者理性追求自身满足程度最大化,能够对购买行为做出正确的选择。

(1)马斯洛需要层次理论与消费欲望

根据马斯洛需要层次理论,消费欲望可以分为满足生理需要、满足安全需要、满足归属和爱的需要、满足尊重需要、满足自我实现需要 5 个层次。

欲望的一个重要特点是层次递进性,低层次欲望满足以后就不再是行为的推动力,但会在此基础上产生新的欲望,不同的消费者对满足不同层次欲望的商品选择的次序有所不同,对于大多数消费者来说,基本上是遵循在满足低层次欲望后才产生高一层次欲望这一基本的欲望发展规律。

(2)效用和效用的衡量指标

效用是消费者从消费某种物品中所得到的满足程度。效用和欲望都是消费者对商品的主观感觉,但效用和欲望的不同之处在于,欲望产生在商品消费之前,而效用是消费者对商品进行消费后的主观评价。对消费者消费某种商品后满足程度的高低主要是通过总效用与边际效用两个指标进行衡量。总效用是指消费一定量某种物品中所得到的总满足程度。边际效用是指对某种物品的消费量每增加一单位所增加的满足程度。如果用 TU 表示总效用,用 MU 表示边际效用,Q 为消费的物品数量,可以用图 2.1 来说明总效用与边际效用之间的数量关系。

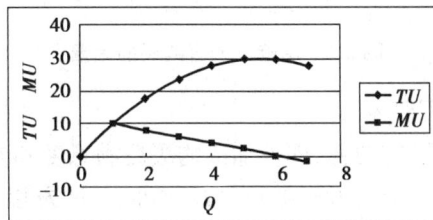

图 2.1　总效用与边际效用关系示意图

2)大型活动消费者行为分析

(1)确认需求

消费者只有认识到自己需要某种商品的功能之后才能选择购买。而让消费者产生对活动的需求主要有内部和外部的刺激,内部的刺激如:看见电视上播出的各地的啤酒节,希望去参加一个这样的活动来尝尝各种类型的啤酒。外部的刺激如:看见各种体育赛事的宣传,产生了去比赛现场体验赛事现场气氛的欲望等。

(2)收集信息

一位被唤起需求的消费者,可能会去寻求更多的信息,消费者的信息来源可以分为4 种。

①个人来源:指家庭成员、朋友、邻居或同事等提供的信息。

②商业来源:指从一些旅行社、旅游交易会等方面获得的信息。

③公共来源:指从大众传播媒体,如电视、广播、杂志等获得的信息。

④经验来源:是指从自己以前参加过的某种大型活动获得的信息。

在以上4种渠道中,消费者主要的信息来源一方面是商业来源,也就是活动营销人员可以控制的来源,另一方面是个人来源。

(3)选择参加或购买的决策

消费者得到的各种有关信息,可能重复繁杂,甚至可能互相矛盾,因此,还要进行分析、评估和选择。对参加或购买前的评价,是决策过程决定性的一环。影响消费者购买的因素有很多(见图2.2),而消费者往往会考虑品牌、效用函数等因素。在正常情况下,消费者会按照自己的意图做决策,但是在意图和决策之间,他人的态度和意外情况也会对消费者决策产生影响。

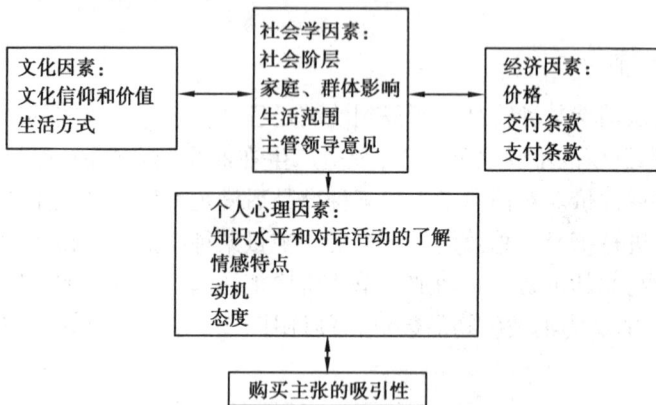

```
┌─────────────┐      ┌─────────────┐      ┌─────────────┐
│ 文化因素:   │      │ 社会学因素: │      │ 经济因素:   │
│ 文化信仰和价值│◄───►│ 社会阶层    │◄───►│ 价格        │
│ 生活方式    │      │ 家庭、群体影响│      │ 交付条款    │
└─────────────┘      │ 生活范围    │      │ 支付条款    │
                     │ 主管领导意见 │      └─────────────┘
                     └──────┬──────┘
                            │
                     ┌──────▼───────────────┐
                     │ 个人心理因素:        │
                     │ 知识水平和对话活动的了解│
                     │ 情感特点              │
                     │ 动机                  │
                     │ 态度                  │
                     └──────┬───────────────┘
                            │
                     ┌──────▼──────┐
                     │ 购买主张的吸引性 │
                     └─────────────┘
```

图 2.2　影响消费者购买的因素

(4)选择参加或购买后的行为

参加或购买后的行为主要有两种,即参加或购买后满意度和参加或购买后行动。

①参加或购买后满意度。消费者根据自己从主办方、朋友以及其他信息来源所获得的消息来形成他们的期望。如果主办方夸大其活动的优点,消费者将会感受到不能达成这些期望。这种不能达成的期望会导致消费者产生不满意感。

②参加或购买后行动。消费者对节事活动产生的满意感或不满意感会影响以后是否再次参加此活动。如果对此次活动满意,则他们下一次仍会参加这个活动,并且向他人给此次活动做免费且高效的宣传。但是如果对此次活动不满意的消费者,不但下次的活动不会参加,而且会做反面宣传。

资料显示,洛杉矶、汉城(今首尔)、巴塞罗那、亚特兰大奥运会期间,入境的游客分别达23万人次、22万人次、30万人次、29万人次。而悉尼奥运会,在旅游与奥运的结合上,比以往任何一届都做得更好——比赛期间共接待国外游客达50万人次。澳大利亚旅游局(ATC)所开创的奥运旅游促销战略被国际奥委会推荐为"今后主办国的角色模式"。下面以悉尼夏季奥运会为例,对参加者的行为进行分析。

作为一个世界性的比赛盛事,每届的奥运会都是人们关注的焦点,可以说想去亲眼看奥运会的想法是大多数人都有的,但是消费者在决定要不要去观看奥运会的时候,肯定会先对去观看奥运会这个举动和对东道国提供的服务进行分析。比如,悉尼被选中主办奥运会的原因之一是其有良好的公交系统。悉尼保证为运动员、官员、奥运会工作人员、媒体、赞助商、观众、游客及悉尼的正常流动人口提供安全、可靠和准时的交通服务,包括公路、铁路和渡船交通,还为自行车、行人和残疾人做了特殊安排,还有成千上万的澳大利亚志愿者帮助奥运会取得成功。另外在悉尼这个举世闻名的海港城市,街上和海边的观众将有幸免费观看马拉松、帆船和自行车路赛等比赛。当然,还有很关键的一点就是许多游客将在他们的亲戚朋友处投宿,这个非正式的网络将为这座居民来自世界各地的多元文化城市——悉尼,容纳下数以万计的访客,从而缓解奥运会期间住宿紧张的问题,并且吸引更多的游客,而世界各地的运动员和来宾将会发现在悉尼有人跟他们讲共同的语言、吃相同的膳食。

而正是悉尼的这些优势,让消费者在选择参加或购买前的评价阶段,对去悉尼观看奥运会给出很高的评价,而如果有足够的可自由分配资金和充足的时间,消费者则会选择去悉尼观看奥运会。

2.2.2 目标市场分析

市场细分不是简单分解,而是一个分类组合的过程。市场细分,从某种意义上可以说是活动主办单位从更具体的角度寻找和选择市场机会,以使主办单位能够将具有特定需要的顾客群与主办单位的营销组合对策有机地结合起来。

1) 市场细分的意义

任何一个大型活动,即使规模很大的主办单位也难以满足大型活动全体买主的各种要求。因此,在主办单位获得了市场机会,进一步明确了活动主题和形式的具体方向以及需要什么样的服务之后,还要从提高经营效率和效益的角度出发,根据自己的能力,进一步明确为哪些人服务,即确定为大型活动全体买主中的哪类或哪几类买主服务,选择合适的目标市场。

由于各个不同的目标市场在消费需求上必然存在着不同,组织者在实施市场细分时,应以影响消费者需要、欲望与购买行为的有关因素为基本线索和依据。不同的细分市场在需求倾向上的差异性,不仅可以表现在对产品的要求上,而且可以表现在对市场营销组合等其他构成因素的要求上,甚至综合表现在对主办单位整个市场营销组合要求的异同上。因此,主办单位在选择某一细分市场为目标市场之后,需要注意从整体营销活动和整个营销组合的角度出发。

2) 市场细分的流程

美国市场学家麦卡锡提出了细分市场的一整套程序,这一程序包括7个步骤。
①选定市场范围。
②列举潜在客户的各类需求。
③分析可能存在的细分市场。
④选取重要的差异需求作为细分标准。
⑤根据所选标准细分市场。
⑥分析各个细分市场的购买行为。

⑦评估每一细分市场的规模。

3) 市场细分的方法

市场细分,是主办单位选择目标市场实行目标市场营销的前提和基础,同时也是主办单位进入市场的有效途径和策略。大型活动的市场细分可以根据地理环境、社会人口环境或生活方式(消费心理)来进行。

(1) 地理环境因素

由于目标市场地理位置不同,其文化、气候和生态环境也不相同。大型活动营销者可以开发不同特征的消费区域,使消费者的特征具体化、形象化。地理因素的细分主要考虑活动参加者的居住地点。大型活动潜在的地理分布包括该地区的居民、附近地区的观光者、省内游客、外省市游客、国外游客等。

(2) 社会人口环境因素

年龄、性别、职业、收入、教育程度、民族、语言、宗教、居住情况等都是社会人口环境因素。职业(一般指家庭中收入的主要提供者)的划分是营销人员经常用到的一种市场细分工具。表 2.3 详细列出了发达国家在社会经济市场中群体的分类。表 2.4 列出了零售业活动类型及其目标客户市场。

表 2.3　社会经济市场中群体的分类

组	社会经济团体	典型的职业	可能参加的大型活动	所占人口比例/%
A	中上阶层	高级管理者或高级行政人员,职业:律师、医生、牙医、行业主管、高级公务员、高级军官、教授	歌剧演出、传统音乐节等活动	3
B	中等阶层	中级管理者和中级行政人员,职业:大学讲师、药剂师、中层经理、记者、建筑师	购买便宜座位票的节事活动、饮食节、历史节日、艺术和工艺节、社区节日	15
C	中下阶层	主管、职员、基层管理者、基层行政人员、店员、销售代表、护士、教师、店铺管理者	大多数流行的演出活动、体育活动、社区节日	24
D	技术工人	有技术的蓝领工人:建筑工人、装配工、码头工人、警察、巡警、个体户	汽车节、体育活动、社区节日	28
E	工人	半技术工人和无技术工人:体力施工人员、工厂工人、清洁工、货运司机	体育活动、宗教活动	17
F	接受社会保障的人群	生活水平最低人员、领取补助金人员、临时工或业余工作人员	几乎没有,偶尔参加免费的社区活动	13

表 2.4 零售业活动类型及其目标客户市场

活动类型	目标客户
儿童娱乐活动	儿童
马戏表演和宠物动物园	年轻夫妇家庭
计算机展示会	男人
视频展示会/品尝会	妇女
时装表演	妇女和少女
美术展	男人和女人
魔术表演	青少年
木偶剧	少年儿童
肥皂剧明星见面会	妇女和少女
体育明星见面会	男人和男孩
著名体育事件纪念盛会	男人和青少年

(3)生活方式(消费心理)因素

购买者的消费心理因素是按照购买者心理进行细分,是与价值、观念直接相联系的分析方式,一般与其个性或生活方式有关。

阅读资料

北京中经视野信息咨询有限公司的按需定制调研报告

《中国节庆行业市场调查研究报告(2020 版)》(见表 2.5)采用多种定性与定量调研方法(如抽样调查、电话访谈、实地调研、深度面访、神秘顾客、固定样本连续调查等),对节庆行业市场进行全面、深入的调查统计,结合行业公开信息,企业季报、年报,国家统计局、海关总署、国务院发展研究中心、行业协会、工商税务等官方机构数据,各类中英文期刊数据库、图书馆、科研院所、高等院校的文献资料,以及行业资深专家公开发表的观点等数据资料,运用多种专业、科学的分析模型,从市场规模、产品结构、市场分布、用户研究角度对节庆行业的市场需求进行分析研究。基于波特五力模型,从节庆行业内现有竞争者的竞争能力、潜在竞争者进入能力、替代品的替代能力、供应商的议价能力以及下游用户的议价能力等五个方面来分析节庆行业竞争格局,并精心选取了节庆行业规模较大且最具代表性的5~10 家标杆企业进行调查研究,包括每家企业的行业地位、组织架构、产品构成及定位、经营状况、营销模式、销售网络、技术优势、发展动向等内容,对节庆行业投资机会进行了深入的研究分析。

表 2.5 中国节庆行业市场调查研究报告(2020 版)

节庆行业国内外 发展概况	全球节庆行业发展概况	全球节庆行业发展现状
		主要国家和地区发展状况
		全球节庆行业发展趋势
	中国节庆行业发展概况	中国节庆行业发展历程与现状
		中国节庆行业发展中存在的问题
行业发展环境	经济环境	国内经济环境
		国际贸易环境
	政策环境	产品相关标准
		国家与地方对节庆产业的规划和政策
	社会环境	
	技术环境	全球节庆行业工艺技术发展现状
		中国节庆行业工艺技术水平
		行业最新技术动态
		节庆行业工艺技术发展趋势
节庆产业链	节庆产业链模型及特点	
	上游产业	上游产业发展现状
		上游产业对节庆行业的影响
	下游用户	下游用户分类
		各类用户需求特点
供求分析:国内 市场需求	市场特点	节庆行业所处生命周期
		市场的区域性、季节性等特点
	需求规模	2015—2019 年中国节庆产品需求规模及增速
		节庆市场饱和度
		影响节庆需求规模的因素
		节庆市场潜力
		2020—2024 年中国节庆产品需求规模及增速预测
	需求结构	用户结构
		产品结构
	区域市场	区域市场分布情况
		重点省市节庆产品需求规模及占比

	出口市场概述	
供求分析:出口市场需求	出口规模	
	出口国家和地区分布情况	
	未来三年节庆产品出口形势预测	
供求分析:国内企业(包括在华外资企业)供给	供给规模	2015—2019 年中国节庆产量及增速
		行业产能及开工情况
		产业投资热度及拟在建项目
		2020—2024 年中国节庆产量及增速预测
	区域分布	节庆企业区域分布情况
		产业集群状况
		重点省市节庆产量及占比
供求分析:进口产品供给	进口规模	
	进口节庆产品的品牌结构	
	进口节庆产品主要来源地	
	未来三年节庆产品进口形势预测	
供求分析:供需平衡	供需平衡现状总结	
	影响节庆行业供需平衡的因素	
	节庆行业供需平衡趋势预测	
企业研究(Top10,可根据客户需求指定目标企业)	×××公司	企业基本情况
		组织架构
		产品结构及市场表现
		产销规模
		经营状况
		销售网络
		核心竞争力
		企业最新发展动态
	×××公司	……

续表

行业竞争格局	重点节庆企业市场份额（2018 年）		
	节庆行业市场集中度		
	行业竞争群组		
	潜在进入者		
	替代品威胁		
	供应商议价能力		
	用户议价能力		
	节庆行业竞争关键因素	资金	
		技术	
		人才	
产品价格分析	节庆行业价格特征		
	中国节庆产品历史价格回顾		
	节庆产品当前市场价格评述		
	影响节庆产品价格的因素		
	主流企业节庆产品价位及价格策略		
替代品	替代品种类		
	替代品对节庆行业的影响		
	替代品发展趋势		
互补品	互补品种类		
	互补品对节庆行业的影响		
	互补品发展趋势		
渠道研究	节庆行业主流渠道介绍		
	各类渠道对比		
	主要节庆企业渠道策略		

行业盈利能力分析	2015—2019 年节庆行业销售毛利率	
	2015—2019 年节庆行业销售利润率	
	2015—2019 年节庆行业总资产利润率	
	2015—2019 年节庆行业净资产利润率	
	2015—2019 年节庆行业产值利税率	
	2020—2024 年节庆行业盈利能力指标预测	
行业成长性分析	2015—2019 年节庆行业销售收入增长率	
	2015—2019 年节庆行业总资产增长率	
	2015—2019 年节庆行业固定资产增长率	
	2015—2019 年节庆行业净资产增长率	
	2015—2019 年节庆行业利润增长率	
	2020—2024 年节庆行业成长性指标预测	
行业偿债能力分析	2015—2019 年节庆行业资产负债率	
	2015—2019 年节庆行业速动比率	
	2015—2019 年节庆行业流动比率	
	2015—2019 年节庆行业利息保障倍数	
	2020—2024 年节庆行业偿债能力指标预测	

续表

行业营运能力分析	2015—2019 年节庆行业总资产周转率		
	2015—2019 年节庆行业净资产周转率		
	2015—2019 年节庆行业应收账款周转率		
	2015—2019 年节庆行业存货周转率		
	2020—2024 年节庆行业营运能力指标预测		
投资机会及经营策略建议	节庆行业总体发展前景预测		
	投资机会	细分产业	
		区域市场	
		产业链	
		特定项目	
	企业经营策略建议	产品定位与定价	
		营销策略与渠道建设	
		技术创新	
		成本控制	
		投融资建议	
风险提示	环境风险		
	产业政策风险		
	产业链风险		
	市场风险		
	企业内部风险		

（资料来源：北京中经视野信息咨询有限公司。）

专家评析

　　北京中经视野信息咨询有限公司的《中国节庆行业市场调查研究报告（2020版）》所提供的内容全面而系统，通过这个报告可以了解专业的咨询公司在进行市场调查时所涉及的微观和宏观方面的全面内容。同时，咨询公司也提供更个性、更专业的定制咨询工作，以提供给客户定制化的研究报告。由此可以看出，大型活动在进行前期市场调研时，应根据活动项目的调研目标、调研预算以及调研时间，选择合适的调研方式来获取信息。专业咨询公司调研是一种选择，也可以自行调研。总之，调研要根据具体活动项目的需要，虽然并非一定要面面俱到，但要兼顾效率与效益。

第3章
大型活动策划

【本章导读】

　　本章大型活动策划,主要讲述了策划原理、大型活动策划,以及大型活动策划流程。学习本章,可以对大型活动筹划的原理及方法有一定的了解。

【关键词汇】

　　策划　策划流程

【学习任务】

1.策划有哪些基本原理?

2.大型活动策划的职能有哪些?

3.大型活动策划的原则有哪些?

4.大型活动的策划流程包括哪些基本步骤?

5.大型活动项目策划书包括哪些内容?

3.1 策划原理

3.1.1 心理原理

1)项目策划的心理基础

项目策划作为人类智慧的具体体现,无论属于哪个范围、领域,无论是施于己或用于人,都是人的一定心理活动的结果。离开了人的心理活动,就不可能有项目策划的产生。因此,项目策划也可看作人脑对人与人之间、对刺激因素以及对知识经验的创造性吸收,并随之发生的一系列思维活动。策划从本质上说是人脑对客观事物的主观反映,但只有客观事物,没有人脑的参与,没有人的高级思维活动,就不会产生对客观事物的理性认识。心理活动反映各种事物的形象,但又并不完全等同于客观事物本身,而是区别于实在物质的一种观念上的东西。并且,人脑对客观事物的反映,受反映者条件的制约,即受个人的知识结构、阅历经验、个性特征的制约,因此,它又带有个体色彩的主观特征,是思维的成果,是观念中理性的东西,最集中地体现了人的心理现象的最根本特征。

2)项目策划的心理障碍

项目策划的心理障碍是指策划者在策划之前或之中,在个人心理上形成的定式,致使思维导向背离客观事物,从而使策划失败。为了克服项目策划中的心理障碍,我们先列举几种情况,以便策划者在进行项目策划时多加注意。

(1)畏惧现象

在外行看来,项目策划业与赌博业有许多相似之处,特别是当事者都要付出一定的代价,都要冒一定的风险。但是,风险就意味着机遇,机遇就意味着成功的开始,风险与机遇共存,风险大也意味着一定程度上的创新。成功的项目策划背后是无数的坎坷,都会存在相当大的风险,尤其是在当今日益变化的市场经济之中,非人为因素层出不穷,策划业面临的风险更大。但在策划业的实际操作中,资历越深的策划人,策划的风险意识越强。不管是初出茅庐的策划新秀,还是历经沧桑的策划大家,都是力求用最小的代价换取最大的成功,在策划的全过程中,付多少代价,冒多少风险,这都是策划人十分关注的问题。

畏惧心理是一个在正常生活环境中的人的共同心理特性,也是策划者的一个重要的心理特征。尤其在中国人的眼里,求稳、怕出事的心理更为突出。这一心理特征,对常人来说,是生活安宁的基础,给人们带来的利处大于弊处,而对一个策划者来说,畏惧心理是策划的一大心理障碍。如果存在这样一种心理,有许多本不困难的问题也会变成难题,本已到手的胜利便会功亏一篑。"三国"时期,袁绍畏惧风险,失掉了许多次消灭曹操的大好时机,使自己的优势变为劣势,由安全转入险境;诸葛亮因"向不弄险",拒绝采纳魏延直捣曹操腹地的建议,失去了北伐中原的有利时机;司马懿因畏惧风险,对处于空城之中的诸葛亮不敢发起攻击,千军万马被琴声所退,而诸葛亮却策划出了一出千古流传的"空城计"。

任何策划都要付出一定的代价,都要冒一定的风险,俗话说"凡多人事险中求"。风险、机遇、成功是三朵姐妹花,项目策划者要从心理上消除畏惧,才能减少精神束缚,放手开拓创新,设计出技高一筹的方案。

(2)刻板现象

所谓刻板现象是指人们常常将事物按一定的特征分为若干类,对每一类都有一个固定的看法,并作为判断的依据。刻板现象是对人、事、物的最初步、最简单的认识,它虽有利于对事物做出概括性的描述,但也容易形成错误的判断。

例如,亚都加湿器的品牌市场进入项目就犯了这样的错误。起初,亚都品牌进入北京市场时,销路很好,待北京市场稳定后,他们决定进军天津市场。他们认为天津与北京地缘相近,人文相似,收入也差不多,所以认为在天津不需要做前期调研或其他投入,就会产生好的销售结果,然而事与愿违,北京地区销售看好的加湿器到了天津却无人问津。

亚都加湿器在进入天津市场的项目策划中,失败之笔就在于没有认真分析天津与北京的具体差别,而是以刻板的态度对待天津市场,因而无法取得成功。事后,亚都改变了思维模式,展开一系列的市场活动,使亚都加湿器深入天津老百姓的家里,最终取得了胜利。

(3)初次现象

所谓初次现象是指一种先入为主的思想方法,是用过去的印象或先听到的消息所形成的各种认识去评价事物、做出判断或决策的错误心理。

项目策划人在进行策划时,常受到先入为主的心理定式的影响,以致对客观情况做出错误的结论,使策划失去了正确的前提条件。"从三岁见到老""一碗水看到底",这些都是这种现象在具体生活中的体现,作为策划人要坚决摆脱这种固定的思维方式,用运动、全面的观点分析问题,进而找出解决问题的方案。不能想当然,无论什么问题,都要拿到实践中去检验,进而再作用于实践,要经过思维—实践—思维这样一个过程,只有这样,才能适合变化的客观条件,做出正确的策划方案。

(4)井蛙效应

井蛙效应是指在进行策划时,只见眼前利益、局部利益,而忽略长远利益、全局利益的一种心理。

拥有井蛙效应的策划人在项目策划的具体实践中,往往会表现出一种急功近利的行为,以至于为了局部利益而放弃了全局利益,为了眼前利益而放弃了长远利益,为了追求近期的功效,往往忽略了对方式、方法的正确研究,在自我的印象中,却又常常把本来的眼前利益和局部利益,看成极为重要的长远利益和全局利益,这种策划心理常导致策划的失误甚至失败。

在我们日常的生活中,想买一个物美价廉的商品是人们的共同心理,哪怕稍微少花一点钱,也会感到心理上的满足和成就,有经验的策划者,常常利用这一心理放出诱饵,"欲将取之,必先予之",但是,如果策划人急功近利,贪图小便宜,则可能会吃大亏。

3)项目策划的心理规律

尽管策划千变万化,但策划的运作与成功有着它的心理规律可循。主要是:

（1）满足心理需要

心理需要是人们心理活动的前提条件，是人的行为产生的原因，也是个性积极性的源泉。心理学家马斯洛把人的需要划分为5个层次：生理需要、安全需要、爱和归属需要、尊重需要和自我实现需要。人们的这些需要在人际活动中都是有一定体现的，项目策划要善于利用这些需要，从而有效地进行心理诉求。除了上述讲的5个层次外，还包含一个总体策划上的心理需要，即"知己""知彼"的需要，"知己知彼，百战不殆"也是策划与较量的基础和关键。情况不明就不能拿出针对别人的有效方案来，就等于盲人骑瞎马，必然处处碰壁。作为一个策划者，凡能了解策划对象的心理需要，以合理的方法满足他们的相应需求，就会有的放矢，取得最大的成功。策划者应相应满足的心理需要如图3.1所示。

自我实现需要
尊重需要
爱和归属需要　　　　←　　　　知己知彼需要
安全需要
生理需要

图 3.1　项目策划应相应满足的心理需要

（2）利用心理弱点

人在描述客观现实事物时，由于各种客观与主观因素的干扰，有时候不能完全、正确地描述客观事物，即使正确地描述了客观事物，受人的心理素质和活动水平的制约，经历了理性思维的阶段，也不一定就能得出与实际完全吻合的判断来，即使能得出正确的思维结论，由于人们的心理对客观现实的适应及所处的状态，也未必能客观地描述现实，因此，合理、恰当地利用人们的心理弱点，会产生意想不到的效果。

3.1.2　情感原理

情感是人所持有的一种心理过程和心理状态，是主体对客体是否满足自身的需要而产生的态度评价或情感体验。情感在性质和内容上取决于客体是否满足了主体的某种需要，满足了需要，就会产生积极、肯定的情感，否则，就会产生消极、否定情感。情感对人的行为有选择性和指向性的作用，人对于那些符合或满足自身需要的客观事物，总是会有一种积极、肯定、喜爱和接近的态度和情感体验，而对那些与自身需要无关或相抵触的客观事物则报之消极、否定、厌恶和疏远的情感倾向。实际上，人们对许多刺激或信息视而不见、充耳不闻，而只有当这种刺激和信息直接或间接、现实或潜在地符合了主体的某种价值需要，才能使主体有积极、肯定、喜爱和接近的情感体验。项目策划面向的策划客体是人时，人作为情感体验的主体，会对策划产生积极或消极、肯定或否定的评价，进而影响策划的成败。

人有七情六欲，重情又是中国人特有的品质，加强情感沟通，对激发主体人的积极、肯定、喜爱和接受的情感有着重要的作用。在策划者与策划对象之间架起一座心灵的桥梁，传达爱心，引发共鸣，会取得意想不到的效果。

"希望工程"就是一个精彩的情感诉求式的项目策划。近代中国的历史是一部斗争史，民族的振兴是许多人的希望，其中"教育教国"被众多国人推崇。提高国民素质，增强民族素质,兴我中华,一直是勤劳的中国人的追求目标。"希望工程"的推出,正满足了人们的这种情感需求,因此引起海内外华人的关注,这种"教育治国""教育救国"激起了人们的民族情结。孩子是中华民族的希望与未来,教育是中华民族腾飞的催化剂,正因为人们在民族情感上产生了强烈的共鸣,所以这项策划效果很好,甚至在神州大地上掀起了爱的高潮,上至中央领导,下至平民百姓;近至国内各界人士,远至世界各地侨胞,人们纷纷解囊相助,把希望寄予了"希望工程"。

"希望工程"体现了中华民族的凝聚力,体现了中华民族的民族情结,在人们的心目中唤起了爱心的共鸣,唤起了民族强盛的责任感,正因为如此,这项策划至今长盛不衰,为中国的教育注入了一股新生的力量,为中华民族的振兴提供了千古留存的创意大手笔。因此,我们可以得出,善于利用人们的情感,会在策划中取得巨大的功效。

3.1.3 创新原理

项目策划能否有新的突破,是其成败的关键。创新能吸引人们参与其中,从而使策划力挫群雄,实现其自身的价值。创新不仅是项目策划的原则,还是其重要的特征,因此,我们对创新要认真对待,仔细研究,掌握其规律,将其应用于策划实践,从而更好地指导现实生活。

创新原理转换成心理学和创造性思维学的术语,就是创造性思维问题,具体要注意以下两个问题。

首先,策划者要有渊博的知识,如天文学、地理学、历史学、社会学、伦理学、心理学、管理学以及营销学等知识,从而形成文化沉淀,并在这种文化沉淀中培养创新思维。

其次,策划者要有创造性的思维,策划创新的关键在于能否打破固有的思维模式,走向更广阔的思维领域,以及能否摆脱单一的思维模式,跨入更立体的思维空间。

佛学讲道,要有悟性,这种"悟性"也是创新之道。策划同样也要求独具匠心的"悟",别出心裁的"悟"。

①原理之一:攀龙附凤,借梯上楼。即利用现成的名人效应以及其知名度,推进策划活动的顺利进展。这种创新原理是利用一定的条件,使之变成炒作的焦点,进而以点带面、由表及里地带动策划顺利进行。

②原理之二:老树开花,推陈出新。即利用受众的怀旧心理以及策划对象的历史底蕴进行策划诉求,推陈出新。例如,在"孔府家酒"的品牌项目策划中,策划者把产品包装设计成古色古香的样式,勾起了人们对伟大哲学家孔子的怀念以及对那个时代的向往,从而产生共鸣。

③原理之三:反弹琵琶,逆向思维。即运用逆向思维,打破常规,反其道而行之。例如,在"傻瓜相机"项目中,策划人一反人们当时追求照相机多功能的时尚,推出了新一代简单易用的"傻瓜相机",结果一炮而红。

3.1.4 人文原理

项目策划的人文原理即利用人与自然界之间的和谐,激起人对自然资源开发的热情,从而达到资源的优化配置。

2019 年北京世界园艺博览会(世园会)就是一个很好的例子(见图 3.2),其主题为:"绿色生活,美丽家园"。

图 3.2　2019 年北京世界园艺博览会

北京世园会生动诠释了人与自然和谐共处的理念,不仅是一项贯彻习近平总书记生态文明思想、践行"绿水青山就是金山银山"理念的重大行动,也是打造花卉园艺领域奥运会、共谋全球生态文明建设的重大契机。

北京世园会给全体参观者带来了丰富的体验和感官享受,让绿色理念更深入人心。500 多位省部级以上中外贵宾、近千万中外访客走进世园会,20 亿海内外观众聆听世园故事,用心感受人与自然和谐共处的美好。北京世园会普及了生态园艺知识,将绿色发展理念传至世界各个角落,同时也把世界园艺博览会这一旨在推动绿色理念的活动带到了更多国家。

北京世园会践行生态文明思想,留下宝贵的绿色遗产,从规划、设计、建设到运营各阶段,均贯彻落实了"生态优先"理念。园区保留下近 5 万棵各种原生树木,新栽植了 5 万棵乔木与 12 万棵灌木。整个园区在"一心、两轴、三带、四馆、多片区"的基础上,依托原有山水肌理,将山、水、林、田、湖与花草相融合,生动诠释了生态文明的理念,使人与自然和谐共同共生的绿色的价值观念更加深入人心,并将其传递到了全世界。

3.1.5　造势原理

项目策划的造势原理是指策划人在进行策划时,利用一定的活动项目,比如文化节、博览会比赛等,推广与之相关或不相关的事物,从而取得一定的效益。

这种原理具体体现在"文化搭台,经济唱戏"的大型活动中,如亚太啤酒节就是一个经典。四川绵阳,巧借亚运之风,在成都体育馆广场举行了首届"亚太啤酒节",这是以啤酒为主题的大型文化项目,从项目的策划到具体操作,再到项目所取得的成果,都表明它是一个十分成功的项目工程。

在 20 世纪 80 年代,中国的啤酒行业发展速度惊人,全国各地方纷纷投产啤酒厂,在大好形势下,四川省啤酒行业的竞争自然也很激烈。当时成都啤酒市场形成了"亚太啤酒""绿叶啤酒""山城啤酒"三足鼎立的局面。四川人人公共关系事务所策划人员深入分析了当时的啤酒市场,策划制作了啤酒节的方案。啤酒节公关策划被推荐给了绵阳市啤酒厂,厂里的策划人员经过仔细考虑,确定了以本厂"亚太啤酒"命名本次啤酒节,与四川人人公共关系事务所签订了《亚洲啤酒节公关服务合同》。承办啤酒节的有关策划者,通过各种新闻媒介,大做广告宣传,制造声势,于 1990 年 4 月 10 日,在成都赔山饭店召开了啤酒节的新闻发布会,此次发布会成为罕见的新闻界大聚会,为宣传绵阳啤酒厂的形象与品牌起到了举足轻重的作用。

在 1990 年的啤酒节期间,成都笼罩在一片喜悦之中。在啤酒节会场,迎门而立的是一大型广告牌,上面写着"亚运之年喝亚太,更添风采"。文化娱乐节目丰富多彩,有啤酒竞饮欢乐赛、接酒趣味赛等。这个项目给企业带来了巨大的经济效益,节省了大量的广告宣传费用,为促进成都啤酒行业的良性竞争,维持竞争秩序,起到了重大作用,大大提高了亚太啤酒的知名度与美誉度,塑造了企业的良好市场形象。这就是把企业文化与社会文化有机地结合起来,文化搭台,大造声势,唱经济大戏,声东击西,弦外之音,创名牌之路。可见利用节日项目进行造势,要特别注意节日与所要表现事物的内在联系,进而将两者有机地结合起来。

3.2 大型活动策划

3.2.1 大型活动策划的职能

职能是指人、事物、机构应有的作用或功能。一般来说,大型活动策划的职能有计划、组织、控制、决策和激励 5 种(见图 3.3)。

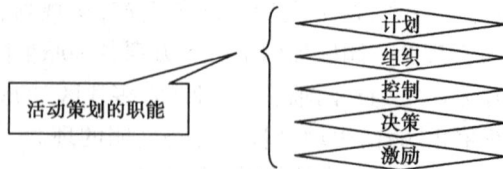

图 3.3 大型活动策划的职能

1)计划

计划是指人们对大型活动策划要实现某项工作或要达到某一目标的预先设想,以及为实现其目的预先安排和准备采取的措施与手段。

计划按涉及的时间长短可分为长期、短期计划。其中每一个计划,都必须有专人负责,有专门的机构来执行,方能保质保量地完成。

2）组织

组织是按照一定的目的、任务和形式加以编制。大型活动策划基层管理执行管理职能的重点是组织与指挥。

3）控制

控制是只根据制订的计划来测定计划执行情况,找出并纠正偏差,保证计划的实现。控制的基本前提是计划和组织。

4）决策

决策是一种有目的的行动。大型活动经营的重点是决策,其实质是解决企业外部环境、经营目标、企业内部条件三者之间的动态平衡问题,是与大型活动命运密切相关的战略性问题。由此可见,决策是大型活动经营管理最本质、最高级的职能。

5）激励

激励指激发动机,使人产生一股内在的动力,朝向所期望的目标前进。行之有效的激励,可以调动大型活动从业人员的积极性,使他们更好地组织大型活动。

3.2.2　大型活动的主题策划

1）大型活动的主题

主题是指大型活动的核心思想,大型活动的开展必须围绕主题来进行。只有这样,大型活动的组织工作才能有条不紊地展开;大型活动才会有鲜明的形象、生动的内容、高度的凝聚力和巨大的号召力。策划任何大型活动都必须首先确定活动主题,没有主题,就没有核心,没有核心,就必然无纲无目,一片混乱。因此鲜明确切的主题是申办和举办任何大型活动的关键。没有主题或主题不鲜明的大型活动都是不可能取得成功的。

2）大型活动主题的确定要点

（1）体现特色

体现特色,是指大型活动主题的选择要和举办地的特点有机地结合起来,以更新的观念,因地制宜,紧紧抓住举办地的地理位置、政治、经济、自然、文化、发展等方面的特点,来确定体现举办地特色的主题,策划出"独一无二"的大型活动项目。策划中要坚持独特性原则,使大型活动开展错位竞争,以更为鲜明的主题、形式和内容,产生更大的吸引力、更强的竞争力和更长的生命力。

凡是成功的大型活动的策划,都能体现独特性的原则。比如:葡萄牙里斯本是靠海的港口城市,里斯本的历史、社会、经济、人民生活和城市发展都离不开海洋。为纪念航海家达·伽马开辟通往印度的贸易航海路线500周年,为告诉人们海洋不仅是人类过去和现在的财富,更是人类未来的财富,教育人类要爱护、保护海洋,因此,选择"海洋——未来的财富"为里斯本申办世博会的主题是再确切不过的了。又如:马来西亚将国际和国内的节日与各种文化、宗教、庆典活动结合在一起,把民俗旅游与风光旅游结合在一起,根据其地理、历史、民族文化和宗教的特点,推出马来西亚旅游年。首届旅游年安排了 18 项大型旅游活动,不管是哪一种类型的大型活动,总有特色鲜明的主题,如吉隆坡的国际风筝节、沙巴的"风下的土地"活动、沙捞越的"鸟之乡"活动以及嘉威达雅节等,主题各不相同。由于每一项活动的主题都很有特色,马来西亚旅游年因此热闹非凡,终年不衰,获得了很大的成功。

(2)表示共性

表示共性,是指大型活动的主题应该表示出人们普遍关注的问题,这样能使人们尽管有不同的立场和利益,但因为能从大型活动中获取共同的利益和有益的信息而加以接受,并乐于参加。比如:德国汉诺威根据德国是一个科技高度发达国家的特点,确立汉诺威世博会主题为"人类—自然—技术",这充分地体现了当前人类最关心的共同问题:人类、自然环境和科学技术之间的关系。

(3)以人为本

以人为本,是指大型活动的主题应体现对人类利益的关注和维护。人类是世界上最宝贵的财富,我们强调关注和维护人类的利益,归根结底是为了人类更好地生存与发展。以人为本的主题是各国人民共同关注和感兴趣的主题。上述所举德国汉诺威世博会的主题就是既表示了人类共同关心的问题,也体现了对人类利益的充分关注和维护。

(4)发布信息

发布信息,是指大型活动的主题应能向全国或全世界发布最明确的信息,表明大型活动的核心内容与举办地所关注和努力改善的问题。上海最后确定的世博会主题为"城市,让生活更美好",就是体现以上四点最好的范例。这也是 2010 年上海世博会的主题能得到国际展览局成员国普遍接受和我国取得申办成功的重要原因之一。

3)大型活动主题相关的因素

大型活动策划的关键之一是主题的确定,但在主题确定前、中、后的时间内,还必须注意与大型活动主题相关的下列因素。充分注意和考虑这些因素,会直接关系到确定的主题能否突出并能否充分发挥作用。

(1)主题物品

大型活动一般应有与活动主题相吻合的具体实物,如潍坊国际风筝节的"风筝",大连国际服装节的"服装",青岛国际啤酒节的"啤酒",余姚杨梅节的"杨梅"等。这些物品就是主题物品,它们是整个活动的灵魂和载体,承载着大型活动的主题内容。缺乏实际主题物品的大型活动,不能有效地影响公众的心态和行为,公众无法感知、无法"拥有",就会觉得活动抽象、虚幻,因而产生不了参与的欲望。所以,大型活动如果缺乏感人、具体的主题物品,影响就比较有限,公众的参与也就有限,"以节兴市"的目的也不可能达到。

(2)主题吉祥物

吉祥物或象征图案是表达某种文化主题内容的物品或图案,是经过深思熟虑、理想化设计的活动饰物。吉祥物或象征图案不是一般意义上的艺术作品,而是创作者基于公众审美情趣和思想境界所设计的专题作品。其中的创意构图以及色彩组合都蕴涵着丰富的内容,一经审定通过,一般就不轻易改动,具有相对的稳定性,并可能成为"圣物"。吉祥物或象征图案的主要效用是展示活动主题、烘托活动气氛和诱导公众参与。为了形象直观地展示大型活动的主题,诱发公众的美好心理,在认真审视活动主题的前提下,应该根据公众的审美情趣创作具有文化韵味和形象特色的图案或实物,并将其定为大型活动的吉祥物或象征图案。图 3.4 是 2022 年北京冬奥会吉祥物"冰墩墩"和冬残奥会吉祥物"雪容融"。

图 3.4　2022 年北京冬奥会和冬残奥会吉祥物

（3）主题典故与趣闻

公众对于历史典故或趣闻,一般都比较感兴趣。无论是法定节假日还是其他节庆日,都有自己的典故。根据大型活动的主题,挖掘出相关的典故与趣闻,有利于烘托整个大型活动的主题,提升活动的文化品位,增强活动的吸引力。如情人节,其典故就妙趣横生,充满了人文色彩和美好情趣。如果在大型活动中将这些典故整理成为一个个完整的故事,并形象地展示出来,不仅可以烘托活动主题的文化品位,而且可以满足公众的求知心理,从而更好地达到大型活动的举办目的。

由于人文因素的介入,任何一种大型活动都有自己的趣闻,如举办地有关历史人物、历史事件、历史遗址及历史发展的趣闻等。这些趣闻内容故事性强,能够有效地吸引公众,增强活动的吸引力。如湖北兴山昭君旅游文化节,组织者策划的香溪河河灯展放会的创意灵感就是来源于"昭君别乡"这个古老的民间传说。

（4）主题仪式

策划大型活动时,既要重视硬件,又要重视软件。硬件的策划主要是指对大型活动举办地与举办场所的形象和具体物质条件的策划。软件的策划则指对大型活动程序和仪式的设计。主题仪式设计要注意以下两个方面:第一,要融合民族文化。就是说,要用文化眼光来对待活动的程序编排,在仪式上与民族文化仪式谋求融合,在活动的开幕式及闭幕式上,编排一些国家性、民族性、地方性的仪式;或在活动中间有意识地安排一些民族性的文化娱乐项目,表现当地的民族文化风采。第二,要突出活动主题。就是说,策划大型活动的程序和仪式,一是要设计相对稳定、寓意比较深刻、有一整套规范要求、能在每次活动中演示并影响公众文化性心态的主题仪式;二是要设计气氛活跃、娱乐性比较强而又符合大型活动主题要求的节目,以影响公众的休闲性心态。

(5)主题氛围

大型活动的文化性表现在活动氛围,即基于某种文化理念而营造出来的场面特色,包括活动场地的基调、音乐音响和装饰色调等。大型活动的基调是欢快喜庆,同时突出文化性。在以节日文化魅力和欢庆为基调、开展大型活动的过程中,音乐、音响和装饰色调对于烘托大型活动的现场气氛、影响公众的欢快心态,具有重要的作用。所以在策划大型活动时,应高度重视音乐、音响和色调的选择和策划。

3.2.3　大型活动的定位策划

定位是确定商品在市场中的位置。各种大型活动的策划都是在良好定位的基础上进行的。大型活动定位的具体运用因人、因物、因时、因地而不同。定位策划的方法有主题定位和市场定位两种。前者是从供给者角度来考虑,后者是从需求者角度来策划。

3.2.4　大型活动场馆选址和建筑策划

1)场地、场馆选址策划

场地、场馆的选址应择优选择,既要做定性分析,又要做定量分析。如何选择最佳位置的方法有很多,如有成本比较法、图上作业法。一般要解决以下 3 个问题:①工程地质、水文等自然条件是否可靠;②建设时的"三通"即交通、供电、供水等施工条件是否落实;③参加大型活动的人数是否有保障。

2)大型活动相关场馆设施的建筑策划

这是指要处理好大型活动期间场馆利用和大型活动结束后的可持续利用问题。

3.2.5　经营策划

1)经营策划的职能

①预测大型活动市场需求和变化。
②提高适应大型活动市场变化的能力。
③发现和创造有利于大型活动开展的机会。
④协调整个大型活动的经营,以实现战略目标。

2)市场策划

明确大型活动以吸引哪些群体为目标,为了实现大型活动的经营目标,要在一定时期内设想和规划具体的活动。

3）形象策划

大型活动如能注重形象设计，其形象就能形成一个品牌。

4）创新策划

大型活动越来越要求主办者要不断地发挥创新思维，吸引更多的参与者。

3.2.6　大型活动策划原则

1）系统性、综合性和协调性原则

策划和举办大型活动，是一个关于社会经济、政治、文化、环境的系统工程，涉及交通、住宿、餐饮、通信、购物、贸易等许多相关行业。大型活动的策划过程是活动各部分和各要素系统化的过程，所以在策划时要从整体出发，使各环节、各部分、各层次相互制约和相互作用，有序进行。大型活动集环境、资源、资金、人力和潜力于一体，受多种因素的制约和干扰，所以需要搞清楚该系统的诸要素及诸要素之间的关系，从经济效益、社会效益和环境效益三者综合统一的角度，根据大型活动的主题、举办地的现实条件和未来发展的情况，动态地进行策划，以确定活动在不同阶段的主题、目标和规模。大型活动与旅游密切相关，而旅游是综合性的社会现象，策划时，只有考虑各方面的关系和影响，才能在举办和管理上使旅游业良性循环，社会持续发展。系统性应贯穿整个策划过程，要在不同层面上考虑各构成部分，使各部门有机组合、协调发展，并综合考虑各要素间的关系，使各要素在整个系统中有重点、有次序，构成完整的良性循环的大型活动策划系统。

2）参与性原则

由于大型活动参与者的需求正向多样化、高层次的方向发展，因此将贸易、展览、会议与举办地的自然风光、名胜古迹、文化娱乐、购物等有机组合在一起，可以使大型活动更为丰富多彩，这已成为一种趋势。如今，人们希望大型活动能具备有吸引力的文化、运动的内容和参与的机会，传统的走马观花的游览方式只是为人们提供了从旁观赏的机会，远远没有让人参与到活动项目中去那么亲切，那么激动人心，那么让人难以忘怀。参与性的活动能给参与者一种体验，而这种体验正是大型活动参与者所追求的。西班牙就十分强调开发具有地方和民族特色的各种参与性活动，利用各种可能的机会吸引游客。其巴斯克地区的民间节庆和宗教活动很频繁，当地政府及文化部门对此十分重视，便扶持利用当地的这些大型活动，大力推销当地的旅游资源、各种文化娱乐活动及郊野式参与活动，让大型活动的参与者感到趣味无穷，取得了较好的效果。所以，我们在策划大型活动的过程中应该考虑参与性原则，策划出能提供参与机会的各种活动，让参与者通过亲身参与，留下难忘和美好的回忆。

3）市场化原则

市场化原则就是要走出政府出钱包办的旧模式，把举办大型活动和会展当成一个产业来经营。这样,在策划大型活动时就不仅要根据市场的需求来开发产品和服务,而且要在调查现有市场的需求和发展趋势的基础上,找出消费的亮点,开发适合市场并具有前瞻性的大型活动产品和服务,来引导市场消费。这样策划出来的大型活动产品和服务才能受到市场的欢迎,并具有旺盛的生命力。

大型活动策划的市场化原则还要求按市场化运作的要求来对其进行组织和经营,也就是说,要改变政府"办节"的做法,淡化政府行为,而强化市场行为,坚持市场化规律,引入公平竞争机制,权责分明,既要考虑社会效益,又要最大限度地追求经济效益。

大型活动策划的市场化原则还要考虑大型活动结束后的总结和市场评估,应该将大型活动当作一种产品,注意对其品牌和无形资产的维护。

目前,我国许多大型活动已经改变了原来政府操办的模式,比如北京为奥运会、上海为世博会都已经成立了专门的会展公司,按市场化原则进行运作。

4) 针对性原则

大型活动策划一定要坚持针对性原则,也就是说,策划大型活动要针对大型活动的市场定位和参与对象来策划。这样策划出来的活动主题、内容和形式、产品和服务,就更会受到大型活动参与者的欢迎,更会增强大型活动的吸引力,因而,大型活动成功的可能性也就越大。

5) 创新独特原则

一项举办成功的大型活动,不仅应该充分满足市场的需要,更重要的一点就是活动各方面的创新独特性,即所谓的"物以稀为贵"。这种特色反映在举办地的自然环境、人文历史、民俗风情或者大型活动各项主题活动的内容、形式上等诸多方面。在如今大型活动已经在各地"泛滥成灾"的情况下,如何利用好各项优势,迎合广大大型活动的参与者"求新探奇"的心态,尽心在大型活动的每个方面出奇招、新招,已经成为大型活动策划人员所面临的主要问题之一。

6) 可操作性原则

大型活动策划需要遵循可操作性原则,也就是说,要从实际情况出发,按照一定的程序,制订出最佳方案,以取得经济效益、社会效益、环境效益的统一。方案中的经济指标必须符合大型活动参与者的消费能力和市场的消费水平,方案的实施途径也必须切实可行,策划的内容和形式必须既具有前瞻性和吸引力,也要不脱离实际,具有可操作性。

7) 可持续发展原则

良好的生态环境一直以来都是旅游业赖以生存和发展的基础,以前人们大量进行破坏性的开发,给我们生活的这片土地带来了难以弥补的伤害。而如今随着可持续发展的推行,在开发和利用旅游资源、生态环境的同时,所有开发商都必须注意对环境的保护。在开发策划大型活动的时候要考虑举办地生态环境的承载力,经开发后使其控制在该区生态系统保持自行调节和正常循环的稳定水平上。另外策划一场大型活动要策划的不仅仅是一场活动,眼光还要放得长远,在活动结束后要进行可持续性研究,分析这一活动是否有继续举办下去的条件和市场,争取多办出一些规模大、影响范围广的大型活动。

8) 宣传原则

①从时间上来说,对于一项大型活动的宣传应当分为事前、事中以及事后宣传,必须保证宣传在时间上的完整性,确保这项活动给予广大参与者的印象的连贯性。

②在媒体的选择上要具有一定的技巧,针对本次大型活动的目标市场,谨慎地选择对于本次宣传有利的有效媒体,在宣传的频率上也要加以注意。

③在大型活动举办期间,活动组织者要善于挖掘活动中的亮点,可以邀请媒体到活动现场进行现场采访,也可以将活动过程中发生的一些趣事等登记并透露给广大市民,借着媒体的宣传和在媒体上的曝光让广大市民了解正在进行的活动,并且能够参与其中。

④在大型活动的具体活动安排上可以结合时事,或者最近发生的重大事件,比如活动期间若正值九九重阳节,便可以利用这个"节中节"邀请一些老年艺术家和老人院的老年人一起到活动现场,这样不仅可以树立本次大型活动在广大市民中的良好形象,又能达到很好的宣传效果,可谓一举两得。

⑤在大型活动宣传的时候不仅需要选择有效媒体,更重要的是要建立起自己的宣传阵地。除了可以在报纸、电视、广播等常规媒体上开辟一个活动专栏外,还可以连同本地的旅游部门在网络上建立一个大型活动的网站,在网站上市民不仅可以看到活动举办期间每天的情况,还可以通过网上的介绍了解一些关于大型活动举办地的历史文化、民风民俗等,从而达到有效宣传。

⑥对于一场大型活动来说,新闻发布会是广大旅游者直接了解活动内容、组织情况的窗口,因而组织一场成功的新闻发布会也是大型活动成败的关键。

3.3 大型活动策划流程

3.3.1 项目调研

项目调研是指在一定的营销环境下,系统地收集、分析和报告有关项目信息的过程。

项目策划要做出正确的决策,就必须通过调研,准确及时地掌握市场情况,使决策建立在坚实可靠的基础之上。只有通过科学的项目调研,才能减少项目的不确定性,使决策更有依据,降低项目策划的风险程度。另外,项目策划在实施过程中,可以通过调研检查决策的实施情况,及时发现决策中的失误之处和外界条件的变化,及时反馈信息,为进一步调整和修改决策方案提供新的依据。

1) 项目调研内容

作为项目决策的依据,项目调研涉及项目活动的全过程,具有丰富的内容,常见的项目调研活动包括：

①项目市场特点。

②项目销售分析。

③项目市场潜力。

④项目经济趋势研究。

⑤项目竞争产品研究。

⑥项目行情研究。

⑦项目竞争者实力。

2) 项目调研种类

项目调研具体包括以下 6 种。

（1）项目广告调研

调研内容包括：

①广告动机。

②广告版面。

③广告媒介。

④广告效果。

⑤广告竞争。

（2）项目经济调研

调研内容包括：

①经济趋势。

②经营业务。

③内部员工。

④行业状况。

⑤财政状况。

（3）项目责任调研

调研内容包括：

①项目消费者权利。

②生态环境状况。

③社会价值观念。

④国家政策导向。

⑤国家法律法规。

⑥行业自律条规。

（4）项目产品调研

调研内容包括：

①项目竞争产品状况。

②项目产品检验。

③项目产品包装设计。

（5）项目市场调研

调研内容包括：

①市场潜力。

②市场份额。

③市场特性。

④市场壁垒。

（6）项目环境调研

项目环境调研是指调查分析影响项目进展的各种环境因素。根据项目环境因素的性质，可以把项目环境分为微观环境和宏观环境。

①微观环境。包括：企业自身；项目中介；竞争者；项目消费者。

②宏观环境。包括：人口因素；经济因素；生态因素；科学技术因素；政治法律因素；社会文化因素。

3）项目调研要求

项目调研是一项重要而又复杂的工作。项目调研的质量关系到最终获得市场信息的可靠性，进而影响整个项目活动的开展，因此项目调研需满足以下几点：

（1）科学性原则

由于项目调研工作的复杂性，因此需要有一整套科学的调查方法作为成功的保证。可供选择的具体调研方法有很多，但都必须遵循科学的原则来运用这些方法。首先，调研者必须贯彻实事求是的科学精神，保证调研结果的客观性，不可用主观臆测来代替对客观事实的观察。其次，调研者必须能够透过纷繁复杂的市场现象，探求事物的原因和本质，因此，需要在调研工作中进行认真细致的观察，对观察结果做合理的假设与推断，并对推断的结论进行可靠性检测和验证。

（2）复合性原则

在项目调研中，调研者切忌过分地依赖某一种自己熟悉或偏爱的调查方法。对同一个问题应采用不同的方法进行调查研究，从而可以将通过不同方法获得的调研结果进行互相验证和补充，以提高项目调研的可靠性。另外，也应从多种渠道获取信息，这有利于提高调研结果的可信度。

（3）价值性原因

项目调研获得的信息可以为企业带来一定的价值，但是进行项目调研也必须投入一定的成本。因此，在进行项目调研时，必须注意所获得信息的投入与产出的比例关系，调研者应明确有哪些调研项目，应采取哪些调研方法，应投入多少的成本，取得多大的效用等。调研成果的价值大小依赖于它本身的可靠性。

（4）创造性原则

项目调研应当是一种创造性的工作，需要调研者具有强烈的创新精神。项目的诉求者一般都是消费者,他们处于变化之中,因此在进行项目调研时,调研者应当发挥创造性的思维,不断地发现新问题,研究新问题。

4) 项目调研程序

项目调研是一项有计划、有组织的策划活动,必须遵照一定的工作程序,具体来说包括确定调研专题、确定调研目标、制订调研计划、实施调研计划、提出调研报告 5 个程序。

(1) 确定调研专题

项目要调研的问题很多,不可能通过一次调研就解决所有的问题,因此,在组织每次项目调研时应找出关键问题,确定调研专题,但调研专家的界定不能太宽、太广泛,以免调研专题不明确。选题太宽,将会使调研人员无所适从,不能发现真正需要的信息;选题太窄,则不能充分反映市场的状况,使调研起不到应有的作用。由此可见,调研专题选择要适当。

(2) 确定调研目标

在确定调研目标时,应当努力使问题定量化,提出明确、具体的目标数量。根据项目调研目标的不同,调研项目可分为探索性调研、描述性调研和因果关系调研 3 种类型。

①探索性调研。探索性调研一般是在调研专题的内容与性质不太明确时,为了了解问题的性质,确定调研的方向与范围而进行的搜集初步资料的调查,通过这种调研,可以了解情况,发现问题,从而得到关于调研项目的某些假定或新设想,以供进一步调查研究。

②描述性调研。描述性调研是一种常见的项目调研,是指对所面临的不同因素、不同方面现状的调查研究,其资料数据的采集和记录,着重于对客观事实的静态描述。

③因果关系调研。因果关系调研是指为了查明项目不同要素之间的关系,以及查明某些现象产生的原因。这种调研形式可以了解外界因素对项目进展的影响程度,以及项目决策的灵敏性,具有一定程度的动态性。

(3) 制订调研计划

项目调研专题与目标确定之后,紧接着便是调研计划的制订。调研计划的内容主要包括资料来源、调研方法、费用预算等。

①确定资料来源。制订调研计划必须要考虑资料来源。调研资料按来源不同,可分为第一手资料和第二手资料。第一手资料是指为了一定的目的采集所得的原始资料,费用比较高,但资料的价值相当大。这种资料常常来自现场调查。第二手资料是指为了其他目的而采集的现成资料。在现代项目调研中,往往采用第二手资料来进行调研工作,这样比较方便,而且成本也比较低,调研人员可以从内部资料中获取,也可以利用外部资料间接获取。常见的内部资料常来自企业的财务报表、资金平衡表、销售统计表以及其他报表档案;外部资料常来自政府的文件、书籍、报纸、期刊等出版物。项目调研的起点来自第二手资料,但是这样的资料必须精确、可靠并且真实。

②确定调研方法。采集项目调研资料往往采用 3 种调查方法:观察法、询问法和实验法。

观察法:观察法是一种单向调研活动,主要是项目调研人员通过直接观察,进行实地记录,以获取所需的资料。这种方法也可以采取跟踪观察的形式在不同的地点连续进行,以获取动态的数据记录,供调研人员使用,也可以从不同角度对调查对象进行观察,从而对调查对象做整体评价。

询问法:询问法是一种双向沟通的方式,一般分为口头询问法和书面询问法。采用口头询问法时,项目调研人员直接通过语言与访问对象进行交谈,从交谈中获取所需要的信息资料,也可以采取座谈会的形式。这种方法简单、快速、灵活,但需要询问者思维敏捷,能及时捕捉有价值的信息资料。书面询问法是指调研人员事先制订出调查表,以当面填写或邮寄填写的形式收集信息。这种询问法速度比较慢,但是成本比较低、资料比较丰富。

实验法:实验法是指将调查对象随机地分成若干组,再有意识地控制实验条件中的若干变量,以此来观察条件变化后调查对象的各种反应,最后从中找出各种反应的差别。这种方法可以控制实验条件,排除其中非可控因素的影响,从中找出因果联系,因此应用比较广泛。

③确定费用预算。项目调研需要一定的费用,因此要合理地制订费用预算。确保调研费用支出小于调研后产生的收益。

(4)实施调研计划

在制订出调研计划之后,就到了调研计划的实施阶段。这一阶段又具体包括:数据资料的收集、加工处理和分析3个步骤。

①数据资料的收集。数据资料的收集阶段往往费用很高,但对整个项目活动的开展具有重要意义,调研主管人员必须监督现场的工作,采取相应的措施防止失真信息的出现。

②数据资料的加工处理。数据资料的收集要经过一个去伪存真、去粗取精和科学加工处理的过程,保证分析工作的客观性和科学性,更好地推动整个项目的顺利进行。

③数据资料的分析。数据资料经过搜集、加工处理之后,还要进行分析。分析方法主要有定量分析与定性分析两种。随着网络技术以及计算机技术的发展,出现了数据处理软件,这为项目调研工作带来了便利,从而缩短了分析的时间,提高了工作效率。

(5)提出调研报告

调研报告是将调研数据分析结果书面化,也是对整个调研工作的总结。

一般来说项目调研报告包括两种形式:一种是技术性报告,着重报告市场调研的过程,内容包括调研目的、调研方法、数据资料处理技术、主要调研资料摘录、调研结论等,报告的对象是调研人员。另一种是结论性报告,着重报告调研的成果,提出调研人员的结论与建议,供上级决策人物参考。

5)项目调研技术

项目调研技术主要包括抽样技术、询问技术和分析技术。

(1)抽样技术

项目调研往往采用抽样调查的方法。一般可分为非随机抽样调查和随机抽样调查两类。非随机抽样调查有配额抽样法、任意抽样法与判断抽样法等。非随机抽样的样本是由调研者凭经验主观选定的,因而样本的代表性依赖于调研者的经验,具有主观性,所以调研结果误差较大,不能正确地反映总体和实际情况。

随机抽样是指随机地从总体中选出一部分作为调查样本,从而推断出总体特征。根据抽样技术的差别,常用的随机抽样可分为简单随机抽样、分层随机抽样和分群随机抽样等方式。

①简单随机抽样,是指在调查对象总体中不做任何主观的选择,纯粹用随机方法抽取样本,使每一个个体被抽作样本的机会均等。具体做法是将调查对象总体逐个编号,然后决定样本的大小,根据随机数表抽取所需样本。

②分层随机抽样,是指借助于辅助资料,把总体按一定标准进行分层,然后在每一层中用简单随机抽样方式抽取样本进行调查。这种方法可以增加样本的代表性,避免样本集中于总体的某个层面。

③分群随机抽样,是指把调研对象总体划分为若干群体,以简单随机抽样法选取一定数量的群体作为样本,然后对抽取的样本群体进普调,以此推断出总体特征。

(2)询问技术

①口头询问技术:调查人员必须具备敏捷的思维,事先准备好提纲或调查问询表。对调查课题心中有数;态度友善亲切,容易接近;善于启发和引导调查对象回答问题。

②书面询问技术:在设计问卷调查表时,要注意问题的提出,以及在问卷中不重复出现同一个问题等。

③设计技术:指调查表的设计技术,一般来说,调查表由5个部分组成,即被访问者状况、调研的内容、调查表填表说明(目的、意义、要求等)、调查者项目(姓名、单位、时间等)、编号。

项目调查表设计的一般程序是:依项目调查目的需要,列出调查内容;归纳出相关的问题;确定调研方式;确定询问方式;确定询问次序;确定提问方式;进行小规模效果测试;根据测试结果,调整调查表。

(3)分析技术

①编程,即编制工作日程、安排工作步骤、确定计算分析方法以及计算机软件的配备等。
②归类,即把收集到的资料按性质分类,以便进一步分析。
③编校,即对归类的数据资料,进行检查、修正等工作,去粗取精、去伪存真。
④计算,即对归纳、编校的数据资料进行量化。例如,数据资料的总计、比例分析、平均分析、动态分析等。
⑤列表,即将经过整理计算的数据资料,编成统计表,以便策划项目时使用。

3.3.2　项目市场细分与选择

1)项目市场细分

项目市场细分就是指按照项目消费者或用户的差异性把市场划分为若干个子市场的过程。市场细分的客观基础是消费者需求的差异性。

(1)项目市场细分作用

①项目市场细分有利于集中使用资源,优化资源配置,避免分散力量。对市场进行细

分,深入了解每一个子市场,衡量子市场的开发潜力,然后集中投入人力、物力、财力资源,形成相对的力量优势,可以减少费用,提高效益,降低风险,发展能力。

②项目市场细分有利于提高项目的成功率,产生一定的社会效益。市场细分充分关注了相关产业项目消费者的需求的差异性,以消费者为中心来进行理性思考,市场细分的间接效果是广大相关行业消费者的需求得到满足,使项目活动获益,从而提升项目企业的美誉度,获得企业的可持续发展。

③项目市场细分有利于增强项目企业的适应能力和应变能力。对消费者市场进行细分,增强市场调研的针对性,使市场信息反馈加快,项目企业能够及时、准确地规划项目活动。

④项目市场细分有利于提高项目的市场竞争力。在市场细分的过程中,不仅要对消费者需求进行细分,也要对竞争对手进行细分,以便能够清楚地知道哪个子市场上存在竞争者、哪个子市场上竞争者比较少、哪个子市场竞争压力大、哪个子市场竞争比较缓和,从而针对特定情况,制定合理的项目战略,夺取市场份额,增强竞争能力。

⑤项目市场细分有利于挖掘更多的市场机会。对市场进行细分,可以全面了解项目市场广大消费者群体之间在需求程度上的差异,而在市场中,往往需求被满足程度不够,或者需求出现真空时,市场便有可获利的余地,市场机会也就随之而来。因此,要抓住时机,结合自身的资源状况,推出富有特色的项目产品,占领市场,取得效益。

(2)项目市场细分程度

项目市场细分是一个连续的过程,具体要经过划分细分范围、确认细分依据、权衡细分变量、实施小型调查、评估细分市场、选择目标市场、设计项目策略等步骤。

①划分细分范围:就是对细分哪一种服务市场以及在哪一地位进行细分进行界定。这个细分范围取决于多种因素,其中主要的有项目承办单位的人力、物力、财力,项目的目标与任务,项目目前的行业优势状况等。

②确认细分依据:就是确认市场细分标准。这些细分标准主要有人口因素(包括性别、年龄、收入等)、心理因素、地理因素等。

③权衡细分变量:细分变量对项目市场细分起着重要的作用。细分变量使用不当,有可能使细分结果与市场的实际情况相差甚远,从而导致项目决策的失误,由此可见,对细分变量,要做深入的了解分析,科学合理地权衡比较。

④实施小型调查:在项目调查中,对项目市场状况进行了数据的收集、整理、分析,可以说大致掌握了整体情况。为了进一步了解细分市场,也为了检测项目调查的效率,可以安排小规模的市场调查,但是投入费用要尽量少。

⑤评估细分市场:根据小型市场调查,对各个子市场进行评价、分析。

⑥选择目标市场:通过评估,从众多的子市场中选出最好的一个,最好按加权平均方法综合考虑各相关因素。

⑦设计项目策略:目标市场确定后,相应地制定出价格策略、产品策略、渠道策略、促销组合策略。

(3)项目消费者细分因素

对项目消费者细分,主要考虑地理因素、人口因素、心理因素、行为因素、受益因素等,以下就以 3 种因素进行简要分析。

①地理因素。其主要变量包括国家、地区、城市、乡村、气候、地形地貌。例如,体育项目中的足球在巴西就比较流行,足球也给巴西带来了荣耀。

②人口因素。其具体变量有年龄、性别、职业、教育、家庭人口、家庭生命周期、民族、宗教、社会阶层。项目活动的开展要充分注意人口因素带来的影响,并针对消费者的不同特点,策划出不同特色的项目活动。

③心理因素。其具体变量有生活格调、个性、购买动机、价值取向、对价格的感应程度。项目活动与消费者心理因素的关系十分密切。只有根据消费者心理因素不同,推出符合其需求的不同档次活动,才能满足不同消费者的心理需求。

以上只对 3 种因素进行了简要说明,其实项目消费者细分因素还有很多。

2) 项目市场选择

项目市场细分之后,存在着众多的子市场,如何在子市场中选出目标市场,主要有以下几种策略。

①集中性策略。

②无差异策略。

③差异性策略。

3.3.3　项目策划书撰写

在一系列前期工作结束后,应着手编写项目策划书。项目策划书的主要构件有以下 7 项。

(1) 封面

①策划组办单位。

②策划组人员。

③日期。

④编号。

(2) 序文

阐述此次策划的目的、主要构思、策划的主体层次等。

(3) 目录

策划书内部的层次排列,给人以清楚的内容全貌。

(4) 内容

策划创意的具体内容。文笔生动,数字准确无误,运用方法科学合理,层次清晰。

(5) 预算

为了更好地指导项目活动的开展,需要把项目预算作为一部分在策划书中体现出来。

(6) 策划进度表

策划进度表包括策划部门创意的时间安排以及项目活动本身的时间安排,时间在制订上要留有余地,具有可操作性。

(7)策划书的相关参考资料

项目策划中所运用的第二手信息材料要列出,以便查阅。

编写策划书要注意以下 5 个要求。

①文字简明扼要。

②逻辑性强、语序合理。

③主题鲜明。

④运用图表、照片、模型来增强项目的主体效果。

⑤有可操作性。

3.3.4　项目方案实施

项目策划书编写出来之后,应制定相应的实施细则,以保证项目活动的顺利进行。要保证策划方案的有效性应做好3方面的工作。

(1)监督保证措施

科学的管理应从上到下各环节环环相扣,责、权、利明确,只有监督有效才能使各个环节少出错误,以保证项目活动的顺利开展。

(2)防范措施

项目在其开展过程中有许多不确定的因素,只有根据经验或成功案例对其全面预测,发现隐患,防微杜渐,把损失控制在最低程度内,才能推动项目的成功开展。

(3)评估措施

项目活动发展到第一步,都应有一定的评估手段以及反馈措施,以便总结经验,发现问题,及时更正,保证策划的事后发展。

综上,大型活动的策划流程,如图 3.5 所示。

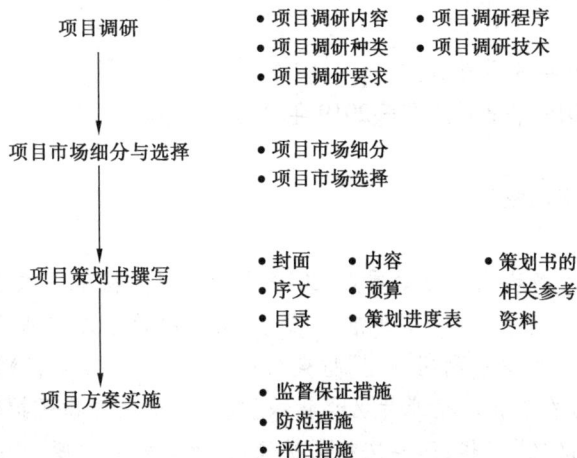

图 3.5　大型活动的策划流程图

阅读资料

2019 中国曲阜国际孔子文化节策划方案

中国曲阜国际孔子文化节是中华人民共和国确定的国家级、国际性"中国旅游节庆精选"之一。在国家文化和旅游部、教育部、山东省人民政府及济宁市和曲阜市政府的支持和指导下,中国曲阜国际孔子文化节始于 1989 年,已成功举办了 30 届。

中国曲阜国际孔子文化节的前身是创办于 1984 年的国际性"孔子诞辰故里游"专项旅游活动。自 1984 年起,孔子故里曲阜充分利用其文化旅游资源优势,于每年的孔子诞辰期间,举办"孔子诞辰故里游",演出仿古祭孔乐舞,有效地促进了对外开放和旅游事业的发展。1989 年,为了更好地纪念孔子对人类文化的杰出贡献,弘扬中华优秀传统文化,增进中外合作和友谊,经中共山东省委、省政府批准,"孔子诞辰故里游"活动改办为每年一届的国际孔子文化节,于每年的孔子诞辰(公历 9 月 28 日)前后,即 9 月 26 日—10 月 10 日在孔子故乡曲阜举行。

为了提高孔子文化节的整体水平,更加突出纪念孔子、弘扬民族优秀文化的主题,做到纪念活动同文化交流、旅游观光、经济技术密切结合,扩大参与性,增强国际交流,2019 中国曲阜国际孔子文化节进行了以下策划。

一、节会基本情况

1.主办单位

文化和旅游部、教育部、山东省人民政府。

2.承办单位

济宁市人民政府、曲阜市人民政府。

3.名称

2019 中国曲阜国际孔子文化节。

4.举办时间

开幕式时间:2019 年 9 月 6 日。

系列活动时间:2019 年 9 月上旬—2019 年 9 月下旬。

二、节会主题

用儒家文化讲好中国故事。

三、开幕式

开幕式是整个活动表现出的核心重点,2019 中国曲阜国际孔子文化节在孔子博物馆举行,孔子文化节开幕式与孔子博物馆开馆仪式、国家文物局与山东省人民政府共同签署的《合作实施"齐鲁文化遗产保护利用计划"框架协议》(以下简称《协议》)签约仪式合并举行。

根据《协议》,双方在泰山—曲阜片区文物保护利用、革命文物保护利用、重点项目合作、北海基地建设、"乡村记忆"工程、落实文物保护责任、加大投入力度、加强人才科研支持八个方面加强合作,并建立会商机制,及时通报情况,组织专题调研,讨论重要事项,共同推进有关工作实施。

孔子博物馆的建成开放,结束了孔府档案及文物长期以来藏在深宫、无法向世人展陈的历史,为收藏、展示、研究儒家文化遗产,为传承弘扬中华优秀传统文化,为提高国家文化软实力和中华文化影响力,提供了重要场所和平台,是一件具有重要文化标识意义的盛事。

四、系列活动

为了丰富孔子文化节的活动内容,融纪念、文化、旅游、学术、艺术、经贸、科技活动于一体,扩大规模,采用丰富多样的举办方式,展示以儒家文化为代表的中华文化独特魅力,接轨国际,扩大社会参与性。设增如下系列活动。

1.全国青少年弘扬中华优秀传统文化交流展示活动

时间:9 月 18—27 日。

地点:曲阜师范大学和曲阜尼山圣境。

主要包括齐鲁学子青春国学荟活动、全国青少年弘扬中华优秀传统文化交流展示活动、"文化传承·逐梦青春"成人仪式教育示范活动共 3 项活动。

2.教育国际研讨会

时间:9 月 25—28 日。

其间,举行教育国际研讨会,邀请联合国教科文组织官员、中国联合国教科文组织全委会、"孔子教育奖"获奖代表、专家及学者代表等参加,交流教育工作经验,探讨教育发展问题。

3.2019 济宁文化旅游国际推广大会

时间:9 月 26—28 日。

地点:曲阜尼山圣境。

大会将邀请国家级有关协会、海外旅行商代表、国内重点客源市场旅行社代表、国内外研学机构代表参加,推介济宁旅游精品线路和文创产品,举行旅游品牌建设主题演讲。

4.中华礼乐与东亚文明高端儒学会讲

时间:9 月 26—28 日。

地点:孔子研究院。

会讲将邀请国内知名高校儒学专家及国内外知名学者参加,以"中华礼乐与东亚文明"为主题,围绕礼乐传统及其特征、中华礼乐的当代价值、礼乐重塑与文化自信、中华礼乐对东亚的影响等议题开展高端会讲,并出版学术辑刊。

5.2019 儒医论坛

时间:9 月 26—28 日。

2019 儒医论坛以"儒医传承与产业发展"为主题,举办儒医论坛开幕式和主、分论坛,举办专家现场教学义诊、健康文化推广等系列活动。

6.2019 山东(济宁)投资合作洽谈会

时间:9 月 27—28 日。

洽谈会将邀请境外商务顾问、商务代表、商协会组织,部分世界 500 强和行业领军企业高管等参加,济宁市政府与德国大陆集团将签署全面战略合作框架协议,举行中日韩(济宁)国际合作项目试验区(日本产业园、韩国产业园)揭牌,开展现场对接洽谈等活动。

7.第十四届联合国教科文组织孔子教育奖颁奖典礼

时间:9 月 27 日晚。

地点:曲阜孔子文化会展中心。

在第十四届联合国教科文组织孔子教育奖颁奖典礼的现场将宣布联合国教科文组织孔子教育奖获奖名单,向获奖代表颁奖并赠送孔子像。颁奖典礼结束后,继续进行优秀传统文化节目展演。孔子教育奖是在 2005 年 10 月,经联合国教科文组织第 33 届大会批准设立的国际大奖,是首次以中国人名字命名的国际奖项。目前,已有来自美国、印度、南非、西班牙、哥伦比亚、伊朗等世界五大洲、20 多个国家和地区的教育机构和项目获此殊荣。

8.己亥年祭孔大典

时间:9 月 28 日上午。

地点:曲阜孔庙。

主要有开城、开庙、启户、敬献花篮、乐舞告祭、恭读祭文等仪式,表达对先贤圣哲的敬仰之情。现场将邀请文化名家、著名学者举行现场解读,阐述孔子思想"从历史走向未来"的价值。

专家评析

2019 中国曲阜国际孔子文化节策划方案的主题策划做得相当到位。而其中策划的许多相关活动,如全国青少年弘扬中华优秀传统文化交流展示活动、中华礼乐与东亚文明高端儒学会讲、儒医论坛等,都能够充分体现出其主题——"用儒家文化讲好中国故事"。

第4章
大型活动立项与可行性分析

【本章导读】

本章大型活动立项与可行性分析,主要讲述了大型活动立项、大型活动可行性分析,以及大型活动策划书。学习本章,可以对大型活动的立项以及可行性分析的原理及方法有一定的了解。

【关键词汇】

大型活动立项　可行性分析　大型活动策划书

【学习任务】

1.大型活动立项前,需要收集哪些方面的市场信息?

2.大型活动项目的环境分析包括哪些?

3.阐述大型活动产业发展的积极影响与消极影响。

4.大型活动的立项原则有哪些?

5.影响大型活动项目持续发展的因素是什么?

4.1　大型活动立项

4.1.1　市场信息的收集

1) 产业信息

这包括了产业性质(投入期、成长期、成熟期和衰退期)、产业规模(生产总值、销售总额、进出口总额和从业人员数量等)、产业分布状况(产品的分布、地区的分布)、厂商数量(潜在参展商和专业观众)、产品销售方式(适合举办展览会的产业一般都是那些以"看样成效"为主的行业;还得考虑产品的销售渠道模式及其成熟度,比如批发市场;还有季节性等)。这些信息包括国内外信息。

2) 市场信息

从策划举办一个展览会的角度出发,需要收集的市场信息主要有:市场规模、市场竞争态势、经销商数量和分布状况、行业协会状况、市场发展趋势、相关产业状况等。

3) 有关法律法规

不管是产业还是市场,它们都不同程度地受到国家有关法律法规的影响和约束,这些法律法规对举办展览会存在着重大的影响。我们应主要了解产业政策、产业发展规划、海关有关规定、市场准入规定、知识产权保护、其他规定等。

4) 相关信息

展览会过多,我们很难进行全面收集,但至少应该收集到:同类展览会的数量和分布情况、同类展览会之间的竞争优势、重点展会的基本情况等信息。

5) 获取信息的方法

获取信息的方法有:一是委托专门的市场调查机构帮助收集;二是收集现成的资料;三是市场抽样调查;四是通过网络收集。

4.1.2　题材的选定

题材就是举办一个展览会所计划要展出的展品的范围。

首先需要将市场细分出来,包括细分市场的规模和发展潜力、细分市场的盈利能力、细分市场的结构吸引力和办展机构自身的办展目标和资源。接下来就得考虑选择展览会的具体题材,主要有新立题材、分列题材、拓展题材和合并题材。

(1)新立题材

这是指办展机构将从来没有涉及的产业作为举办新展览会的题材。一般来说,办展机构为确定新立题材进行市场调查的产业不止一个,而是有好几个,也就是说,同时对几个题材展开调查,以便经过分析后确定一个或几个可以办展的题材。办展机构可以从收集到的信息中选新立题材,也可从国外已经举办的展览会的有关题材中选择新立题材。

(2)分列题材

这是指办展机构将已有的展览会的展览题材再做进一步的细分,从原有的大题材中分列更小的题材,并将这些小题材办成独立的展览会。当然,这并不是随意细分,一般要满足以下5个条件才可以分列:一是原有的展览会已经发展到一定的规模,某一细分题材达到一定的展览面积;二是由于场地限制等原因,这个细分题材的展览面积受限;三是细分出来的这个题材不会对原有的展会造成太大影响;四是这个细分的题材和原有展览会其他题材之间有相对的独立性;五是收集的信息应表明该细分题材可以单独举办展览会。

(3)拓展题材

这是指将现有展览会所没有包含的,但与现有展览会的展览题材有密切关联的题材,或者是将现有展览会展览题材中暂时还未包含的某一分题材列入现有展览会的题材。拓展题材是扩大展览会规模的一种常用形式,一是可以扩大招展展品范围,二是可以扩大参展企业数量和观众来源。当然还需具备以下条件:一是计划拓展的题材与现有展览会的题材要有一定的关联性;二是计划拓展题材的加入对现有展览会不会造成操作上的任何不便;三是现有展览会的专业性不会因计划拓展题材的加入而受到影响。

(4)合并题材

这是指将有两个或两个以上彼此相同或有一定关联的展览题材的展览会合并为一个展览会,或者是两个或两个以上的展览会中彼此相同或有一定关联的展览题材剔除出来,放在另一个展览会里统一展出。

4.1.3 项目立项策划

在确定了题材、基本收集到上述各种信息并对信息进行初步分析后,就可以进行项目立项策划了。大型活动立项(见图4.1)就是根据掌握的各种信息,对即将举办的活动的有关事宜进行初步规划,设计出展览会的基本框架。项目立项策划应注重从定性的角度来规划即将举办的活动,而不是详细地对即将举办的展览会进行定量的分析。项目的可行性分析将在后面的章节介绍。

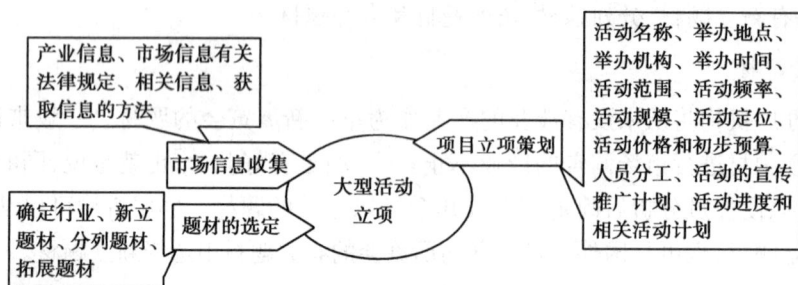

图 4.1　大型活动立项

1) 活动名称

活动的名称一般包括 3 个方面的内容,即基本部分、限定部分和行业标志。如第 127 届中国进出口商品交易会,交易会是基本部分,中国和第 127 届就是限定部分,而进出口商品就是行业标志。活动的名称确定了展会基本内容和基本取向。

2) 举办地点

确定活动在哪个国家、哪个地方、哪个展馆举办? 是在不同的地方轮流办,还是在一个地方举办?

3) 举办机构

举办机构是指负责活动的组织、策划、服务和营销等事宜的有关单位。可以是企业、行业协会、政府部门和新闻媒体等。一般有主办单位、承办单位、协办单位、支持单位等。主办单位是指举办活动并对活动承担主要法律责任的办展单位,现实情况是这些主办单位既不参与活动的实际策划、组织、操作与管理,也不对活动承担法律责任;那么承办单位就是直接负责活动的策划、组织、操作与管理,并对活动负主要财务责任的办展单位;协办单位一般不承担财务责任,也不承担活动的主要服务和营销工作,只对主办或承办单位的工作起协助作用;支持单位有时候也承担一些活动的招商和宣传推广工作,但基本不参与活动的承办工作,也不对活动承担任何财务责任。

4) 举办时间

举办时间一是指举办活动的具体日期,二是指活动的筹备日期。例如,某个活动的筹备时间为 2019 年 5 月 1 日—10 月 1 日,举办日期为 10 月 1—2 日 9:00—16:30。

5) 活动范围

在上面我们提到了如何选择和确定活动题材的方法,这个对选择和确定活动范围也同样适用。根据活动定位,其范围一般包括政府、社会组织等,内容涉及一个或几个行业,或者是一个行业中的一类或几类企业。

6) 活动频率

活动频率是指活动一年举办几次或几年举办一次,或者是不定期举行。活动频率的确定受题材所在产业特征的制约。这包括产业的生命周期、产品的生命周期的影响。

7) 活动规模

活动规模包括:一是活动的场馆面积是多少;二是参加单位的数量多少;三是参加的观众有多少。在策划活动时,我们都要做出预测和规划。

8) 活动定位

活动定位就是清晰地告诉人们这个活动是什么和有什么。具体地说,活动定位就是举办机构根据自身的资源条件和市场竞争状况,通过建立和发展活动的差异化竞争,使自己举办的活动在企业和观众的心目中形成一个鲜明而独特的印象的过程。活动定位要明确活动的目标观众、目标、主题等。

9) 活动价格

活动价格往往包括室内场地的价格和室外活动的价格,室内场地的价格又分为空地价格和装修房间的价格。在制定价格时,一般遵循"优地优价"的原则,即那些便于活动和中心位置的价格往往要高一些。

10) 人员分工计划和宣传推广计划

人员分工计划和宣传推广计划是活动的具体实施计划,这两个计划在具体实施时会互相影响。人员分工计划是对活动工作人员的工作进行统筹安排,宣传推广计划则是建立活动品牌和树立品牌形象,并同时为活动筹备和招揽服务。

11) 活动进度计划

活动进度计划是在时间上对活动的招徕、招商、宣传推广和位置划分等工作进行的统筹安排。它明确了活动在筹办过程中,在不同阶段应该完成的工作,直到活动成功举办。活动进度计划安排得好,各项准备工作就能有条不紊地进行。

4.2　大型活动可行性分析

4.2.1　大型活动项目的环境分析

1) 外部环境分析

外部环境指在一定时空内的社会中各类组织都面对的环境,可分为政治、社会、经济、技术、自然 5 个方面。

政治环境,指一个国家或地区的政策、法律、制度等情况。不同的国家(地区)对大型活动发展有不同的要求,即使同一国家(地区)在不同时期,其产业的发展导向、政策的倾斜等都有所差异。另外,政局的稳定性、国际局势等也会影响大型活动产业的发展。

一个国家或地区的社会文化环境包括居民的受教育程度、文化水平、宗教信仰、风俗习惯、价值观念等。举办地居民的受教育程度、文化水平决定了他们的需求层次;宗教信仰和风俗习惯会使居民禁止某些活动;价值观念会影响居民对大型活动组织目标的认可程度。当地居民的支持程度及社会公众的参与程度往往是一个大型活动成功与否的重要因素之一。

经济环境主要分为宏观和微观两方面,直接影响着大型活动的规模、档次及市场定位。大型活动产业是综合性、关联性很强的产业,对举办地的交通及配套设施要求较高,需在有限的空间与时间内集中大量的人流、物流、资金流等,每一环节的畅通是大型活动顺利举办的前提。当地经济的发展水平直接制约着大型活动产业的发展。

技术环境主要是指大型活动举办企业所处领域的信息化、科技化以及网络化水平。技术环境直接影响着大型活动的质量与档次、规模大小以及服务的人性化水平,是现代大型活动产业发展面临的最直接的挑战。

自然环境,主要指大型活动举办地的地理环境、气候条件和资源状况等。大型活动产业与旅游业有着不可分割的关系,举办地旅游资源丰富是大型活动增强吸引力的主要条件之一。

对外部环境的分析有助于大型活动管理者在大型活动定位、项目推广、举办时间等方面做出正确决定,并针对大型活动产业发展面临的挑战及早做出准备。

大型活动产业对外部环境的依赖性是较高的。总体来说,大型活动产业的发展对大型活动所在地经济、社会的发展起积极推动作用。但同时我们也应看到,如果在大型活动产业发展过程中管理规划不当,也可能会对当地社会、经济的发展带来消极影响。

总结大型活动产业发展对举办地的积极与消极影响,如表 4.1 所示。

表 4.1　大型活动产业发展对举办地的积极与消极影响

影响因素	积极影响	消极影响
经济	刺激投资 创造就业机会 提升生活水平 增加税收收入	物价增长 房地产投机 产生机会成本
旅游	提升旅游目的地形象 创造新的接待设施和旅游吸引物 改善可进入性 平衡淡旺季	旅游设施的供给不足导致形象损坏而失去"真实性" 因设施不足或运行非合意性而损害声誉
商业	提升地区潜在的商业和投资机会	使当地企业的竞争更激烈及政府政策发生变更

影响因素	积极影响	消极影响
自然环境	当地基础设施的改善与新设施的建设 增强环保意识 为遗产保护提供了资金和新尝试	环境破坏与过度拥挤,设施闲置 噪声、废弃物等污染
社会环境	有助于提高当地的社会影响力 增强当地的文化保护意识和民族精神	侵入一些非商业区域 导致居民的敌对态度与防御心理
政治	提高国际影响力 扩大政府的影响 增强社会凝聚力 提高规划和行政管理等方面技能	管理成本增加 强制推行未被广泛接受的决策 所有不利影响的产生对当政者不利

2)行业环境分析

按照波特的驱动行业竞争的 5 种力量分析,大型活动产业面临着更为直接的 5 种竞争力量。为此,在进行大型活动项目的可行性分析时,要对这 5 个方面的因素认真加以分析。

(1)行业内现有竞争对手分析

在现实中,一个题材的大型活动不止一个,大型活动要想取得成功,必须明确行业内现有竞争对手的基本情况,如发展历史、公司状况、规模、资金、技术力量等,并密切关注其发展动向。

(2)参与者和观众分析

大型活动举办单位应密切关注参与者的动态,建立起专业化的服务体系、目标参与者数据库和观众平台,注意与参与者及观众保持良好的沟通,建立定期的信息反馈渠道等。

(3)大型活动主办方分析

大型活动主办方多为政府部门、行业协会等。大型活动企业要与它们建立良好的合作关系,经常保持沟通,从而熟悉国家、地方的经济发展态势以及行业发展动态,进而使大型活动项目更具有针对性。

(4)潜在入侵者分析

由于大型活动产业良好的发展态势,目前各地都在争取以大型活动产业为契机带动城市整体经济的发展,大型活动产业成为新的增长点,因此潜在入侵者数量上升,这是大型活动企业不能忽视的问题。

(5)替代品分析

大型活动替代品分析的关键在于能够降低对大型活动各专业造成的影响,从而更好地在策划、组织、管理的过程中建立起规范的服务体系,增强企业的竞争力,保证大型活动的质量与可持续性。

通过行业环境分析,可找出对本企业最直接、最有威胁的竞争对手,明确本企业在行业中的市场地位,及时调整经营策略。

3)市场环境的 SWOT 分析

在对构成市场环境的各种竞争因素进行分析之后,接下来组织方就要对市场环境进行整体的分析与总体的评价。对市场环境进行总体分析与评价的方法很多,最常见的是 SWOT 分析。

SWOT(强势、弱势、机会、威胁)分析的核心思想是通过对大型活动项目的外部环境与内部条件的比较分析,明确大型活动项目可以利用的机会与可能面临的风险,以期促进大型活动项目的创新与发展。SWOT 分析通常运用的组合策略反映在表 4.2 中。

表 4.2　SWOT 分析

组合战略	优势	劣势
机遇	SO	WO
威胁	ST	WT

SO:运用企业的优势,采取措施,使之成为企业成功的机遇。

ST:分析威胁企业优势地位的各方面内容,运用企业的优势,弱化可能对企业的优势地位产生的负面影响。

WO:分析弱点可能带给企业的所有负面影响。

WT:分析弱点可能产生的对企业的威胁及采取的相应措施。

4.2.2　大型活动项目的可持续发展分析

1)大型活动项目可持续发展的指标分析

大型活动项目的可持续发展取决于大型活动企业的竞争力。反映企业竞争实力的指标主要有以下 3 个。

（1）销售增长率

销售增长率指大型活动企业当年的销售状况与往年相比的增长幅度,可用大型活动的参加人数等来表示。若呈现正增长,则表示企业具有可持续发展的潜力。

（2）市场占有率

市场占有率反映企业在整个大型活动市场中的占有份额及相对地位,可跟踪行业内同类大型活动的举办数量,得出本企业相对竞争能力的强弱。

（3）获利能力

获利能力是反映企业竞争能力及可持续发展能力的重要指标。一个大型活动企业如果获利能力不足,很难长期发展下去。

市场占有率只表明了企业目前与竞争对手相比的竞争实力,并未告诉我们这种实力能否维持下去,也未反映销售大型活动是否带来了足够的利润。因此,只有销售增长率、市场占有率、获利能力三者结合才能反映大型活动企业可持续发展的潜力。

2) 大型活动项目可持续发展的影响因素

(1) 大型活动主题的影响力

大型活动的可持续发展与主题的定位息息相关。大型活动主题影响力的大小主要看该主题能否代表产业发展的前沿动态,是否是参与者及观众所期盼的,是否有足够的市场发展空间与政策空间,是否有行业内权威企业的支持等。

(2) 项目团队的素质

由于大型活动产业是一个新兴综合性产业,涉及旅游、交通、金融、餐饮等多个方面,大型活动项目管理者应运用系统工程的观点、理论和方法,对项目执行中的各环节进行统筹安排,才能收到良好的效益,发挥项目的整体功能。其中,项目管理者的素质尤为关键,目前许多成功的大型活动项目都是依靠项目管理者多年的举办经验及项目组成员的通力合作才获得成功的。

(3) 大型活动服务体系的建设

大型活动服务体系是否完善影响着参与者的决策。大型活动产业是一个关联性很强的产业,其服务体系包括对活动前的市场需求调查,活动中的相关食、宿、游等服务,以及对活动后的运输、清洁和各项数据的评估等。只有为参与者提供了优质、专业、及时的服务,才能使之成为忠诚的顾客。

综上所述,在分析了大型活动的市场环境并精心选择了一个大型活动项目的主题后,应本着创新、务实的原则,加强外部的环境跟踪、市场调查及内部的管理规范化建设,延长大型活动的生命周期,提高大型活动的竞争力。

4.2.3 大型活动项目的财务分析

财务分析是运用财务数字与报表等,对企业的经营成果进行评价与分析,以反映企业经营过程中的利弊与未来发展前景。对大型活动项目而言,在价格制订的基础上进行财务预算,分析大型活动项目的成本与收益,可以对大型活动的资金进行筹措与规划,以分析项目的可行性。

大型活动项目财务分析的过程与企业财务管理中的财务分析有所不同,前者主要着眼于成本收益的预算、损益平衡的分析、现金流的控制和资金的筹措计划等。以下将围绕大型活动项目的价格定位、成本收益分析、现金流控制3个环节展开论述。

1) 大型活动项目的价格定位

大型活动项目的价格定位不仅决定着大型活动竞争力的高低,也是财务分析的基础,只有确定了定价才能采取相应的方法。一般来讲,主办方的定价策略和方法主要有以下几种:

(1) 定价策略

①当前利润最大化策略:主办方着眼于当前获取最大利润,倾向于制订较高的价格,以

在短期内收回投资,获得利润。当市场竞争激烈时,这一策略也给主办方留有了较大的降价空间。

②市场份额领先策略:主办方意在夺取一个占主导地位的市场份额,采取的策略是拥有最大的市场份额,最终具有成本优势,从长期来看会使企业保持较高的利润。

③质量领先策略:这是以保证向参与者和观众提供一个优质产品为宗旨而采取的高价位定价策略。

④生存策略:当市场竞争进入白热化时,主办方为了生存而采取的低价策略,因为在短期内生存比经营更重要。

⑤其他目标策略:主办方也可利用价格策略达到其他一些目标,如通过低价抵御竞争者的进入,或制订与竞争对手同样的价格来稳定市场等。

(2)定价方法

一般来说,大型活动企业在选择定价方法时,要考虑成本、需求及竞争3个因素。成本构成了价格的底线,而消费者的需求和对产品的价格认知构成了价格的上线,竞争者的价格水平及其他一些外部因素则决定了企业在上下线之间找到合适的价格水平。

①以成本为中心的定价法。这种定价方法是在成本的基础上附加一定的加成比例作为最终价格。

②以需求为中心的定价方法。这种定价方法主要考虑参与者对大型活动价格的期望和接受程度,并根据参与者对大型活动的反应和接受能力来制订价格。具体有以下3种定价方式:

A.区分需求定价法。这种定价方法是指根据参与者、预定时间等的不同,采取不同的销售价格。

B.理解价值定价法。这种方法即根据市场上的行情来确定参与者可接受的大致价格。

C.需求心理定价法。此方法即根据参与者的心理和主办方的品牌形象而提高价格,以提升大型活动的档次,以质取胜,增强竞争力。

③以竞争为中心的定价方法。这种方法是根据市场竞争状况及大型活动企业自身的定位来制订价格。具体有以下3种策略:

A.随行就市法,即按照同类大型活动的市场行情来定价。若采用此种方法,由于价格水平是一定的、难以改变的,主办方应在成本控制上下功夫,争取更大的利润空间。

B.率先定价法,即根据竞争者可能的报价,结合自己的成本预算和利润预期,率先定价,旨在争取主动权。

C.渗透定价法,即用低价进入市场,以扩大市场占有率为目标的一种定价方法。采用这种定价方法,主办方须有较强的实力,不指望在短期内收回投资。

2)大型活动项目的成本收益分析

大型活动项目的成本收益分析对项目的管理至关重要,它提供了一种量化的数字指标,使各部门贡献具有可比性,便于进一步分析经济可行性。

举办一个大型活动的成本费用一般包括:

①大型活动场地费用,包括场地租金、设施(灯光、音响等)费用。

②大型活动宣传推广费,包括资料印制费、宣传广告费用等。

③管理费,包括办公费用、人员活动费用等。

④其他相关活动费用,包括场地布置、开幕式与闭幕式、答谢会等活动的费用。

⑤税费。

⑥其他不可预见费用。

举办一个大型活动的收入,通常有以下4项:

①门票收入。

②广告收入。

③赞助。

④其他相关收入。

在分析了成本与收益后,接着要进行损益平衡分析,为此要解决以下两个问题:一是在价格初定的前提下,大型活动项目必须达到多大的规模,主办方才能收回成本。此时的总收入等于总成本,否则,不具有举办价值。二是在销售量初定的情况下,价格应为多少才能达到损益平衡,从而为主办方确定销售的价格提供参考。

3)大型活动项目的现金流控制

大型活动项目都有一定的时间跨度,因此必须对现金流进行控制,尤其是时间很长的大型活动项目,如奥运会、世博会、亚运会等,如果没有对现金流进行有效的控制,就难以保证大型活动项目的顺利举办,也无法保证此类大型活动的可持续发展。

现金流是现金流入与现金流出的统称,是反映大型活动项目在实际运行中发生的现金流入与流出,两者在某一点上之差称为净现金流量。

不同大型活动项目的现金流是不同的。对于一些不以营利为目的的大型活动项目,主要依靠举办单位或其他企业赞助获得收入,由于在项目筹备前期已获得大部分收入,因而在项目的前期准备阶段,现金收入应该大于现金支出,最后项目是否营利,要看两者的差额大小。有些大型活动项目主要依靠收取参与费用或提供其他服务获取收入,而参与者在预订时只交纳很少一部分预订费用,因而此类大型活动项目的现金收入在前期要小于现金支出,但也要密切关注其现金流的变化。

4.2.4 大型活动项目的可行性研究报告

在对大型活动项目进行了以上各种分析后,即可编制可行性研究报告。可行性研究报告是主办方决策是否要举办大型活动的重要依据,因此务必做到材料真实,分析客观科学,判断准确无误。

大型活动项目的可行性研究报告包括以下内容:

第一,大型活动项目的背景资料。这其中包括:

①行业背景——市场趋势和未来发展、国际、国内和地区的发展趋势、技术进步、新需求和日益增长的需求。

②市场预测——与行业市场有关的全国性和地区性宏观经济资料,如全国或某地区大

型活动产业发展的速度、年营业额等统计资料。

③同类大型活动的竞争分析——市场细分、市场结构、相关和潜在的竞争者,已有大型活动的数量、主题差别度等。

第二,项目方案。这其中包括:

①实施的地点、程序、组织管理。

②预计的规模。

③战略合作伙伴、行业内权威企业的参与,支持与协助单位,与全国及海外合作伙伴、拓展组团代理的关系等。

④营销计划、推广方案等。

第三,项目的财务分析。这其中包括:

①项目成本预算。

②项目收入预算。

③预期利润。

第四,资金筹措设想与风险预测。

第五,结论。

4.3 大型活动策划书

4.3.1 大型活动预备阶段的文案概念

大型活动预备阶段的文案是指一次大型活动从确定展览题材,收集信息,进行展览项目立项策划一直到大型活动正式开幕前的预先准备阶段所涉及的所有文本文案。

4.3.2 大型活动预备阶段的文案种类

一般来说,大型活动预备阶段的文案包括大型活动立项策划书、大型活动项目立项可行性研究报告、参展说明书、大型活动招展方案、大型活动招展函、招展进度计划、观众邀请函、参展合同、展出工作方案、大型活动费用预算表、大型活动宣传推广计划、广告文案等。

4.3.3 大型活动立项的原则

一般情况下,大型活动立项的原则包括:保护名牌大型活动、扶持专业大型活动、鼓励境外来展、优行全国大型活动、开展新型项目、扩大展场销售、遵循办节能力、参照申办顺序等。这些原则并不是孤立使用的,在大型活动立项时需综合运用并按照大型活动项目的实际情况来选择适当的原则。

4.3.4　大型活动立项策划书的写作

1) 大型活动立项策划书的概念

所谓大型活动立项策划书,就是根据掌握的各种信息,对即将举办的大型活动的有关事宜进行初步规划,设计出大型活动的基本框架,提出计划举办的大型活动的初步规划,主要包括:大型活动名称和地点、举办机构、举办时间、活动规模、活动定位、招展计划、招商和宣传推广计划、活动进度计划、现场管理计划、相关活动计划等。

大型活动立项策划书是为策划举办一个新大型活动而提出的一套整体规划、策略和方法,它是对以上各项内容的归纳和总结。

2) 大型活动立项策划书的内容结构

大型活动立项策划书主要包括以下内容。

①市场环境分析:包括对大型活动展览题材所在产业和市场情况的分析,对国家有关法律、政策的分析,对相关大型活动的情况的分析,对大型活动举办地市场的分析等。

②提出大型活动的基本框架:包括大型活动的名称和举办地点、举办机构的组成、展品范围、举办时间、举办频率、活动规模和活动定位等。

③大型活动价格及初步预算方案。

④大型活动人员分工计划。

⑤大型活动招展计划。

⑥大型活动招商计划。

⑦大型活动宣传推广计划。

⑧大型活动筹备进度计划。

⑨大型活动服务商安排计划。

⑩大型活动开幕和现场管理计划。

⑪大型活动期间举办的相关活动计划。

⑫大型活动结算计划。

3) 详细条目

(1) 大型活动名称

大型活动的名称一般包括3个方面的内容:基本部分、限定部分和行业标志。如"第126届中国进出口商品交易会",如果按上述3个内容对号入座,则基本部分是"交易会",限定部分是"中国"和"第126届",行业标志是"进出口商品"。下面分别对这3个内容做一些说明。

①基本部分:用来表明大型活动的性质和特征,常用词有:大型活动、博览会、展销会、交易会和"节"等。

②限定部分:用来说明大型活动举办的时间、地点和大型活动的性质。大型活动举办时

间的表示办法有 3 种：一是用"届"来表示，二是用"年"来表示，三是用"季"来表示。如第 28 届广州博览会，2019 年深圳礼品展等。在这 3 种表达办法里，用"届"来表示最常见，它强调大型活动举办的连续性。大型活动举办的地点在大型活动的名称里也要有所体现，如第 28 届广州博览会中的"广州"。

大型活动名称里体现大型活动性质的词主要有"国际""世界""全国""地区"等。如第 26 届北京国际图书博览会中的"国际"表明本大型活动是一个国际展览。

③行业标志：用来表明展览题材和展品范围。如第 26 届北京国际图书博览会中的"图书"表明本大型活动是图书产业的大型活动，行业标志通常是一个产业的名称，或者是一个产业中的某一个产品大类。

（2）大型活动的举办地点

选择大型活动的举办地点，包括两个方面的内容：一是大型活动在什么地方举办，二是大型活动在哪个展馆举办。大型活动在什么地方举办，就是要确定大型活动在哪个国家、哪个省或者是哪个城市举办。大型活动在哪个展馆举办，就是要确定大型活动举办的具体地点，即在哪个展馆举办。活动举办地点的选择要结合大型活动的展览题材和定位。另外，在具体选择展馆时，还要综合考虑使用该展馆的成本、展期安排是否符合自己的要求以及展馆本身的设施和服务等因素。

（3）举办机构

举办机构是指负责大型活动的组织、策划和招商等事宜的有关单位。举办机构可以是企业、行业协会、政府部门和新闻媒体等。根据各单位在举办大型活动中的不同作用，一个大型活动的举办机构一般有以下几种：主办单位、承办单位、协办单位、支持单位等。

①主办单位：拥有大型活动并对大型活动承担主要法律责任的举办机构。主办单位在法律上拥有大型活动的所有权。

②承办单位：直接负责大型活动的策划、组织、操作与管理，并对大型活动承担主要财务责任的举办机构。

③协办单位：协助主办或承办单位负责大型活动的策划、组织、操作与管理，部分地承担大型活动的招商和宣传推广工作的举办机构。

④支持单位：对大型活动主办或承办单位的大型活动策划、组织、操作与管理，或者是招商和宣传推广等工作起支持作用的举办机构。

（4）举办时间

举办时间是指大型活动计划在什么时候举办。举办时间有 3 个方面的含义：一是指举办大型活动的具体开展日期；二是指大型活动的筹展和撤展日期；三是指大型活动对观众开放的日期。

展览时间的长短没有一个统一的标准，要视不同的大型活动而定。有些大型活动的展览时间可以很长，如"世园会"的展期长达几个月甚至半年；但对于大多数的专业贸易展来说，展期一般以 3~5 天为宜。

（5）展品范围

大型活动的展品范围要根据大型活动的定位、举办机构的优劣势和其他多种因素来确定。根据大型活动的定位,展品范围可以包括一个或者多个产业,或者是一个产业中的一个或多个产品大类,例如,"博览会"和"交易会"的展品范围就很广,"广交会"的展品范围就超过 10 万种;而德国"法兰克福国际汽车大型活动"的展品范围涉及的产业就很少,只有一个汽车产业。

(6)举办频率

举办频率指大型活动是一年举办几次还是几年举办一次,或者是不定期举行。从目前会展业的实际情况看,一年举办一次的大型活动最多,约占全部大型活动数量的 80%,一年举办两次和两年举办一次的大型活动也不少,不定期举办的大型活动已经是越来越少了。举办频率的确定受展览题材所在产业的特征制约。我们知道,几乎每个产业的产品都有一个生命周期,产品的生命周期对大型活动的举办频率有重大影响。产品的投入期和成长期是企业参展的黄金时期,大型活动的举办频率要牢牢抓住这两个时期。

(7)大型活动规模

大型活动规模包括 3 个方面的含义:一是大型活动的展览面积,二是参展单位的数量,三是参观大型活动的观众。在策划举办一个大型活动时,要从这 3 个方面做出预测和规划。在规划大型活动规模时,要充分考虑产业的特征。大型活动规模的大小还受到会观众数量和质量的限制。

(8)大型活动定位

通俗地讲,大型活动定位就是要清晰地告诉参展企业和观众本大型活动"是什么"和"有什么"。具体地说,大型活动定位就是举办机构根据自身的资源条件和市场竞争状况,通过建立和发展大型活动的差异化竞争优势,使自己举办的大型活动在参展企业和观众的心目中形成一个鲜明而独特的印象的过程。大型活动定位要明确大型活动的目标参展商和观众、举办目标、举办活动的主题等。

(9)大型活动价格和初步预算

大型活动价格就是为大型活动的展位出租制订一个合适的价格。大型活动展位的价格往往包括室内展场的价格和室外展场的价格,室内展场的价格又分为空地价格和标准层位的价格。在制订大型活动的价格时,一般遵循"优地优价"的原则,即那些便于展示和观众流量大的展位的价格往往要高一些。大型活动初步预算是对举办大型活动所需要的各种费用和举办大型活动预期获得的收入进行的预算。在策划大型活动时,要根据市场情况给大型活动确定一个合适的价格,这样有利于吸引目标参展商参加。

(10)人员分工、招展、招商和宣传推广计划

人员分工、招展、招商和宣传推广计划是大型活动的具体实施计划,这 4 个计划在具体实施时会互相影响。人员分工计划是对大型活动工作人员的工作进行统筹安排。招展计划主要是为招揽企业参展而制定的各种策略、措施和办法。招商计划主要是为招揽观众参观大型活动而制定的各种策略、措施和办法。宣传推广计划则是建立大型活动品牌和树立品牌形象,并同时为活动的招展和招商服务。

(11)大型活动进度计划、现场管理计划和相关活动计划

大型活动进度计划是在时间上对大型活动的招展、招商、宣传推广和展位划分等工作进

行统筹安排。它明确了大型活动在筹办过程中,在不同阶段应该完成的工作,直到大型活动成功举办。大型活动进度计划安排得好,大型活动筹备的各项准备工作就能有条不紊地进行。现场管理计划是指在大型活动开幕后对大型活动现场进行有效管理的各种计划安排,它一般包括大型活动开幕计划、大型活动展场管理计划、观众登记计划和撤展计划等。现场管理计划安排得好,大型活动现场将井然有序。

大型活动相关活动计划是指对准备在大型活动期间举办的各种相关活动做出的计划安排。与大型活动同期举办的相关活动最常见的有技术交流会、研讨会和各种表演等,它们是大型活动的有益补充。

阅读资料

深圳锦绣中华发展有限公司 2010 年全年活动策划提纲

本着不断创新和提升品牌业绩的宗旨,我司对内部和外部资源进行了建设性的梳理和整合,制订 2010 年活动提纲如下。

一、市场分析

1.竞争分析

目前在珠三角和深港澳旅游商圈和我司形成竞争关系的近有欢乐谷、世界之窗、东部华侨城,远有长隆景区、迪斯尼、海洋世界等。明年欢乐海岸的开放,以及居住证赴港政策可能会吸引周边年轻市场并进一步分流原有市场。

表 4.3　四景区 2009 年主要活动一览表

景区	1—4月	5—6月	7—8月	9—12月
民俗村	大庙会	功夫节	泼水节	爱我中华狂欢盛典、聊斋夜、火把节
欢乐谷	新春滑稽节	时尚节	玛雅狂欢节	国际魔术节、万圣节、圣诞节、流行音乐节
世界之窗	春节、情人节、风车节	狂野非洲风情节	啤酒节	天地浪漫上演、万圣节、冰雪节
东部华侨城	沐浴节、山地春节、采茶节	全面试业	山地歌会	第 59 届世界小姐中国总决赛、国际音乐节、祈福佛事活动、《天机》试演、冰雪圣诞·童话新年

从表 4.3 中可以看出,虽然民俗村和世界之窗节庆活动都有鲜明的民族地域文化特色,但世界之窗的活动较时尚和年轻化。欢乐谷利用连锁景点的全面开放效应,在节庆活动中充分运用时尚元素,特别是近期的万圣节的举办,单一市场连续高速的增长,证明其主打年轻群体的市场策略运用得当。

结论,更加开放和时尚是景区活动策划的总趋势,我司活动的核心是"土节洋做",将传统和时尚进行结合,将体验和互动进行整合,将节庆和项目进行叠加,以求得到较好的收益。

2.需求分析

我司的客源按照比重分为本地、境外、省外、省内,其中本地市场中家庭需求注重风情体验,学生团队的需求注重教育娱乐,企业团队的需求注重时尚动感,境外团队注重传统文化体验和表演。由于近年港澳地区和境外著名主题公园渐渐成为省内外游客的普通目的地,同时少数民族地区与我司同质景点的大量开发,全民出游能力普遍提升,欣赏水平今非昔比,我司节庆产品需要不断提升才能满足游客的需求。

虽然我司目前的活动内容不断拓展,但我司目前品牌传达的概念仍以少数民族文化为主题,中国传统经典文化和各地特色鲜明的地域特色文化仍有广阔的开发空间,"80后"和"90后"已经进入本地主要消费人群,这一市场有明显的个性化需求特点,这类市场的开发将为巩固我司主要市场和开发未来市场提供有力支持。

二、资源整合与对策

1.内部资源

硬件方面结合景区改造,重新提炼受游客欢迎的主题,推出新亮点。软件方面加强表演的互动性、时尚元素,满足年轻游客的需求。

2.合作资源

加强与媒体、大客户、政府的合作,共同开发,共同分享。

3.国内重大活动

世博会、亚运会、特区成立30周年,借助这些活动扩大中国传统文化在旅游市场的影响。

4.SWOT分析

我司节庆活动策划的有利因素是近年来传统文化的国际地位和影响的提升给我司品牌的未来的发展带来巨大空间,不利因素是由于缺少长期规划和拳头项目的推出,适合年轻群体的产品少,近期市场推广受到很大制约。

5.产品对策

建议我司节庆产品内容应注重传统与时尚的结合,产品种类方面既要兼顾少数民族文化和汉族文化,也要兼顾主流文化和地域性文化,对于本地和境外这两类主要市场,一方面要强化中华民族的经典文化,另一方面要针对本地移民城市年轻化的特点,推出时尚与传统结合的新产品。

三、策划提纲

根据统计数据,2009年学生、企业和海外市场份额损失较大,同时游客出游动机中休闲放松的目的已经超过对表演和活动的需求,因此在强化娱乐互动和经典文化活动比重的同时,要重视游客舒适度的改善。以往部分节庆活动有投入成本高、活动回报时间短的问题,为提高活动投入产出比和增加淡季吸引力,建议将2010年的部分节庆活动进行整合,做成活动季的方式,本方案将全年活动时间分为6个重要阶段,即春节、国庆节两个黄金周和4个活动季,具体如表4.4—4.9所示。

表 4.4　春节黄金周(2.13—28)

春节 情人节 元宵节	①民俗村大庙会 ②龙腾虎跃大庙会、村村寨寨闹新年	①华夏大庙会——以"天桥绝活、地坛风情、庙会展演"为主要内容 ②村寨过大年——隆重展示各民族村寨过年的习俗 ③社火大巡游,火龙烟花夜 ④南北美食荟 ⑤除夕狂欢夜·迎虎倒计时 ⑥佛国花香、情人玫瑰园 ⑦元宵灯谜节、生肖文化节	①利用微缩景区现有景点提炼主题活动区佛国花香祈福园、情人节玫瑰园 ②与中山古镇合作举办灯展。合作举办生肖文化节(正在洽谈) ③邀请集团内外企业参加灯展,宣传品牌造人气

祈福季包含的主要节日为三八节、清明节、五一节、端午节。

表 4.5　祈福季(3.6—6.20)

节日	主题	内容	资源整合
三八节 (1个月)	①连南瑶族风情节 ②野蛮女友节	①瑶族风情歌舞 ②瑶族民俗特产展 ③民族女子竞技大会	①和连南瑶族地区开展合作,重新整合丰富瑶寨 ②针对学生市场和亲子市场,利用空地推出亲子农庄
清明节 (4.3—5)	小平纪念活动周	纪念小平歌舞表演、图片展、文物展、相关影视展演。沿着伟人的足迹游览锦绣中华	借助我司小平纪念馆的输出管理资源,推出改革开放纪念展
五一节 (5.1—30,1个月)	台湾风情周民族体育节	①妈祖文化 ②台湾旅游推介 ③台湾流行音乐 ④台湾民族歌舞 ⑤台湾漫画 ⑥闽台风情周,向游客展示闽台风土人情、特色美食、娱乐等方面的内容;少数民族体育节,整合景区及新开发的少数民族体育项目,开发出一个集表演与竞技于一体的民族游乐场 ⑦台湾夜市	①引入台湾高山族、黎族等少数民族风情展示,以海峡两岸文化同根同祖为宣传点 ②与台商协会合作 ③和台湾线路旅行社合作
端午节 (6.4—20,半个月)	楚文化节	①水上巡游 ②龙舟赛、民族综艺大观 ③辣美食、汉服文化秀 ④编钟歌舞	—

泼水季包含的主要节日为泼水节。

表 4.6　泼水季(7.10—8.22)

节 日	主 题	内 容	资源整合
泼水节	锦绣中华·民俗村、泼水节	①夏日湿身派对 ②人鱼公主表演馆 ③泰拳王搏击表演 ④哈尼族长街宴·《旖旎版纳》风情歌舞 ⑤佛爷栓线祈福·泼水采花巡游 ⑥击浪大渡河 ⑦精灵水世界 ⑧各个村寨推出新版村寨表演	傣寨广场用超大帐篷封闭,形成全室内的体验场馆,解决游客舒适度问题。场馆环境布置为西双版纳热带雨林风情(如彩绘的天空屋顶、植物水果、河道等),馆内划分为不同主题区域

表 4.7　感恩季(8.28—9.28)

节 日	主 题	内 容	资源整合
中秋节(9.22) 教师节(9.10) 孔子诞辰(9.28)	①谢师情 ②念亲恩 ③怀古风	①国乐表演赏月晚会 ②傣族拜月、苗族跳月、侗族偷月亮菜风俗展示 ③博饼大赛灯彩巡游 ④百人阿细跳月 ⑤祈福赏月游 ⑥灯谜博彩乐 ⑦千盏花灯会 ⑧螃蟹美食节 ⑨儒家礼仪 ⑩开笔礼(8月下旬启动)	作为一个感恩季,在此期间,推出夫子庙、孔子像等项目;和外界联系,寻求和曲阜等地的合作等

表 4.8　国庆黄金周(10.1—7)

节 日	主 题	内 容	资源整合
国庆节	①中国功夫节 ②三大门派真功夫,中华武魂争霸风 ③推出职业功夫系列活动 ④中外功夫擂台赛	①三大门派专场演出 ②少数民族传统绝技展 ③民间高手绝技展示("李小龙杯"绝技大赛) ④民间技巧运动展示 ⑤中华武馆——功夫人物真人秀(以李小龙、黄飞鸿等典型功夫人物为代表,与游客进行互动) ⑥少林文化秘籍养生展 ⑦武侠影视主题馆(互动项目)	①与嵩山少林寺、黄飞鸿纪念馆合作 ②与深圳市风筝协会合作 ③和深圳市劳动部门及媒体合作推出职业功夫节

狂欢季包含的主要节日为万圣节、光棍节、圣诞节、元旦节。

表 4.9　狂欢季(2010.10.16—2011.1.3)

节 日	主 题	内 容	资源整合
万圣节 (10.31— 11.11)	聊斋夜	对原有节目进行提升,增加过关游戏内容	和本地知名网站合作
光棍节 (11.11)	光棍交友节	飞信交友、派对游戏、脱"光"宣言	
圣诞节、 新年夜 (12.11—31, 半个月)	①网络文化节 ②苗族唱诗节	①网络社区互动 ②当年网络达人秀 ③网络歌曲 DV 比赛等 ④云南昆明小水井唱诗班	和本地知名网站合作
元旦节(1.1)	火把节	篝火狂欢、灯彩巡游	—

专家评析

　　在大型活动策划中,确定活动的定位以及主要受众是非常重要的,而这就需要在基于市场需求的前提下,创新策划方案。深圳锦绣中华公司在对 2010 年全年的活动进行策划时,经过对历年活动成果的深入分析后,整合资源、创新策划,针对越来越"年轻化"的市场,策划出社交性与娱乐性较强的活动,并采取了活动季的形式。好的大型活动在策划立项之前,都要进行可行性方面的分析,这些分析是成功举办大型活动的基础和保障。

第5章
大型活动营销策略与管理

【本章导读】

本章大型活动营销策划与管理,主要讲述了大型活动营销的含义、大型活动营销计划、大型活动营销策略,以及大型活动营销方法。学习本章,可以对大型活动营销及管理方面的一些原理与方法有一定的了解。

【关键词汇】

营销　营销计划　营销策略　营销方法

【学习任务】

1.大型活动营销需遵守哪些原则?

2.大型活动营销的类型有哪些?

3.大型活动的营销策略有哪些?

4.大型活动通常采用的营销方法有哪些,并比较它们的优缺点。

5.1 大型活动营销的含义

美国市场营销协会认为"市场营销是对货物、劳务、计谋的构想、定价、促销和分销等方面进行计划和实施,以达到个人和组织的目标的交换过程。"大型活动的营销是活动组织者的重要活动之一,它不仅要回答在现实的市场营销活动中的各种问题,而且更为重要的是开辟市场、营造市场以及在激烈的市场竞争中获取丰厚的利润。市场营销活动是大型活动策划管理的重中之重,抓好营销这一环节是大型活动创造效益的有利筹码。在营销策划之前,我们有必要了解一下市场营销理论的发展,因为理念直接影响营销活动安排。

5.1.1 基本理论回顾

1)营销理念的发展

现代市场营销的基本观念是"以消费者为中心""以消费者需要作为企业经营活动的出发点和归宿"。这一经后人总结概括的营销观念首次被提出时确实给人耳目一新的感觉,但是,这一观念的形成经历了一个渐进的过程:生产观念、产品观念、推销观念、营销观念、社会营销理念。生产观念是在卖方市场的条件下采用的,由于产品供不应求,许多产品都是消费者上门求购。产品观念是将营销活动的中心放在不断去改进产品,这一理念认为消费者喜爱高质量、多功能和具有某些特色的产品。持有产品观念的企业通常致力于生产优质产品,并不断精益求精。推销观念的出现是伴随着卖方市场向买方市场转变的同时出现的。基于此营销理念的营销活动主要集中于利用广告来刺激消费者,促成消费者的购买行为。营销观念的出现是营销理念上的一次革命,这一理念认为实现营销目标的关键在于正确确定目标市场的需求和欲望。这种观念摒弃了以企业为中心的指导思想,取而代之的是以消费者为中心的指导思想。社会营销理念要求企业在制定营销策略时要权衡三方面的利益,即企业利润、目标顾客需求和社会利益。企业通过营销活动,充分有效地利用人力资源、地球资源,在满足消费者需求、取得合理利润的同时,要保护环境,减少公害,维持一个健康和谐的社会环境以不断提高人类的生活质量。

上述的营销理念对于大型活动的营销来说同样适用,例如,社会营销理念。对于大型活动的营销来说,同样要注意社会利益、经济利益、环境利益和参与者利益的均衡。随着市场的不断改变,同时也由于大型活动活动产品的特殊性,大型活动的组织者要从营销观念上树立以顾客需求为中心的导向,并关注大型活动的开展给目的地带来的各种积极和消极影响,权衡利弊,适当开发。在营销实践上,要通过市场调查或其他获取市场信息的任何手段去分析客源市场的产品并增加目的地的可进入性。随着营销活动的深入,大型活动的营销者还需要进行营销观念的创新,把满足顾客需求的传统营销观念转变为"不仅要满足顾客需求,还要创造顾客需求"的新的营销理念。诸如服务营销、体验营销、绿色营销等新的营销理念对于指导我们开展大型活动的营销来说意义重大。

2) 市场营销学的几个重要概念

(1) 需求

人的各种需要、欲望和需求是有区别的。人的需要是指没有得到某些基本满足的感受状态。需要不是社会和营销者所能够创造的。心理学家马斯洛将人的需要分为生存需要、安全需要、归属需要、尊重需要和自我实现的需要。人的欲望是指没有能够得到某些基本需要的具体满足物时的愿望,受到个性和社会文化的限制。人的需求是指具有支付能力并且愿意购买的某个具体产品的欲望。对于大型活动而言,活动的举办会给举办地带来大量的旅游者,了解旅游者的需要,开发出适应旅游者需要的且符合旅游者购买能力的活动产品具有重要意义。

(2) 市场营销组合

1964年美国麦卡锡教授首次将市场营销组合概括为4P,即产品(Product)、价格(Price)、渠道(Place)、促销(Promotion)。

产品(Product)——在残酷的市场竞争当中,产品专业知识乃是制胜法宝。销售人员在寻求赞助或者其他活动要素的时候所展示的专业化知识水平将使他们摆脱竞争的阻碍,这种对产品的深度理解可以说服客户,让他们觉得正在选购的产品物有所值、物超所值,同时,也有利于培养客户的忠诚度,增强客户的信心。

每一件活动产品都是由历史、质量以及其中独一无二的创造性价值共同组成的。即使是在组织者的历史或者经验中,也可以提炼出一个更加新颖的活动。一个大型的活动,因为年年办,所以一定要保持一种持续的创新能力,不断给顾客、赞助商呈现新鲜的节目来吸引他们的目光。同时,这种创新还必须基于原有的活动之上,与原有的活动主题密切相关。这种不断创造相似事件的能力,在潜在客户面前展示其神韵风采时,会令客户眼界大开,印象深刻,使他们对活动管理人的创意能力表示出由衷的认可。

价格(Price)——确定价格的因素一般有两个:第一个因素是事件的经营成本,第二个因素是来自同类事件的竞争。在营销活动中,大型活动组委会常常通过价格战略来吸引顾客,如在回报赞助商的过程中,为了吸引更多的顾客前来,通常采用销售门票的方式来提供一些优惠券。又如在销售门票的过程中,组委会还通过提供优惠门票给自己的俱乐部成员来留住长期而稳定的客源。

渠道(Place)——在大型活动的市场营销当中,渠道也同样重要。活动的举办地点将决定最终采用哪些市场营销手段来推动营销。SunFest的主办方一直在持续改善活动举办场地的交通状况、住宿条件、停车场、零售市场、餐厅等硬件环境。

促销(Promotion)——即使你创造出了精彩纷呈的活动产品,但是如果你没有制订出一份产品促销的战略计划,那么这件产品只能成为一株永远不为世人所知、深藏于深山之中的"灵芝"。即使在策划像NBA总决赛表演、狂欢节大游行以及世博会等规模宏大、举世瞩目的重大活动时也必须制订出周密完善的商业促销计划,才能使活动圆满举行。

促销是强化活动认知的发动机。绝大多数的活动管理人利用各种各样的媒体来为自己的产品促销。例如,早在1986年SunFest就意识到促销的重要性。其组委会通过各种旅游杂志来宣传自己的品牌,此后,还在各种媒体上都进行了铺天盖地的宣传,甚至在当地任何一场艺术表演活动当中,你都可以看到 SunFest 的横幅。随着网络时代的到来,SunFest 的策划者已经考虑到通过网络来进行宣传。任何人都可以在网上搜集到大量的关于大型活动的介绍与安排。同时,活动的主办方还通过网络吸引更多的媒体朋友来报道这一场盛会。他们在网上为记者朋友准备了丰富的活动资料,包括历史图片、历史活动介绍等。这样的方式,实际上也是在节约活动成本。

不过,在促销当中重要的一点是,大型活动的策划者必须认真地选择媒体渠道。促销战略的制定是要使大型活动与观众的需求、想法和愿望相匹配。

5.1.2 大型活动营销

1)大型活动的营销内容

大型活动带来的丰厚回报吸引了越来越多的企业,各级政府也将目光转移到举办大型活动上来。传统的市场营销的经典理论在提及市场营销的基本问题时,将其概括为"5W1H"。

(1)Why(为什么)

为什么要进行大型活动的市场营销活动? 简单地说就是:"吸引消费者,获得收益。"大型活动本身的特殊性质,决定了大型活动必须吸引大量的参加者。处于现在这样一个竞争激烈的大环境下,究竟有什么可以吸引观众前来参加我们的活动? 在回答这一问题的时候,事实上,你正在试图去了解你的目标观众的真实心理需求,设计你的活动产品,满足甚至超过观众的心理期望。

(2)Who(营销对象)

在本书第 1 章当中,曾探讨过大型活动的不同类型。那么在市场营销的过程中,首先要界定活动的类型。这是一个国际性的大型活动还是一个区域性的? 又或者是省市的还是地方性的。活动的不同类型决定了营销对象的范围。其次,要了解目标受众的不同需求,他们对什么活动感兴趣,他们对什么项目有意进行赞助。再次,要根据受众群体的不同来开展营销活动,提供服务。对于那些非常熟悉活动运作的受众,接受营销活动相对会轻松一些,对于那些对活动不是很了解的受众而言,则需要为他们详细讲述活动情况和活动特色,提供更为细致的服务。

(3)When(什么时候举办)

大型活动的举办时间需要经过特别的分析,因为时间制订得是否科学准确将直接影响参加者的数量以及活动本身的质量。2008 年北京奥运会游泳项目的半决赛和决赛都在北京时间上午 10 时进行,而不是晚上(奥运会惯例时间)。跟游泳决赛全部定在上午不同,北京奥运会的体操决赛只将男女团体和男女全能 4 项决赛分别改到上午 10 时和 11 时开始,其余 10 个单项的决赛时间不变。奥运会上中国队的夺金"大户"跳水的时间也有所改变。由于美国选手在跳水项目上具有一定实力,因此跳水决赛被安排在北京时间下午 1:30 开始。

这是因为美国与中国有十几个小时的时差,游泳、体操以及田径这些深受美国观众热爱的项目决赛如果放在北京时间的上午举行,便正好赶上美国晚上的黄金时间,而一旦比赛按照惯例在晚上进行,无疑将大大影响现场直播在美国的收视率,也直接影响全国广播公司的经济利益。除了将游泳和体操的大部分决赛放在上午进行,国际奥委会还宣布将北京奥运会的跳水比赛安排在下午。国际奥委会唯一没有松手的是田径,使田径比赛最后逃离了 NBC 的"魔爪",除了马拉松以外的所有田径项目的决赛依然安排在晚上进行。事情的起因源于美国全国广播公司(NBC),NBC 以 35.5 亿美元的天价买下了 2000—2008 年奥运会北美地区的独家电视转播权,就在北京奥运会开幕几个月前,他们向国际奥委会提出了一个很"无理"的要求——将 2008 年北京奥运会的游泳、体操和田径比赛的决赛时间由晚上改到上午。尽管澳大利亚和欧洲等国此后一直试图说服国际奥委会不要一味跟着 NBC 走,但最终还是未能挽回败局。作为对澳大利亚的补偿,国际奥委会将他们相对较强的跳水项目的决赛都安排在下午 1:30 举行。而为了照顾 2012 年奥运会的举办地英国,国际奥委会又将北京奥运会的赛艇决赛由上午改到了下午。国际奥委会之所以做出这样的决定,不全是由于商业运作的缘故,更主要的是考虑了这些体育项目的主要电视观众的空闲时间。

(4)Where(在哪里举办)

大型活动的举办地的选择也是一门学问。就像世博会,国际展览局对每次申办的城市都要进行周密的考虑,包括举办地是不是具有旅行的可到达性、方便性以及地方支持的可获利性,奥运会也是一样。2022 年冬奥会申办城市的评估标准:理念、愿景、体育场馆、奥运村、政府支持度、公众支持度、财政、法律框架、总体基础设施、环境情况与影响、空气质量、媒体运行、住宿、交通、安保、往届体育赛事经验、总体工程与遗产等。最终北京携手张家口得到国际奥委会的充分肯定,获得了 2022 冬奥会主办权。

(5)What(营销什么)

从大型活动营销的角度来说,大型活动应根据特定的目标和对象来确定营销的内容。举例来说,如果是面向大型活动的赞助商,应该大力宣传本活动可以给他带来的收益和超值政策,让他觉得自己的赞助会得到超值的回报。如果面向大型活动的观众,应该宣传活动的参与性,突出活动的特色。2017 年 10 月,CBA 公司在 2017—2018 赛季开始前一周正式公布了新赛季的联赛赞助商阵容,在当时确定的 17 家联赛赞助商中,中国人寿以 3 年近 10 亿元的金额成为 CBA 联赛自 1995 年成立以来第一家官方主赞助商(非冠名赞助商)。CBA 是国内知名度最高的体育 IP 之一,中国人寿通过赞助 CBA,使其旗下包括保险、投资、银行在内的多项业务在联赛中得到大量曝光,并同广大用户有更直接的接触。以一同进入 CBA 联赛赞助商序列的广发银行为例,在 2016 年中国人寿成为广发银行的最大股东,为推广中国人寿集团旗下的投资和银行业务,中国人寿也希望在 CBA 的赞助中通过广告曝光和球迷互动帮助广发银行获得更多个人客户。2018—2019 赛季,中国人寿携手广发银行,保银协同、总分联动,在各 CBA 球队主场设置了多种展位,通过趣味游戏、丰富奖品等吸引年轻球迷的目光,同时开展产品业务推介。在 2018—2019 赛季 CBA 常规赛期间,广发银行 CBA 联名信用卡发卡量逾万张。在赛场上频繁出现的"广发银行 E 秒贷"业务也吸引了许多客户的目光。目前广发银行 CBA 渠道的"E 秒贷"授信 2.5 亿元。而对于自己的主营业务——保险,中国人寿则希望通过与 CBA 的合作,提升更多年轻人对其保险产品的认知。

2) 大型活动营销原则

(1) 系统原则

大型活动的营销工作是一个系统工作。坚持系统原则要求我们把大型活动的营销策划当作一个整体来进行考察,系统综合地进行分析,选择最优方案,以实现决策目标。过于侧重一个突现的灵感而缺乏系统的思考,不从活动的总体角度来进行考虑的话,对整个活动形象与风格的维护来说非常不利。1992 年,正在申办第 27 届奥运会的悉尼提出了"分享奥林匹克精神"(Share the Spirit)这一口号,而这一口号实际上是首先作为申办口号出现的。从1992 年悉尼申奥时起,这句口号一直被沿用到 2000 年悉尼奥运会落幕,而更加令人叹服的是,"分享奥林匹克精神"从悉尼申奥开始就几乎成了悉尼奥运的精神领袖,它启发和感召了悉尼奥运会的视觉设计、形象推广等一系列活动,为悉尼奥运会整体形象的塑造做出了巨大贡献。

(2) 人文原则

人文原则强调在大型活动的营销活动中要把握人文精神,并把它贯彻到策划的每一个环节中去。人文精神包括人口意识以及文化意识:人口意识是指人口的数量和质量水平、年龄结构、家庭婚姻等表现出的社会思想;文化意识包括人们在特定社会中所形成的特定习惯、观念、风俗以及宗教信仰等所表现出的社会思想。把文化因素渗透到大型活动项目的各个方面,才能迅速占领市场,建立自己的项目个性。

(3) 心理原则

心理学家认为,人情,为人类所独具,人非草木,孰能无情? 情感在人的生活和实践活动中起着重要的作用。消费者的任何活动都是在一定的情感推动下完成的。因此,广告内容只有与消费者有了情感沟通,才能诱发消费者的购买行为。关注消费者的心理需求就是关注市场。对消费者的真实心理需求把握得越准确,就越能在营销活动中取得成功。

(4) 应变原则

所谓应变就是随机应变,它要求大型活动的营销策划者在动态变化的环境中,及时准确地把握未来发展变化的目标、信息,预测活动可能发展变化的方向、轨迹,并以此为依据来调整营销策划目标和修改策划方案。当客观情况发生变化影响到策划目标的基本方面或者是主要方面时,要对目标做必要的调整,自然也就要对大型活动方案进行修正,以保证营销方案与调整后的营销目标一致。

(5) 可行性原则

可行性原则是指大型活动营销的方案是否达到并符合切实可行的策划目标和效果。大型活动的营销策划应当时刻体现科学性、可操作性,在实施过程中应合理有效地整合人力、物力、财力和时间,使最终效果能够达到该方案设计的具体要求。策划方案要达到有效、可行:一是要用最小的消耗和代价争取最大的利益;二是要使所冒的风险最小,失败的可能性最小;三是要能完整地实现营销策划的预定目标。

综上,大型活动营销需遵循的原则如图 5.1 所示。

图 5.1 大型活动营销需遵循的原则

3）大型活动营销类型

营销活动可以按照不同的标准分成不同的类型。本书主要从不同的利益主体的角度来进行分类。

（1）内部营销

从本质上来说，大型活动的产品是一种服务性产品，而服务的质量取决于服务质量提供者的综合素质和教育水平。因此，要特别重视一线员工的重要作用。

内部营销产生于 20 世纪 80 年代初期，它起源于一种观念，即企业存在一个内部市场，员工是这个市场的主体，这样企业就会在内部产生许多等同于外部市场的活动，这为发展新的服务导向提供了一种思路和方法。内部营销是一项管理策略，其核心是如何培养具有顾客意识的员工，是在把大型活动产品推向外部市场之前，首先开展面向内部员工的市场营销活动。内部营销的最终目标是鼓励高效服务市场营销体系的建立，使组织成员愿意为企业创造"真正的顾客"。另外，内部营销作为一种全面的管理过程，整合了大型活动组织的多项功能。一方面，它确保大型活动组织各个层次的员工在自觉为顾客服务的环境中，能够理解和体验服务活动以及相关的各项内容。另一方面，它确保所有员工随时准备好以顾客为导向的方式参与到服务管理的过程中来。内部营销关注树立顾客导向的营销思想。对于大型活动组织来说，只有做到内部营销和外部营销相结合，才能形成良好的关系营销的局面。尤德（Judd V.C）提出了一种评估不同人员在服务中所发挥作用的方法（见图 5.2）。

	涉及营销组合	不涉及营销组合
经常或者定期接触	接触者	改变者
不怎么接触或不接触客户	影响者	支持者

图 5.2 评估不同人员在服务中所发挥的作用

市场营销部门需要注意两类人员：接触者、支持者。接触者与参展商或者专业观众保持定期接触，其主要工作是开展销售活动和直接为客户提供服务，如项目经理、项目组成员等。支持者虽然不涉及营销组合，也不怎么接触参展商或者专业观众，但其行动可能会极大地影响展览公司的行为，如公司的人力资源部门、信息部门等。

（2）赞助营销

赞助已经成为大型活动营销的一种普遍形式，其双赢的模式吸引着无数赞助商和大型活动组织者。对于赞助商来说，赞助是一个绝佳的投资机会。赞助商通过赞助可得到潜在的商机和利润，运用标志、促销手册和媒体策略等向尽可能多的潜在消费者宣传企业或产品，并将品牌和消费者最喜欢的大型活动相联系，可建立和提升或改变品牌的形象和名誉；

而对于大型活动组织者而言,赞助已经成为为达到特定目的与目标消费群体进行沟通的工作,是资金筹措的重要渠道,也是降低活动风险的一种重要方法。

(3)供应商营销

活动组织不可能有时间和精力提供活动中的各项服务,因此,必然会将一些服务外包,这就涉及了服务供应商的营销。一般来说,大型活动的服务内容包罗万象,涉及的供应商包括广告代理商、视听设备供应商、灯光照明供应商、保安公司、交通运输公司、场馆管理商、保险经纪、酒店、翻译、医疗卫生、印刷商、搭建商等。一方面,主办方是这些服务提供商的营销对象,在活动策划中,肯定有大量的服务供应商请求参与到活动的策划筹备工作中来,这时候主办方要制订公开严格的资质审查标准择优录取。另一方面,主办方也是服务供应商的营销主体,要争取一些有影响力的国际知名的服务供应商加盟。

(4)媒体营销

现代新闻媒体在大型活动的宣传促销中起着举足轻重的作用,制订每次大型活动的媒体传播方案,充分利用了媒体种类多、传播广、时效快、信息灵的特点来提升活动的影响力。

现在已经有很多媒体开始与新媒体在传播方式、制作方式和独特的受众群体上进行深层次的互动。在欧美,尤其是欧洲的几大电视台节目内容提供商,在过去3年中有着非常高收视率的节目都有一个统一的特质,那就是多媒体互动。

(5)政府营销

每个大型活动的主办者都希望得到政府的大力支持,这种支持可以是资金或人力上的,但更重要的是政策上的。市场部门在面向政府部门开展营销时,应该突出大型活动对当地经济的推动作用,除了创造直接的经济效益外,还要吸引外部投资,促进产业结构调整等。2010年上海世博会和2008年北京奥运会可以说带有浓厚的"政治色彩"。第九届全国人大五次会议上的政府工作报告表示,"中国政府支持在上海举办2010年世博会。中国政府和人民将恪守在2010年上海世博会申办报告中的各项承诺。如果中国取得2010年世博会举办权,中国政府将全力确保认真执行《国际展览公约》的规定,保证在财力上给予2010年上海世博会全力支持并作最终担保,采取一切措施为所有参展人员提供安全保障和入境便利,特别是对发展中国家参展提供优惠"。

我们可以根据活动的不同阶段将活动的营销分为活动前营销、活动中营销和活动后营销;还可以根据营销手段的不同分为公关、电话营销、直邮营销、网络营销等。本书在后面章节会慢慢展开,本节不再赘述。

综上,大型活动营销类型如图5.3所示。

图5.3 大型活动营销类型

5.2 大型活动营销计划

大型活动的营销需要缜密的计划,在确定了大型活动的营销类型和方法之后,本节主要探讨的是根据大型活动的环境、市场状况和营销目标等做营销计划。

5.2.1 大型活动目标市场选择策略

在第2章的目标市场分析一节中,已经讲解了大型活动市场细分的意义、市场细分的流程和市场细分的方法,为了制订大型活动营销计划,本节将进一步讲述大型活动目标市场选择策略。

活动组织者选择的目标模式不同,营销策略也不一样。归纳起来,有3种不同的目标市场策略可供选择:无差异营销、差异性营销、集中性营销。

1) 无差异营销

在使用无差异营销时,可以决定不考虑细分市场的差异性,对整个大型活动市场只提供单一的活动产品,所策划的活动针对的是顾客的共同需求而不是不同需求。活动组织者应设计出能在最大程度上吸引顾客的活动方案及营销方案,依靠大规模分销和大众化的广告,在人们的头脑中树立起优秀的活动品牌形象。

目前,我国大型活动产业大多采用这种策略,它的优势在于:

①规模效应显著,由于可规模销售,因此分销渠道简化,市场调研和广告宣传开支较低,销售成本降低,从而可以获得规模经济效益。

②易于形成垄断性的名牌活动项目的声势和地位。

它的缺点在于:

大型活动参与者的需求客观上是不断变化的,单一的活动形式对消费者来说也过于单调。这对活动组织者和消费者都是不利的。这种策略只适用于少数垄断性强的大型活动项目。

2) 差异性营销

在使用差异化营销时,活动组织者应以几个细分市场或瞄准机会的活动市场为目标,并为每一目标市场设计独立的营销方案,凭借活动项目与市场的差异化,获得最大的销售量。

差异性营销的优点如下:

①由于具有能够较多、较快地变换活动项目的类型与特点,因此可以适应和启发消费者的需求,提升大型活动的市场竞争能力。

②同时在几个细分市场中占有优势,有利于树立活动组织者的形象,并且具有灵活机动性。

差异性营销的缺点如下：

①差异性营销带来生产经营成本与营销宣传费用的增加,使活动组织者难以取得规模效益。

②经营目标市场数量越多,越会影响经营效率,使管理难度加大。

③多元化分散经营,可能使资源配置不能有效集中,从而影响某些优势的发挥。

实力相对较小的活动组织团队一般不宜采用此策略。

3) 集中性营销

采用集中性营销所策划的活动不是面向整体市场,也不是把力量使用于若干个细分市场,而是集中力量进入一个细分市场(或是对该细分市场进一步细分后的几个更小的市场)以充分满足某些消费者特定的需求服务。

集中性营销的优点如下：

①由于营销相对集中,在单一化较小范围的市场上活动,占有资金相对较少,且资金周转相对较快,成本费用相对较低,可以集中力量在特定市场占据优势和实现一定的规模经济效益。

②经营范围明确,有利于创造出特色项目与服务,并可提高活动项目或服务的知名度和市场占有率。

集中性营销的缺点如下：

①具有很大的风险性,小部分市场生存的活动项目承担的经营风险较大,一旦市场突然发生变化或者有强大竞争对手的进入或者有新的更有吸引力的替代项目出现,都有可能使活动项目没有回旋余地而陷入困境。

②采用这一策略必须密切注意目标市场的动向,并制订相应的应急措施,以求进可攻、退可守,进退自如。

该策略适合中小型活动组织团队和一些资源独具特色、能吸引一定类型消费者前往的活动举办地。

一个活动项目究竟应当采用上述哪一种目标市场策略,取决于活动市场营销宏观环境、活动组织者自身实力条件、活动项目或服务特点、市场需求状况、活动项目生命周期、市场竞争状况等多方面的条件。一般说来,选择目标市场策略时,应综合考虑上述诸因素,权衡利弊。目标市场策略应当相对稳定,但当市场形势或活动组织者实力发生重大变化时,也要及时转换。不同的活动项目之间没有完全相同的目标市场策略,一个活动项目也没有一成不变的目标市场策略。

5.2.2 大型活动的市场定位

大型活动机构是通过提供大型活动的组织服务和服务商品的交换来实现经营目标的,那么这种服务商品生产和交换的市场在哪里?市场对这种服务商品的质量、规格、档次、价格、销售方式有什么具体要求?市场能够为大型活动组织提供什么样的经济效益和发展前景?这一系列事关大型活动机构经营成败的问题,必须通过确定其目标市场和对目标市场进行科学的分析、研究和预测才能回答。

选择目标市场的过程,实际上就是大型活动组织机构为其服务商品和交换确定市场位置的过程。大型活动机构必须以市场细分结果为基础,并根据本机构所拥有的各种资源和优势,决定其目标市场。目标市场可以是一个,也可以是多个子市场。多个目标市场可以是同等重要的,也可以是有主次的;可以是近期目标市场,也可以是中期目标市场,还可以是远期目标市场;可以是现实目标市场,也可以是潜在目标市场。

5.2.3 大型活动的市场营销计划

1) 大型活动营销创意

所谓创意,即好点子,它能在两种事物之间建立独特的关联,而这种关联有利于企业或组织发挥自身的竞争优势。营销创意是指企业在制订营销计划的过程中所产生的创新理念或活动,包括为实现营销目标而采取的方法、时间计划和资源分配等,但它不描述营销活动的具体过程。

形成营销创意是大型活动组织营销计划的重要组成部分,它能够反映组织如何最有效地在市场上运用技能和资源,制订总的营销计划和可以在哪些营销组合要素上实现突破。

按照由易到难的排列顺序,形成营销创意常用的方法有 5 种:模仿创造法、移植嫁接法、联想类比法、逆向思维法和组合创造法。

2) 大型活动的营销组合的确定

大型活动从本质上来说是一种服务性的产品,基于这种观点,笔者认为,服务营销的组合完全适用,即客户关系管理中对客户概况(Profiling)、忠诚度(Persistency)、利润(Profitability)、性能(Performance)、未来(Prospecting)、产品(Product)、促销(Promotion)的分析(7P)。在这里重点强调两点。

(1) 保留顾客

客户关系管理(Customer Relationship Management,CRM)是随着互联网和电子商务的发展而进入中国的。大型活动组织运用 CRM 技术主要有以下 3 个方面的收益。

①整合客户资源。通过实施 CRM,大型活动组织可以有效地开发和利用顾客资源,从而与客户建立长期合作关系。

②降低顾客成本。众多研究成果表明,开发一个新顾客的成本大约是维系一个现有顾客成本的 6 倍。通过实施 CRM 可以降低营销成本。

③提高服务品质。

(2) 顾客推荐

实施服务营销,提高顾客的满意度与忠诚度的最大的好处之一就是忠诚顾客会对其他潜在顾客进行推荐。顾客推荐会形成对企业有利的效应,最终提高活动的利润水平。

3) 营销计划的执行与控制

不管营销计划制订得有多么科学,归根结底还是要落实到具体的部门和人员。大型活动组织首先应该根据自身实际和营销计划的要求,设计出合理的营销组织结构,并明确各相关部门和人员的职责和任务。其次,还应对计划的完成情况和具体营销活动实行严格控制,以确保目标的实现。其中,市场营销控制主要包括年/月度营销计划控制、企业获利能力控制、效率控制和营销战略控制。在实施和控制营销计划时,大型活动组织必须达到以下5个标准。

①根据企业实际情况或产品特点,设立合理的营销组织,并明确规定所有人员的任务和权利,充分发挥每个营销人员的积极性。

②本着"时时监控、及时改进"的要求,检查实际业绩和计划目标之间存在的偏差,并果断地采取改进措施,以保证营销计划的顺利实现。

③运用获利能力控制来测定不同的销售区域、不同的客户群体、不同的销售渠道的获利能力,并为决策人员调整营销组合策略提供有用的信息。

④效率控制主要是对广告、人员推销、促销手段及分销渠道的效率控制,目的是确保营销组合要素功能执行的有效性。

⑤在实施营销战略控制时,活动组织不能局限于评价某一个问题,而是要对企业或者产品的营销环境、目标、组织、程序以及方法等全部活动进行系统性的评价。

5.3 大型活动营销策略

5.3.1 定位策略

1) 大型活动定位的目的和意义

定位一词是由两位著名的广告经历人 A.里斯和 J.屈特于1972年在《广告时代》杂志上首先提出来的。营销大师菲利普·科特勒对其的定义是:对公司的提供物和形象进行策划,目的是使它在利益相关者的心中占据一个独特的有价值的位置。

大型活动的形象定位的目的和意义主要表现在以下5个方面。

①为大型活动赢得好的发展环境。大型活动能够通过形象宣传,将优势展示给公众,引起公众的兴趣和喜爱,这可以为大型活动树立良好的形象,赢得较好的发展环境。

②有利于大型活动内部的健康发展。大型活动对外的形象宣传,对员工来说无异于一面镜子,可以促使其改进工作,改善内部关系,一方面可以提高员工的工作质量,另一方面可以增强大型活动内部的凝聚力和向心力。

③实现差异化营销。一方面以独特的方式在客户的心目中占有一席之地,为能够拉到大量的赞助打下坚实的基础;另一方面可以让游客、观众等消费者增强好感和信任度,把其

与其他类似活动区分开来,真正实现差异化营销。

④提高大型活动的知名度和美誉度。由于形象宣传的内容为大型活动的优势,因而可以获得公众的认知和认可,这样就可以在很大程度上提高大型活动的知名度和美誉度。

⑤有利于吸引人才和资金技术。大型活动的形象宣传能够增强公众的好感和信任度,这就为吸引人才、资金、技术打下了坚实的基础。

2)大型活动定位策略

正因为大型活动定位的意义重大,因此在开展大型活动的过程中,首先要对活动项目进行有效的定位,主要的定位策略有以下 7 项。

(1)特色定位

这是根据大型活动所具有某一项或者是某几项鲜明的特色来进行定位的。用来定位的大型活动的特色是观众、赞助商等所重视的,并且是他们能够感觉到的,能够给他们带来某些利益。

(2)功能定位

这是根据大型活动的主要功能来进行定位的。把大型活动功能中符合大众需要的一项或者是几项特别突出的功能通过策划来进行定位。

(3)优势定位

这种定位策略以活动的人才、技术、质量、管理、成就、资源或者产业优势等因素作为定位的基础,以大型活动的规模、品味、质量、技术等表现大型活动的实力。其目的在于宣传活动的领先优势,增强公众对大型活动产品的信任度,解除消费者心目中的顾虑。

(4)理念定位

理念是活动的整体观念、活动宗旨和价值观念。这种定位策略以活动主题为基础,在定位中阐明了活动的宗旨和价值观念。这样有利于使全体项目成员树立共同的价值观念,培养和增加项目成员的凝聚力和向心力,在广大社会公众心中留个良好印象,得到公众的理解与支持。2008 年北京奥运会的特色定位为:中国风格、人文风采、时代风貌、大众参与。所谓中国风格,就是要展现中国悠久的历史文化,要有浓厚的中国韵味;人文风采,要体现中国优秀的哲学思想,促进人与人、人与自然的协调,并展现"和而不同"的文化观念,把奥运会办成多元文化的精彩纷呈的庆典;时代风貌,要表达出中国人民追求和平与发展,追求各国人民和睦相处的时代特征;大众参与,要体现出由 13 亿中国人以及数千万海外华人华侨共同参与,要体现出既是历史上举办人口最多的一届,同时也是参与最广的一届奥运会。

(5)逆向定位

逆向定位来自逆向思维的启发。在定位的时候,一定要有反其道而行的能力。逆向定位策略可从大型活动的功用、价位、服务和情感等方面展开。逆向定位的关键点在于大家都在往大路上挤,而你选择一条小路可能走得更快。做别人不屑一顾的事情,反而容易找到属于自己品牌的位置。

(6)利益定位

利益定位是直接将大型活动能够带给观众、赞助商、承包商等的主要利益作为大型活动定位的主要内容。这种利益有生理的也有精神的。例如,李宁公司曾通过赞助北京传统的群众体育项目——春季长跑赛,扩大企业品牌的美誉度,提升对北京地区消费者的亲和力;为确保对该项目的赞助利益最大化,通过体育结合赛事特征以及项目执行情况,按照公司实际市场需求,对赛事活动的宣传内容、方式、效果进行设计和分析。在比赛中,参赛者充分诠释了"运动没有绝对的纪录"的深刻内涵,上自 92 岁高龄的台湾老人,下到 7 岁的北京小学生,都成为比赛中的一大亮点,"重在参与"的体育精神已经完全融入参赛者的心中。秉承"一切皆有可能"运动理念的李宁公司派出一支 150 人的参赛队伍,公司董事长李宁先生和总经理张志勇先生也应邀出席,协同北京市委领导领跑了全民健身方阵。

(7) 公益定位

公益定位即通过支持公益事业,倡导精神文明新风,阐述活动自身的文化理念,以对社会负责任的态度,争取公众的认可。以 SunFest 为例,作为一个大型活动组织来说,在争取赞助商赞助的同时,还要时刻考虑对社会的责任。"SunFest 365"全年回馈社会计划,其使命是在社会上推动并加强文化艺术、青年教育等方面,帮助其他非营利性组织。无论是为低收入家庭重建住房,还是为有音乐天赋的青少年提供大学奖学金,SunFest 已经做好了回馈准备。作为一个非营利性组织,SunFest 的财务目标是每年实现收支平衡。如果有任何额外收益,这笔钱将用于改善下一年的节日,并补充已消耗的项目基金。每年,SunFest 都会向当地的慈善机构、学校、犹太教堂和其他组织提供免费门票,以分发给无法参加该节日的个人。自"帮助邻居"项目启动以来,SunFest 已经向贫困人员发放了数千张赠票。在过去的 10 年里,SunFest 已经帮助当地的非营利组织筹集了超过 80 万美元的善款。这些组织招募自己的志愿者在节日期间搭建帐篷并提供饮料。同时,SunFest 为高中毕业生在视觉艺术、器乐、合唱音乐领域提供了 40 000 美元的大学奖学金。通过棕榈滩邮报的开路者奖励计划,每名学生连续 4 年每年获得 1 000 美元。通过这样的方式,组委会不仅维护了自己的品牌形象,实现了组织成立的初衷,同时也为他们争取到更多的赞助,创造了良好的社会舆论环境。似乎任何一个赞助这个活动的企业,都是在践行其组织的伦理价值观。组委会这样的决策实为融资的最高境界。

5.3.2 产品策略

任何一种产品都有其市场生命周期,也就是说它必然要经历一个从进入市场到退出市场的过程。产品的生命周期依据其需求量、销售额和利润额的变化可以分为介绍期、成长期、成熟期和衰退期 4 个阶段。大型活动产品在生命周期的各个阶段有着不同的特点和规律性。这就要求大型活动机构采取与产品生命周期各阶段特征相适应的、灵活的营销策略,使产品在有限的生命周期内创造尽可能多的社会和经济效益。

1) 介绍期

在介绍期内,大型活动产品一般处于试验性经营阶段,产品的市场范围、数量和质量都存在劣势,因此大型活动机构必须采取有效的营销策略,迅速提高接待能力和服务质量,增加和稳定客源量,在扩大销售量的同时增加经营利润,尽量缩短介绍期的时间,使产品早日进入成长期。这一阶段可选择的营销策略主要有以下 4 种。

（1）高格调价格

高格调价格又称为双高策略，是指通过较高的促销投入和较高的价格，使市场上的潜在客源及时了解和购买产品，从而使企业迅速占领市场，并在介绍期获取一定的营业利润。这种策略适合实力雄厚的大型活动机构在客源潜力巨大的市场条件下采用。

（2）低格调价格

低格调价格又称为双低策略，是指采取较低的促销投入和较低的定价措施，使市场上的潜在客源逐步了解和购买产品，并尽量降低大型活动的组织和经营成本，从而保证大型活动机构在介绍期内保持微利经营局面。这种策略适合实力明显不足的大型活动机构在潜在客源比较分散的市场条件下采用。

（3）全面渗透策略

全面渗透策略又称为密集式渗透策略，是指通过较高的促销投入和较低的价格，使市场上的绝大多数潜在客源及时了解和购买产品，大型活动机构为此不惜亏本以求迅速、全面占领市场，缩短时间，尽早进入成长期。这种策略适用于实力强大的大型活动机构在激烈的市场条件下采用。

（4）局部渗透策略

局部渗透策略又称为选择性渗透策略，是指通过较低的促销投入和较低的价格，使市场上迫切需要该产品又不太计较价格高低的部分潜在客源能够比较方便地购买、使用这种产品，从而占领局部市场。这种策略适用于实力较弱的大型活动机构在潜在客源较少、竞争微弱的市场条件下采用。

2）成长期

在成长期内，大型活动产品一般处于扩大再生产的快速发展阶段。产品在供给、需求上的数量不断增加，竞争日益激烈，因此大型活动机构应及时转换经营策略，迅速提高接待能力、提高组织经营和服务质量，不断拓宽客源渠道，加大促销力度，调整产品价格，保持竞争优势，在扩大销售量的同时增加营业额和利润额。这一阶段可供选择的营销策略主要有以下 3 种。

（1）强攻型策略

为了满足急剧增长的市场需求和提升组织机构的经济效益，大型活动机构集中人力、物力、财力，增加和改进接待设施和服务项目，使产品质量不断完善、销售量不断上升、利润率不断提高，这就是所谓的强攻型营销策略。在介绍期已经投入了较大的促销费用和已拥有充足客源的大型机构适合采用这种策略。

（2）攻心型策略

这种营销策略集中人力、物力、财力，重点营建网络化市场分销渠道以进行大规模市场促销活动，提高了产品的市场知名度，确立了品牌地位，并积极开拓新市场，使产品拥有相对稳定和供不应求的供需环境,从而达到刺激消费者购买欲望、促使潜在消费者向现实消费者转化、加速产品交换进程的营销目的。在介绍期重点进行产品开发并拥有大型活动产品的机构或实行全面渗透策略的机构,多采用这种营销策略。

(3)封锁型策略

这种营销策略通过降低价格或者实行优惠价格折扣等措施,保持或增强产品的竞争力,扩大市场占有份额,防止其他大型活动机构介入市场,形成了相对的垄断或卖方市场局面,为大型活动机构产品生产和交换创造了良好的市场条件。在介绍期实行高格调策略或局部渗透策略的机构,一般会转而采取这种营销策略。

3) 成熟期

在成熟期内,大型活动产品处于收获的黄金季节。总的来看,供给量、需求量、销售额、营业额、利润额都达到顶峰,而经营成本降到最低。因此大型活动机构应该根据各自产品的特点和市场需求的变化采取不同的营销策略,不失时机地提高销售量,实现最佳的经济效益。这一时期,可供选择的营销策略主要有以下3种。

(1)进攻型策略

经营效益比较好的大型活动机构,一般会借助产品质量优势或品牌优势,全面出击,继续扩大市场占有份额,并延长成熟期的时间,通过增加销售量,提高经营利润。

(2)防守型策略

经营效益一般、经济实力有限的大型活动机构,一般会采取灵活的、有效的价格策略,利用分销渠道和促销宣传等措施,维持已有的市场份额。同时,通过成本控制、降低经营成本,保持较高的经营利润。

(3)撤退型策略

经营效益不佳或者是处于市场竞争劣势的大型活动机构,应该急流勇退,避免进一步亏损。与此同时,把人力、物力、财力集中投入到新产品的开发和新市场的开发上,以谋求在其他产品经营领域的成功。

4) 衰退期

在衰退期内,大型活动产品一般处于更新换代阶段,具有产品供给量过剩,需求量减少,经营成本升高,销售量、营业额和利润额持续下降,市场竞争逐渐减弱等特征。根据衰退期的一般特征,大型活动机构必须采用有效的营销策略,尽量延长产品的生命周期,或以新产品替代老产品,或者干脆退出市场。这一阶段可供选择的营销策略主要有以下3种。

(1)固守型策略

这一阶段许多大型活动机构在激烈的市场竞争中被淘汰,幸存者为维持大型活动经营提供了现实性和可能性。因此接待能力强、品牌优势突出、市场占有率高的机构,一般采用固守型策略来维持正常的经营,延长产品的生命周期,以获取尽可能多的经济效益。

(2)转移型策略

由于市场需求不断萎缩,许多大型活动机构根据企业长远发展的需要,需要着手开发新产品,以取代老产品,从而满足市场需求转移的需要。这包括对老产品进行改造,增加新的附加功能;放弃部分需求不足的老产品,集中人力、物力、财力来提高其他尚能适应市场需求的部分老品的质量;提供新的替代产品等。

(3)放弃型策略

产品老化,经济效益不佳的大型活动机构,应该适时放弃现有的产品市场,另谋出路。在产品已经衰老、经济效益持续下降,但企业仍然拥有一定经济实力的情况下,大型活动机构可以转产,开发新的产品和开辟新的经营领域。

5.3.3 价格策略

价格是大型活动商品交换的中介物,具有调节产品供求关系的重要职能。为了实现市场营销的战略目标和任务,大型活动机构必须根据市场需求、供给、竞争等因素的特点和变化情况,采取相应的价格策略。比如,在市场需求不足的情况下,可以通过各种优惠价格刺激需求量的增加;在供不应求的情况下,可以通过适当提高产品价格,以获取更多的利润;在市场竞争激烈的情况下,可以采取低价策略,增强产品的竞争力等。

大型活动的定价不能盲从,要根据大型活动的举办目的以及举办地的经济水平制订适宜的价格。定价不能够过低,也不能过高,过低的价格往往会影响活动的形象和声誉,因为人们相信物有所值,一分钱一分货,而过高的价格会造成产品大量闲置而导致亏损。

1)低价策略

低价策略是指大型活动机构为了实现市场营销战略目标和完成某种战略任务,而制订和实施的较低产品价格。其主要功能:可以使新的产品迅速进入并占领市场;刺激需求量的增加;增强产品的竞争力;延缓产品的生命周期等。

2)高价策略

高价策略是指大型活动机构为了实现市场营销战略目标和完成某种战略任务,而制订和实施的较高产品价格。其主要功能:增加大型活动组织经营的利润;提高大型活动产品质量,确立品牌地位;为扩大组织经营规模或拓展经营范围累计资金;适当限制多度需求量或选择理想的消费群体。

3)差价策略

差价策略是指大型活动机构为了实现市场营销战略目标和调节供需关系,而制订和实施的具有差异性的产品价格。如淡旺季差别价格,特邀嘉宾、志愿者与一般观众差别价格,团体观众与个体观众差别价格,义演与商业演出差别价格。其主要功能:调节各种活动产品的季节性需求不平衡的情况;调节各种活动产品的区域性需求不平衡的情况;刺激部分疲软活动产品的市场需求量;巩固重要客源。

4) 消费心理价格策略

消费心理价格策略是指大型活动机构为了实现市场营销战略目标和激发潜在客源的消费欲望,而制订和实施的具有满足消费者心理需求功能的产品价格。

5.3.4 分销策略

分销渠道是指产品从生产领域向消费领域转移时所经过的途径。大型活动分销策略是指通过一定的手段和方法,选择和建立合理的分销渠道,把大型活动产品有效地转移到消费领域。大型活动产品组织与消费的同步性,决定了其分销渠道比较短,也就是说其分销渠道的中间环节比较少。而大型活动产品的不可贮存性,又决定了其分销渠道比较宽,即必须同时选择多个分销代理,以便使活动产品能够在特定的时间被消费者消费。

1) 直接分销与间接分销策略

直接分销策略是指大型活动机构直接把产品销售给消费者。其主要优点是产品交换便利、销售成本低、市场信息反应快。其不足之处是机构组织力量分散、市场付给面窄、专业化程度低。多数大型活动机构都不同程度地采用直接分销策略,如通过本机构的市场部门、网络预订系统、街头售票点和志愿者进行产品销售。

间接分销策略是指大型活动机构通过中间商把产品直接地销售给消费者。其主要优点是组织可以集中力量组织主题活动,利用中间商扩大市场占有份额,通过预订代理机构提高销售专业化水平。大型活动机构经常选择的间接销售渠道有旅行社、饭店、剧院、报刊零售商和网络预订销售代理商。

2) 短渠道与长渠道分销策略

分销渠道的长度是指渠道的纵向联系。大型活动机构通过一个中间商把产品销售给消费者的做法称为短渠道分销策略。大型活动机构通过两个或两个以上中间商把产品销售给消费者的做法称为长渠道分销策略。由于大型活动持续时间一般比较短,而且主要依靠活动主题吸引观众,因此大型活动机构一般采取短渠道分销策略。但是,为了克服国别文化障碍和地理距离障碍来组织大规模国际性活动,大型活动机构往往通过国内外多个中间商进行长渠道分销。

3) 窄渠道和宽渠道分销策略

分销渠道的宽度是指分销渠道的横向联系。在一个中间环节采用少量中间商进行销售的做法称为窄渠道分销策略;而在一个中间环节采用大量中间商进行销售的行为称为宽渠道分销策略。采用窄渠道分销策略有利于进行容量控制,保证大型活动接待质量,提高活动产品的信誉。采用宽渠道分销策略有利于进行市场渗透,扩大销售量。渠道的宽度并无一定的标准,大型活动机构一般在产品的介绍期和成长期采用宽渠道分销策略,而在成熟期和衰退期则采用窄渠道分销策略。

5.3.5 促销策略

促销是以激发需求者购买欲望、影响其消费行为、增加产品销售量为目的的信息沟通和说服工作。大型活动产品时效性强,而且活动主题和主题活动项目根据组织目标的要求又在不断变化,因此必须借助有效的针对性促销手段,帮助分散的需求者做出购买产品的决策。

1) 广告宣传策略

广告宣传策略是指通过电视广播、报纸杂志、互联网等广告媒体,把有关大型活动产品的信息传递给消费者。其中电视和广播广告具有传播面广、信息传递快等优点,但也存在传播周期短、信息容量少等缺点。

①广播电台、电视。电视毋庸置疑是最有效的媒体,讨论广告的时候,它通常是第一个被想到的,其主要的缺点是成本高,而且观众可以方便地避开广告。广播被描述为"两位朋友之间的交流",由于人们可以在床上、车内、家中以及公司里收听,它的亲和力是其他媒体所不能取代的。因为这一点,广播是最接近口头交流的媒体,也是最有效的广告媒体之一。

②旅游杂志。在专业杂志上刊登大型活动信息目的性很强。纵然价格不菲,但是SunFest 依然将各种旅游杂志作为宣传媒介。这种选择和活动本身的特点是密切相关的。SunFest 是一项以文艺音乐表演为主的大型活动,活动的参加者有很多是来自其他州的,甚至有专程过来参加活动的国外游客。旅游杂志的受众恰好是大型活动的目标群体,所以SunFest 的促销经费有很多被分配到旅游杂志以进行宣传。

③网络营销。以 SunFest 为例,在 SunFest 官方网站上,常年展示着历届活动的信息,包括历年演唱会的图片、VCR、在线的音乐收听等,并且时刻更新活动的最新资料。通过网络,大型活动的策划者可以提供其他媒介手段所无法提供的互动展示平台,通过先进的技术手段,可以将大型活动的大量丰富的多媒体信息展示在全世界的观众眼前,吸引足够多的目光。观众可以通过在线预订大型活动当天的门票,享受组委会的特殊服务。这种便捷性、互动性是其他媒体所不具备的。另外,组委会还会在网页上专门开辟一个媒体频道,招募媒体的同时还提供报道资料。

④户外广告。在大型活动开始前两个月,组委会便会开始进行户外广告的宣传,如在公交车上做广告,用热气球、拉横幅等。在城市的任何一个角落人们都可以感觉到大型活动的气氛。

2) 营业推广宣传策略

营业推广宣传策略是指大型活动机构派出推销员,直接向公众介绍和推介大型活动产品。大型活动机构一般借助于志愿者在繁华的商业区和公共休闲游乐场所进行人员推销活动,同时也委托旅行社或者专业销售公司对特定行业组织、文艺团体、学校等进行针对性的专项营销。

3) 公共关系宣传策略

广告是你自弹自唱,而公共关系则是其他人对你评头论足。有时大型活动需要公关专家的支持才能吸引更多的人来参加。因此,公共关系慢慢地超越了传统的广告。20 世纪 30 年代,公共关系的主要成分是报社代理人,他们的工作是说服报社媒体把社论版块奉献给自己的客户。在爱德华德·伯尔内斯等人的影响之下,公共关系的作用变得日益复杂而且受到尊崇。公共关系宣传策略是一种间接的促销策略。其主要功能是设计和树立企业的整体形象,维持和协调大型活动机构和社会的良好形象,从而为企业的长远发展以及产品销售量的提高创造必要的条件。

4) 人员策略

根据服务营销的基本观点,要将人员策略纳入组织营销活动当中,尤其是服务性机构。内部营销主要包括两个方面的内容:态度管理和沟通管理。态度管理是影响内部营销效果的关键性组成成分,因此对员工的态度必须进行战略性的管理,通过树立顾客观念和市场竞争意识来改变他们的动机和态度,应当注意的是培训并不是改变员工态度的唯一途径,而一些非正式的途径往往是员工注意的重点,这对改变员工的态度是很有用的。在大型活动组织中,无论是管理人员、一线员工,还是后勤人员,都需要有充分的信息来完成与他们的职位相符合的工作,为内部和外部的顾客提供优质的服务。另外,他们也需要相互交流各自的需求和期望、对于提高服务工作绩效的看法以及如何界定顾客需求的看法。态度管理和沟通管理是支持内部营销获得成功所必需的。态度管理是一个连续的过程,而沟通管理则是一个间断的过程,每一次沟通活动都相对独立,但需要避免单向的信息沟通。因此,要将态度管理和沟通管理两方面结合起来,形成良性互动,让员工在共同分享信息的同时,逐渐改变他们的态度。内部营销在实施的过程中,可采取人才竞争、提供形象展示、培训员工、促进团体协作精神等方法。

5) 过程策略

虽然人员因素在活动营销组合中发挥着重要的作用,但如果操作过程中存在明显的缺陷,人员因素的作用就会大打折扣。活动参与者会把公司提供服务的过程也看作服务的一个部分,而且过程的改变可以带来服务质量的提高。因此,市场部门将营销活动以及服务活动分成若干过程,研究哪些过程可能会发生服务质量偏差,寻求缩小服务期望差距,以提高服务质量。在市场营销活动中,通常推行 TOM(全面质量管理),以提高活动参与者对服务质量的满意度。

综上,大型活动营销策略如图5.4所示。

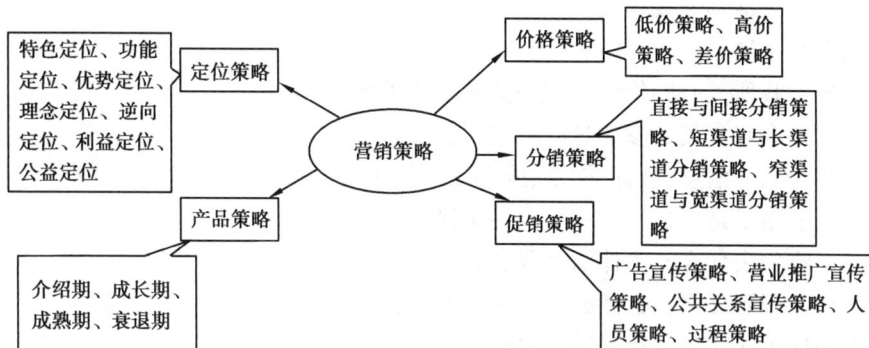

图 5.4　大型活动营销策略

5.4　大型活动营销方法

5.4.1　营销目标

所有的营销目标应该包括你试图根据合适数据完成的叙述描述。

使用 SMART 技术可形成有效率的目标和目的。

S(Special)——特殊。

- 好的定义
- 对所有人介绍活动基础知识

M(Meaningful)——有意义的。

- 价格和数量
- 支出估算

A(Activity)——以活动为目的。

- 包括一个动作
- 把事情安排好

R(Reality)——现实的。

- 利用资源、知识和时间优势
- 利用你的能力来完成

T(Timely)——及时的。

- 时间限制是固定的
- 有足够的时间来完成

1) 不同的销售主张

顾客对一个产品或服务的感知和它们的竞争力是成对比的。

因此,正确了解你的目标观众并询问以下的问题:

①为什么这个活动和我相关?

我是否关心主题?

它是怎样与我所关心的价值和担心的愿望相关的?

②为什么这个与我其他参加过的不相同?

我想得到什么? 信息、教育、网络、乐趣、娱乐、卖主?

③我参加的结果是什么? 不参加的结果又是什么?

我不参加将失去什么? 为什么对我这么重要?

我去参加将得到什么? 为什么对我这么重要?

④你是怎样关注我参加你的计划的?

由于顾客要求不同,今年与往常相比有什么不同的、新鲜的? 今年的出席将带来的利益是什么?

⑤有什么特殊的事情你希望我去做?

在读完这条信息后我应该做什么? 去一个据点? 节省时间? 考察一个邀请/登记卡? 仔细检查?

⑥什么是适合我的?

如果我现在签约是否有竞赛/赠品/折扣?

我被邀请来是否会有有价值的物品赠送?

回答了这些问题,便可以根据潜在的、当前的参加者、支持者、卖主的想法定位你的活动或会议。

2)商标

这是一个过渡使用的专门名称。一些人错误地把商标视作营销的终点。因此,常常产生强烈反应。在一个股东会议中,Roy Disney 说:"我在其他场合曾经说过,商标是你要去放养的奶牛。对很多的商人来说是很有用处的,他们把商标作为洗涤剂或经营者把它视为同一个出发点。商标其实是当你的产品没有独创性时的产物。"

营销者把商标定义为一个名称、团体、设计、象征或其他表象,可以识别一个销售的产品或服务并用于区别其他的销售产品或服务。一个合法的团体把商标视为品牌。

商标是一个好的营销计划的组成部分。它被视为产品的定位和对产品的第一感觉。一些人把商标视为识别和产生然后发掘和市场竞争优势的渠道。

商标有一些机制能促使你区别你自己和竞争者;把信息定位在目标顾客的思想中,促使营销成功,以更清晰、快速、可靠地传递信息,增强忠诚度。

5.4.2　营销方法

1)推销方法

如果活动的目标明确了,那么整个营销计划的目标也就明确了,然后就应该确定会议的战略了。以下将讨论一些推销战略来促使达到目标。

有很多不同的战略可用来提高一个活动或会议的质量,它们是:公共关系;广告(刊物、广播、室内/室外);直接邮寄(小册子、传单、明信片、邀请书);出版物(杂志、新闻信、报纸);网络(邮寄、新闻、网络、博客、公众号推送、短视频平台);销售(远距离销售、直接销售);宣传(竞赛、有奖演播节目、预先活动);其他。

营销战术常常被形容为厂商如何提高他们的产品和服务、你的目标顾客如何了解你的活动的手段。发展一个营销手段就像制造一个蛋糕。只有一层是不能制造一个蛋糕的,它需要其他的因素,因此必须细心挑选和彼此混合,才能制造出人们爱吃的蛋糕。

为了获得合适的营销战术,必须尝试不同的方法直到达到平衡。如果已经全面确定了目标顾客的信息,这时市场研究才会有价值。就像在蛋糕上的所有因素一样,在一个连续的战术中也混合了多种因素,因此营销战术中的所有部分应该补充和加强,把计划作为一个整体。这个步骤称为整体营销计划。

整体营销计划这个概念是非常新的。华特·迪士尼曾经使用过,他将其称为"协同作用",在20世纪50—60年代,通过同时在刊物、电视、电影和他的主题公园中使用营销手段来推动迪士尼公司发展。迪士尼营销手段中的每一个部分也推动了其他方面的发展,建立了整个迪士尼王国。

随着20世纪80—90年代的机构精简,企业被迫降低成本。人们发现形成一个导向和计划贯穿在营销计划中更有效率。这就是"整体营销"的开始。

2) 公共关系

美国社会认为公共关系能帮助一个组织和它们之间的社会相互适应。一些人则把公共关系定义为广告。让我们来看一下这两者更多的区别(见表5.1)。

表5.1　公共关系与广告的区别

公共关系	广告
在信息上控制力低	能充分控制信息的时间、地点和方式
可靠性高	缺乏真实度
花费相对低	花费更多
吸引手段从一个角度入手	在目标上更有选择性
版式有价值	使用激励和感性的话语

如果你已经有一个比较成功的大型活动,通过广告来祝贺自己是很肤浅和自我的,而第三方的新闻稿可以帮助你达到这一目的。

公共关系的内容包括:
①保持一个积极的公共形象。
②消除消极的宣传。
③增强其他有效的宣传手段。

④连续的公共宣传活动。如通过当地社区、产业社区、实时通信、报纸和组织杂志、雇佣关系、媒介关系、媒介装备和摄影、所有者和财政社区关系、适宜的学院关系等进行。

⑤提前计划宣传。如新闻或新闻稿、新闻或记者招待会、纪念会、首场演出和活动、简短广告、专题故事、新闻和商业讨论会等。

⑥不可预测的宣传。如运用消极宣传、媒体采访等。

3) 广告

我们每天都会受到大量信息的冲击,这些信息来源于广播、电视、印刷品和电子邮件,此外还有体育馆看台的广告、公交车的车体广告以及从衣服到茶杯无所不在的商标标志。

下面我们来看一些关于广告的定义。

①使用付费媒介的非私人的沟通方式,含有一个正式的组织发布者(大多数教材的定义)。

②广告就是为促销一种产品、服务甚至思想所设计发布的一种信息(国际通用教材)。

③组织者通过各种媒介发布关于一个事件的信息使之传播出去(《会议词典》)。

(1) 广告的形式

根据不同的付费标准,有下面几种广告媒介可供选择。

印刷品——杂志、报纸、贸易日志等。

广播——网络电视、电缆信号电视、收音机、闭路电视等。

因特网——网站、站内标题广告、电子邮件、电子杂志、微信公众号推送广告、短视频平台发布广告等。

户外广告——广告牌、公交车车体广告、建筑物广告牌、气球广告等。

直接邮寄——小册子、传单、目录册、实时通信等。

广告是一种使大量受众了解你所要发布的信息并说服他们参与进来的最便宜、最迅速的方式。但是如果忽视对目标受众获取信息方式的调查,广告也可能会浪费你宝贵的预算。

例如:如果你想推广一个街道庆典,当地的电视台和广播可以快速传递信息,而当地报纸广告传递的信息可以更加具体、明确。如果你想吸引参展商和观众来参加全国小商品展会,通过小商品行业内部的商业周刊发布广告要比通过以大众为目标的报纸发布广告有效得多。

有些媒介循环速度较快,有些媒介渠道有更强的专业性,你需要衡量各种媒介的优缺点。表5.2列出了各种媒介的优缺点。

表 5.2　各种媒介的优缺点

媒介	优点	缺点
广播	目标受众广泛	需要较高的周转率
电视	有趣刺激	较高的投放成本
有线电视	目标受众广泛且刺激强	观众少
杂志	目标受众广泛	周转率低

续表

媒介	优点	缺点
报纸	周转率高、精彩	与其他渠道相比,较杂乱
户外广告	冲击力强,接触人多,位置固定	有争议
车载广告	容易吸引观众	杂乱
标题广告	目标受众广泛	容易被忽略
直接邮寄	目标性强、成本低	可能被视为垃圾
电子邮件	目标性较强、成本低	垃圾邮件较多,杂乱无章
短视频平台发布广告	成本低,速度快,用户定位精准	视频制作要求清晰度高,富有创意,否则可能石沉大海
微信公众号推送广告	成本低,一对多传输,信息到达率高	广告效果不一定有保障
附在商品上的商标	有些广告周期比较长	有些广告周期过短

（2）广告设计

无论对于一则广告文案还是直接邮寄的材料,广告设计的基本原则都可以用 AIDA 一词来表示。

Attention（注意力）——用有吸引力的标题抓住人们的视线,使其脱离杂乱无章,引起读者的兴趣。

Interest（兴趣）——通过指出能提升人们生活水平的多方面的优势,激发人们的兴趣。通常人们购买的某事物带来的利益不是事物本身——正如你需要突出的是烤牛排时的"滋滋"声,而不是牛排本身。

Desire（需求）——通过提供富有诱惑力的东西来建立需求。

Action（行动）——把你的预期付诸行动,吸引人们浏览你的网站,打电话来索取更多的信息并进行预订。

一个广告通常有 4 个要素,这些要素基本都要遵循 AIDA 原则。

①标题——吸引读者的注意力。

②支持要素——用各种理由支持标题,在正文中采用较大的篇幅来吸引消费者并强调忽视此广告的后果。如"免费""折扣""现在""甩卖"和"新产品"等比较容易吸引消费者的注意力。

③呼吁行动——吸引消费者打电话、上网或者填写相关表格。

④公司名称。

最后,广告还要包含一个视觉要素——一幅图片或者公司的标志。这一视觉要素通常比文字重要,因为其更容易吸引消费者注意,可以使一项事物在人们头脑中留下长期印象,并使人们对这一标志保持持续的认知度。

广告在金钱和时间上的投入相当可观,因此在设计一则广告时,你需要寻求专业人士的帮助。初学者有可能会用超出预期的一些要素和文本,使广告变得有些杂乱。

消费者通常只用几秒的时间就决定你的广告是不是值得他们注意,因此要尽力抓住机会吸引消费者。

(3)位置、范围和频率

广告可以独一无二地持续传递信息,可靠、迅速,效率高。你需要控制广告的信息、位置和频率。换句话讲,你可以把它称为"子弹"。

通常,人们认为当广告位于右手边的页码时或者在一份报纸的前半部分时,往往能发挥更大的作用,但是,对印刷品上的广告而言,好的广告在于好的设计而不是取决于在印刷品的哪个位置,一个设计优秀的广告无论在什么位置都能发挥良好的作用。

对广告媒介的选择比对在某一媒介上位置的选择更为重要,在错误的媒介上投放广告有时会流失大量信息。问题不是"报纸广告是否有效",而是"是否可以通过一种不同的、更有效率的广告媒介使我的投入发挥更大效益"。

媒介选择意味着寻找更有效率、成本更低的方式来把所要传达的信息传递给目标受众。范围和频率是在选择媒介时的关键要素,范围意味着有多少消费者能听到或看到你的信息,频率就是他们看到或听到这一信息的次数。

但是在统计卡片上的受众数量通常有迷惑性,因为它包含所有被这一媒介所覆盖的公众数量,你需要识别哪些是你的目标受众,范围过宽会浪费财政预算。

在选择位置时,要记住"在有鱼的地方打鱼"。换句话讲,要选择目标受众都喜欢的媒介投放广告。在常规基础上,贸易杂志、网站和会议用品哪个是你的"打鱼"工具呢?

当一则广告有持续的效果时,这则广告才是好的,以便你可以集中在一个小的突破点,或者在有一定规律的空间间隔连续不断地传递广告信息。重复是强化信息较好的方式。

4)直接邮寄

直接邮寄是一种把广告信息打包邮寄给所选择的观众的形式,在这种形式下,所传递的信息可以更加丰富,这是一种目标性非常强的广告方法,因此有更高的效率。

根据 Seth Godin 的定义,直接邮寄就是把广告直接传递给销售者所选择出来的人群,这一定义包括电子邮件。

一份设计良好的直接邮寄文案要比往行业内电子邮箱发送未经允许的垃圾邮件效果好得多。为了能提高直接邮寄的反馈率,一定要认真列出邮寄名单,制订合理的邮寄时间、设计方案和文案。

(1)邮寄类型

以下所列每种印刷品都会影响你的销售活动,每一项都应该同等重视并从全局考虑。

①明信片——随着电子邮件的日益普及,明信片越来越受到人们的欢迎并发挥更大的作用,因为几乎每一个看到明信片的人都可以接收到信息。

②小册子和目录册——如果预算允许的话,采用这种打包邮寄的方式能发挥更大的作用。

③参展商或主办方计划书——除了一些基本信息,这一计划书还可以明确包含参与者

所能获得利益以及一些后勤保障的信息。

④事件邀请函——一个完美的活动需要一份精致的邀请函,这是带来良好的第一印象的好机会。

⑤促销传单和传真——这比发小册子便宜,并且能在截止日期前较好地提醒受众,还能强化这一事件独特的方面。

⑥私人信函——是在所有邮寄方式中最量身定做的一种,这是为了更好地号召一些特定客户参与,比如 VIP 客户。

⑦节目单——对于已经预订的客户,这种方式可以提供给他们最终的日程表。

⑧业务通信——使用业务通信录可以增强对目标客户的关注度。

（2）设计和文本

我们前面已经介绍过 AIDA 原则,与在公共媒体上发布的广告相比,直接邮寄的文案更应该遵循这一原则。

①用艺术字体、照片和色彩增加视觉吸引力。

②用照片强化受众所能得到的利益,而不只是平淡无奇地讲出来。

③可以打破常规,如果你的目标受众广泛接触的是四色广告,你可以选择用二色或者是漂亮的黑白色。

④根据经验法则,在一份文本里,只要使用两三种语言就够了。文本正文可以用下划线,标题可以不用下划线。

⑤注意所用纸张的形状和大小。因为信封也是一笔不小的开支,并且大的信封也不能引起额外的注意。

⑥对于邮寄信函,事实证明,Johnson Box 可以提高受众的反馈率,它通常位于一页纸的顶端,包含一个让受众采取行动的号召,这是十分有益的。

在直接邮寄时,采用简单的方法就好。以下是一些关于直接邮寄广告的小贴士。

每一份广告只针对一个受众。仔细做出调查研究,直接把广告信息传递给目标受众。

抓住受众注意力。研究表明,引起受众的兴趣通常只要两秒钟的时间,标题是消费者所能获得的第一印象,因此标题一定要有吸引力。

每一段有一个主题。不要在同一段落里塞给受众过多的信息,这也有利于你针对新的目标受众重新设计广告,只要把不相关的段落拿下替换上与新的目标受众相关的段落即可。

把重点放在受众所能获取的利益而非特征上。消费者通常只关心他们自身能获得的利益,而不是你的产品有什么功能。使用如"你可以学习""节省宝贵的时间"等短语,可以吸引消费者的注意力。

用简短语言表达丰富信息。使用短小、简洁、明确的语句,尽量用主动积极而非消极被动的语气。例如,"一条狗攻击了一个男孩"是主动的语气,而"那个男孩被狗咬了"是被动的语气。

使用行为动词。这不仅能为你的广告增加色彩,而且能提供一个衡量标准。

多讲事实而不是无关紧要的话。数字有很强的说服力,因此,尽量多用统计数字或近期的研究报告,援引的例证或者证明书也能增强可信度。

多引用例证。给出合理的例证,才能增强你观点的可信度。

号召受众采取行动。如果你想吸引消费者去做什么事情,尽力鼓励他们去做。"打电话""注册""点击这里"都能吸引消费者采取行动。采用最后期限营造一种紧急的感觉会增强吸引力。如果马上行动可以有一定的折扣或者有其他的利益,一定要明确提出来。

不要忘记补充说明。在一封广告函中,信末的补充说明可以更加强调要点。因为对这一补充说明的阅读率比正文要高,一定要运用好这一附笔。

(3)印刷

印刷费是一笔比较大的财政开支,把所有要印的东西一起印刷可以提高效率并节约成本。印刷不仅包含直接邮寄的信函,还包括一些其他的东西:印有抬头的信笺和信封;没有压花的信笺;活动门票;菜单;注册名单;节目表;印有姓名的徽章;评估表格;参展商手册;签名单;座位信息和方位指示图;桌牌。

在印刷之前,有很多因素需要考虑,这些都会影响印刷品的设计和成本。

①质量。

②种类:小传单、小册子、卡片、海报、其他。

③版面:纸张大小、字体和字号。

④版式:磁盘、照相制版、其他。

⑤页码。

⑥封面。

⑦纸张:类型、重量、颜色。

⑧图片:图片数量、图片尺寸。

⑨成品:装饰、塑料涂层、上光膜、膜切、叠花。

⑩装帧:松散的纸张、金属丝装订、精装、螺旋装订、线装。

⑪油墨:色彩数量、油墨类型、进程。

⑫邮寄说明:邮寄日期、地址、产品目录、大致编排、样本、样本许可、完整的版面编排、最终的艺术字、图片、绘画、手稿、排版、校对、改正、许可证。

⑬印刷前的检验:许可证、印刷、完成印刷。

⑭邮寄。

上面细分的每一部分都应该有一份详细的预算清单,同时也要问清楚付印商家在对待价格上涨、折扣、印刷错误、少额工作或者超额工作上的态度。

(4)邮寄

①信封。是否选择使用信封? 过去的经验告诉我们,最好能把信息放在信封外面,这项策略可以使你的广告在众多的邮件中脱颖而出。要根据专业经验来做事情,而不是一个人想当然。在填写信封时,不要使用各种标签,直接打印或手写在信封上即可。

②邮寄名单。在你设计并印刷好需要邮寄的广告后,这一策略的成功实施还依赖于高质量的邮寄名单。在数据库中购买企业名单通常收费不低。这些数据库的拥有者通常会告诉你这些名单都包含最详细的信息,但事实往往不是这样,需要加以鉴别。公司最好是自建数据库,这样名单的质量会比较高,资料来源包括:曾经的参展商、咨询者、主办方、专业观众、公司员工、兼职人员。你还可以通过这些途径来扩大数据库:行业杂志和周刊、行业协会

会员、参展商或主办方的名单。这些名单必须都是最新的,因为即使出现20%的错误都会支出很大的成本。一些国家的邮局会提供一个地址变更服务的数据库,你可以在需要时进行查询并及时更新你的名单。

5) 互联网

Marshall McLuhan在1964年宣称世界将会很快变成一个"地球村",在此之前,也有人称,我们将会被一个电子神经元系统紧密联系在一起,在这一大胆预测之后,互联网使信息和贸易方式得以全球化。互联网是一种十分普及的媒介,每个人都可以有自己的网页,并且不需要很大的花费。因此,任何生意都可以直接、迅速、经济地拥有一个巨大的市场。

互联网的运用增长极快,这为你接触到目标客户提供了良好的机会,虽然不是一对一的紧密关系,但是互联网互动、直接的特性可以帮助你培育、管理、提高、追寻未来你感兴趣的项目。

专业会议管理协会每年对会议市场进行检查,它揭示了由于互联网的流行和它所提供的便利性,人们对网络的使用正在稳步上升。

以下哪项是你的组织目前采用的技术?

(1) 网站

这是一个愿望能被快速满足,注意力不断被吸引的年代,通过远程控制或单击鼠标,我们可以在网上看到任何想要的东西,这使人们对模糊的信息、天花乱坠的营销广告和夸张的自我吹嘘的容忍力越来越差。

组织需要了解谁会浏览你的网页,浏览者大概包括:委员会成员、员工、志愿者、过去或未来的参加者、供应商、过去或未来的参展商、过去或未来的主办方、媒体、求职者、竞争对手。

以上浏览者都想在短时间内了解你的网站的吸引力所在,因此,网站内容是很重要的,并且更新要快,表述要清晰。

对于设计网站还有几点需要注意:

①确保你的网站可以快速下载并且易于浏览。

②让浏览者可以快速抓住要点,了解每一页面的内容。

③能迅速抓住浏览者吸引力,使浏览者和网站快速互动。

④从浏览者的角度设计网站内容,而不是从你自己的角度。

⑤不要在任何地方欺骗浏览者,否则你将会永久失去他们(或许还会触犯法律)。

⑥始终为参与者、参展商和组织者服务。

⑦每一页上面都标明关键字以帮助查询者。

⑧在所有的搜索引擎和查询辞典上登记,以确保你在搜索引擎的首页。

⑨尽量让你的网页简单、更新迅速并且是动态的。

⑩使网站更视觉化,把过去时间的图片和未来的会议目的地的图片相结合,以提高浏览者的兴趣。

⑪每一页都有一个战略部署。

⑫用你的服务器上现有的工具进行检查,并用这一数据来提高网站的效率。

⑬在搜集任何信息时都要明确阐明你的保密政策。

同时考虑下面的附加因素以使效率达到最大化：

①把每个项目放到网站上，用图片、代码和其他有用的信息加以展示。

②与网络上的会议论坛、公告板、聊天室和 Q&A 会议发言人建立一个基本的联系。

③如果活动包含展览，要在网站上创建一个展览单元，你可以通过与展览网站建立链接来增加网站的点击率，以促进展览销售。

④创建一个专门的版块，介绍目的地概况、会议举办地、旅游局、饭店管理局、酒店、餐饮、当地体育设施、景点、航空、汽车租赁、百货公司、天气等信息。

⑤通过安全的服务器提供在线预订。

⑥在活动期间，不断在网上登载图片以吸引没有参加活动的人。

⑦在活动结束后，可以在网站的首页放上活动开幕的视频、主要声明的文本以及其他有附加价值的内容。

（2）电子邮件

在《许可营销》一书中，Seth Godin 赞扬了电子邮件营销的益处，跟传统的邮件相比，电子邮件包以及网上群发邮件设置已经越来越普遍。Godin 认为：传统的邮寄广告方法是在"打扰"的原则下进行的，这一方法容易被人忽略或者使人感到深受骚扰。采用电子邮件营销的方法，向想要得到该活动信息的人发送邮件，既可以优化观众质量，又可以提高成功的概率。

美国直销协会的一份报告表明，电子邮件销售能带来最高的信息传递率，且只需花费最小的成本。这比包括直销在内的传统销售方式要伟大得多。这份报告还表明，通过电子邮件把信息传递给观众平均花费 2.5 美元，而采用直销的方式，把信息传递给同一份名单上的观众的平均花费是 25 美元。

会议组织者的目的并不是把潜在的客户转化为现实客户，而是把会议参加者转化为会员，或者鼓励会员持续参加该会议。而活动组织者可以把客户转化为追随者，再把追随者转化为捐赠者，这是通过一个发送有效的电子邮件实现的。

创建一个电子邮件活动有以下 3 个步骤：

①从客户会感兴趣的要点着手，仔细设计电子邮件的版面和所需阅读时间，拥有诱惑力的文本或图片使客户看到希望看到的信息。

②目录是非常重要的，在活动前、活动中、活动后，鼓励客户登记以便将来接收电子邮件信息。

③电子邮件需要向接受者提供有用的信息，如提醒截止日期、演讲人、评价、简报或者争论等，使此次活动的兴奋点一直持续到下次活动举办。

在发送电子邮件时，牢记如下原则：

E——简单易读。

M——传递有意义的信息。

A——以行动为向导。

I——信息可衡量。

L——忠诚且鼓舞人心。

私人化的电子邮件可以降低被忽略的风险,有一个收件人和发件人,正文至少要包含3~4条私人信息。Reggie Aggarwal of Cvent(一家从事网上预订和营销的公司)称:"接受者通常会先阅读朋友和家人的邮件,其次是同事的,再次是他们所属的组织,最后才是陌生人的邮件,私人化的邮件可以通过把自身置于信任的人一列而避免被忽略。

下面是一些发送电子邮件的小贴士:

①超文本标记语言(HTML)的反馈率比简易文本高2~3倍,但需要更长的下载时间,并且有被屏蔽的风险。

②电子邮件发送时间最好为中午。

③每周向同一个地址发送的邮件不要超过一封。

④巧妙利用签名档,作为额外的促销机会,在签名档里,标明活动名称、时间、网址等信息。

⑤当用电子邮件提醒人们进行答复或预订时,不要一直用最初购买的名单,因为已经参加过该活动的人可能不会进行重复购买。

⑥始终使邮件容易导出。

会员和捐赠者是电子邮件营销的理想受众,一旦他们登录进来寻找他们感兴趣的信息或新闻,不妨每月多花点钱多发几次邮件给他们。在组织中,电子邮件是仅次于业务通信的营销工具。

(3)在线业务通信或电子杂志

邮件还有一种形式是在线业务通信或电子杂志。在做电子杂志时,应该使杂志页面上有让浏览者注册的地方。通过访客注册的这种方式你可以获得受众邮件地址。成千上万的演讲者和专家都会用这种方式跟他们的观众直接交流。这可以是活动和会议的另一种营销工具。

对于电子邮件,始终存在一个争论,那就是传递给受众文本形式还是网页形式,抑或是直接给他们一个最新版本的链接。支持发布文本形式的人主要强调它的可接受性——无论是对拨号上网还是使用宽带的用户,都可以快速登录。而以前的研究又表明浏览网页形式的趋势正在增长。至于给一个关于电子杂志链接的方式,虽然在两方面都有优势,但是又需要访客进行进一步的操作。所以正确的选择依赖于你的目标受众和他们的偏好方式。

因为电子杂志有很多种,所以推广的方式也各不相同。我们可以用"4P"来概括电子杂志推广的措施。

Purpose(目标)——你是否给了你的目标受众所想要的?应该时刻牢记"你能为我提供什么?"用中肯的标题把新鲜的内容提供给受众。还可以吸引你的受众就某些问题发起投票。向其他的电子杂志学习,并订阅你竞争对手的电子杂志。

Personality(个性)——杂志的题目和形式要紧扣事件、会议或组织者。不要欺骗读者,要尽可能建立信任。杂志的文章尽量采用对话的语气,这会令人感到更加亲密和人性化。电子杂志应该用80%提供信息,20%用来进行销售。

Participation(参与)——通过一些有吸引力的特征吸引目标受众的回应。这可以包括提供奖金奖品、问答反馈表格、投票的结果公布等。人们参与时可以有更多的乐趣,达到相互作用的目的。

Punctuality(准时)——坚持一份有规律的计划表,这可以表现出你的职业素养和奉献精神,可以增强信任感。同时也可以让你的目标受众有所期待。

(4)网络日志

专栏作家 Jim Carroll 曾预言:网络日志将会改变活动、会议以及他们周围的环境。随着网络的普及和电子邮件的广泛运用,如今网络日志的使用率已经越来越高。

Carroll 这样定义网络日志:一个用来在线传递简短新闻摘要或者其他特定领域信息的网页。它的一大特征就是与其他网站进行链接。

关于网络日志的最简单的解释就是非权力性的网上记录,可以用作商业和促销工具。在这个技术社会里,日志发布者可以很方便地通过日志把他们的想法和印象发布出来。

网络日志在历史上第一次获得大众的认可是在 2004 年美国的民主党和共和党的全国代表大会上。这一形式能把实时信息直接从会议现场传递给广大读者。

网络日志还可以被用作一种市场调查工具,当一种观念、思想被发布在网络日志上时,观众的反应可以很快被掌握,这对确定观众的可接受程度都有很大帮助,就像一个特定团体的讨论和观众投票可以揭示出观众的想法。这种事前调查的方法可以节省大笔开支。

(5)病毒式营销

病毒式营销(见图 5.5)是口头营销形式的一种新的说法。这是一种数字形式的营销,或者说是用鼠标来表述的语言。这种形式并不需要花钱购买,不会跟其他的营销方式相混淆,并且它也没有有害的影响,因此它并不是一种病毒,但是就像病毒一样,病毒式营销也是在朋友之间寻找各种途径进行传播。对于让你的目标受众为你传递信息来说,这是一种有效的手段。

图 5.5　病毒式营销

互联网专家 Dr.Ralph Wilson 对此的定义是:病毒式营销是一种鼓励个体把营销信息尽可能多地传递给其他人,并且随着信息的扩散和影响,使得潜在市场呈几何级数增长的战略。

病毒式营销的一种经典形式就是 Hotmail——一个最早的以网络为基础的电子邮件服务商。每次有人使用 Hotmail 发送电子邮件时,就会给它的阅读者提供一个阅读这种免费电子邮件的机会,有些人会点击进去,并把这些信息发送给更多的读者。

另一种变化就是网站何时由一个读者发送给另一个人。Jupiter 的研究表明:81%的人会把他们接收到的病毒式信息传递给至少一个人,将近一半的人会传递给两个甚至更多的人。

你一定会非常羡慕这种方式,可以让信息不断地重复扩散,在每一级上都会翻倍传播,带来呈几何级数的增长。

Seth Godin 在推销他的新书《发起思想病毒运动》时,采用了病毒性营销的策略。他做了一个可免费下载的电子版本放在网上,引起了很多朋友间的互相推荐并下载此免费版本,一时点击量急剧增长,并且带动了普通纸制版本的销售,因为很多人看了之后还想要一本印刷的书。

一些病毒式营销能够起到比其他方式好的效果,至少也能取得像 Hotmail 一样的效果。Dr.Wilson 认为病毒式营销的这一战略包含 6 个基本要素。你不一定非要包含全部 6 个要素,但是这些要素考虑得越多,成功的机会就越大。

病毒式营销六要素:

①派发一些产品或者服务。

②提供无须费力的传递方式。

③投放比例大小可以随便伸缩。

④开发大众化的动机和行为。

⑤采用有趣的网站进行连接。

⑥为其他方面的资源带来收益。

一个最简单的病毒式营销工具就是网站上发布"告诉朋友"或者"我提醒你"这样的信息。当你发送一封电子邮件时,这个地址的主人就能通过邮件获得一份文本或者网址。美国的一份研究表明,64%的人会尝试朋友推荐的东西。

在我国,近年来兴起的微信公众号及短视频平台成为病毒式营销的新型推广渠道,越来越多的短视频广告加入战局,微信朋友圈也出现过大量的病毒式广告。只要营销内容足够精彩,就能在很大程度上引起大量用户的转发狂潮,从而达到大面积传播的效果。

尽管网站有各种各样的优势,但其也不能代替活动或会议中面对面的交流。正如西南航空公司的一次营销口号:

你不能传真一次握手。

你不能发送一份声音电邮到达某人的背上。

你不能和电子邮件共进午餐。

有一些事情还是当面交流更好。

阅读资料

2017 碧桂园登山节活动策划案

一、活动简介

最近几年,由于大规模的房地产开发和城市交通建设,人们居住的环境少了不少绿地,可以提供给人们运动的场所不多了。于是爬山便悄然兴起,无论老年、少年还是青壮年,爬山都已成为他们一种首选的时尚体育运动方式。2017 年碧桂园东北区域的新 slogan 为"城市新起点生长碧桂园"——迎合活动主题"向上的力量"2017碧桂园登山活动,幸福生活年。本次碧桂园举办登山活动,秉承着健康是幸福的基础这一原则,推进"幸福沈阳共同缔造",与城市发展需求、发展规律以及城市人们的幸福理想相吻合。"幸福沈阳共同缔造"给了我们一个明确的幸福路线图,沈阳的幸福生活,每一个人的幸福生活,要靠我们所有人,包括政府、社会各界的力量和每个人,去共同打造。

二、受益群体

以沈阳市内的房产意向客户、登山俱乐部等人员为基础,选手报名即可参与。其间可以健身,可以游览棋盘山,以发现生活的点滴美好。

三、活动主题

YUE野·向上的力量。

四、活动效果

通过本次登山的整体效果,让所有登山参与者包括工作人员感受到碧桂园作为沈阳的人文代表和运动风向标带来的感染力,给到场的登山参与者留下深刻的印象。本次活动虽为登山,但需要同时邀请很多的媒体与政府单位的重要嘉宾,这也是提升碧桂园房地产项目品牌度与口碑的重要时刻。登山参与者将亲身感受传递给亲朋好友时,无疑是为碧桂园地产在做免费宣传,这为新的一年碧桂园住宅产品,高端产品,商业产品的大卖创造了前期的铺垫基础。

五、活动时间

2017年7月。

六、活动地点

棋盘山风景区。

七、主办单位

沈阳市体育局、浑南区体育局、浑南区宣传部。

八、承办单位

碧桂园地产、棋盘山风景管理处。

九、媒体支持

辽宁广播电视台、沈阳晚报、腾讯网、新浪网、搜狐网等各大知名媒体及沈阳大活动家、沈阳最头条等各大知名微信公众号、微博平台。

十、宣传推广

①辽宁广播及沈阳交通广播。在活动宣传期间,利用广播进行活动宣传,大范围宣传碧桂园登山节内容活动。

②录制宣传篇在人流量大的地方播放有关此次登山节活动预告。在人流量最大的地方,使用轰炸式的宣传,并在人流量高峰期时段循环播放,把活动信息传递给沈阳市民。

③线上宣传。在碧桂园官方微信发起活动宣传,开展"向上的力量"活动。让参与者关注官方微信,使其通过手机软件记录每天运动、行走的步数,并将成绩在朋友圈发布,同时截图发送到官方微信平台。主办方将建立爱"行"排行榜,每周评选一名爱"行"健康大使,送出精美纪念品,同时主办方根据参与者的步数,制订每积累5 000步,即向慈善组织捐赠1元的计划。累计的金额将统一在活动举办当天捐赠。

十一、活动内容

1.活动时间简要流程及事项

8:00—10:00	入场	按照地图导视,进入活动区
	兑换装备	凭入场券在装备兑换处验证身份后兑换装备
	彩绘 & DIY	入场后可在彩绘区画脸部或手臂彩绘
10:00—10:30	候场准备	选手候场,现场播放比赛规则及赛前提示
10:30	起跑	根据起跑音频指令出发(现场管控分批起跑)
10:30—12:30	登山	途中设有工作人员为参赛人员进行打卡计时
12:30—13:30	终点领奖	终点颁奖(项目组织),现场抽取旅游大奖(房地产商赞助)

2.活动过程

(1)运动前期准备

①参赛者凭活动入场券在物资发放处领取活动物资。

②到现场参与的人们拿到T恤之后,会发挥自己的创意,把衣服改变成自己的风格,大会现场也有设置彩色装扮区供参与者使用。

③登山现场设有热身区,人们会跟着音乐的节奏与热身教练,做好准备动作,主办方提示因考虑到参与者健康,所以设置该区域方便参与者提前热身。

④所有参加登山的运动员在签到板签到并进行合影。

(2)运动开始准备

①开幕仪式,开场节目,表演充满异域风情的非洲鼓舞。

②主持人致辞欢迎到场来宾,并宣布活动正式开幕。

(3)运动开始

①碧桂园政府领导致辞讲话,并宣布登山活动正式开始,参赛者前往开赛区准备。

②关卡(一):脚印涂鸦参赛者将绿色脚印留在活动背景画面上,待参赛者全部通过此关卡,即可形成一幅森林图。

③关卡(二):将号码牌上的贴纸贴到最高处者,在赛后可以获得精美礼品。

3.赛事规程

①比赛期间,参赛者可选择跑步或步行,不得使用任何机动式或有车轮的工具。违规者将会被取消参赛资格。

②参赛者须全程沿着有标记的道路线进行比赛,并在每个支持站及计时站登记。抄近道者,将被取消参赛资格。

③参赛者如有异议,必须在完成比赛的60分钟之内通知控制中心。反对的意见会由一个三人委员会裁决。委员会由赛事总监、冠名赞助商代表,以及裁判长组成。该委员会的决定将作为最终决定。

④参赛者的号码布必须全程朝外,贴在身体的前方,衣服的最外层。注意别让背包的肩带或其他衣物挡住你的号码布,若号码丢失,比赛成绩作废。

专家评析

在大型活动策划中,营销方案的制订是至关重要的,营销方案的好坏,不仅直接关系活动举办得成功与否,同时也影响活动举办的经济效益。2017碧桂园登山节活动策划案就明确了其活动主要通过知名媒体的支持进行宣传及推广,即利用知名媒体的资源构建了举办活动的营销网。

第6章
大型活动赞助商与供应商管理

【本章导读】

本章大型活动赞助商与供应商管理,主要讲述了大型活动赞助商管理、大型活动供应商类型和供应商的选择与组织。学习本章,可以对大型活动赞助商与供应商的管理有一定的了解。

【关键词汇】

赞助商管理　供应商

【学习任务】

1.阐述赞助的定义及分类。

2.选择大型活动赞助商时,需考虑的因素有哪些?

3.大型活动供应商的类型有哪些?

4.选择大型活动供应商的标准有哪些?

5.大型活动供应商应该如何组织?

6.1 大型活动赞助商管理

赞助已经成为大型活动营销的一种普遍形式,其双赢的模式吸引着无数的赞助商和大型活动组织者。对于活动的赞助商来说,赞助是一个绝佳的投资与营销机会,他们通过赞助可以获得潜在的商机和利润,可以运用标志、促销手段和媒体策略等向尽可能多的潜在消费者宣传企业或者产品,并将品牌和观众与消费者最喜欢的大型活动相联系,建立、提升或者改变品牌的形象。美国电话电报公司(AT&T)赞助了第 23 届洛杉矶奥运会,策划了美国东西岸心手相连"奥运圣火传递"活动,充分吸引了观众、媒体记者的注意力,创造了 40 亿次的电视曝光率以及 10 亿次的平面媒体可见度,强化了 AT&T 是全美最大的长途电话公司的企业形象,提高了现有客户的使用率,更有效地阻止了竞争对手的打击。同样在第 23 届洛杉矶奥运会举办前,柯达没有意识到竞争的激烈程度,而日本富士公司则以 700 万美元买下此届奥运会的胶卷独家赞助权,使绿色的富士胶卷席卷美国市场。对于大型活动的组织者来说,赞助已经成为为达到特定的目的与目标群体进行沟通的工作,是资金流的关键部分。

因此,如何了解赞助商,如何选择赞助商是大型活动策划者十分关注的问题。

6.1.1 大型活动赞助的概念

赞助一词随处可见,各种文艺演出、各类体育运动的举办都离不开赞助。可以毫不夸张地说,如果没有赞助收入,许多活动是根本无法进行的。以奥运会为例,萨马兰奇走马上任时,国际奥林匹克运动正处于低谷时期,国际奥委会财政拮据,全部家当只有 200 万美元,银行存款只有 20 万美元,奥运会有消亡的危险。为了从根本上解决奥运会的财政危机,萨马兰奇决定加大商业化操作的力度。在他的努力下,国际奥委会于 1980 年通过一项决议,即发展一项可以维持奥林匹克活动的财务稳定的计划,在 80% 的资金来源于美国电视转播的情况下,应该使资金来源多样化。为促使奥林匹克大家庭成员财务独立,奥运会资金收入应做合理均衡的分配,减少商业赞助伙伴,并且妥善使用奥林匹克五环标志,防范可能导致的"失控的商业主义"。于是在 1983 年,国际奥委会成立"新财源委员会"。其主要任务是为国际奥林匹克运动扩大稳定的财源,在 1984 年洛杉矶奥运会成功开展赞助的基础上,该委员会从 1985 年起,正式委托国际体育文化营销公司全权代理奥运会赞助事宜,推出了四年一度的奥林匹克赞助计划,即大家熟知的 TOP 计划。在萨马兰奇的领导下,国际奥委会在出售赞助权方面非常成功,在 1996 年结束的四年计划中,每个赞助权要价 4 000 万美元。而第 23 届洛杉矶奥运会因为其富有创意的赞助计划获得了 2 227 亿美元的盈利而轰动世界,成为奥运会历史上一个里程碑。

1) 赞助的定义

赞助,通常是指某一单位或者某一个人拿出自己的钱财、物品,来对其他单位或者个人进行帮助和支持。确切地说,是指企业为了实现自己的目标而向某些活动(包括体育、艺术、娱乐、公益事业、博览会和节日庆典活动)或者组织提供资金支持的一种行为。赞助还建立起一种企业和公益组织、机构以及个人之间投入(资金、实物、技术、服务等)和回报(冠名、广告、专利和促销等权利)互惠的交换关系,是平等合作、互利共赢的商业行为。

对于大型活动的组织者来说,赞助是一种新兴的营销沟通工具,可以获得巨额资金,是大型活动得以顺利进行的重要保障之一。

2) 赞助的分类

根据不同的标准,赞助可以有不同形式的划分:按照内容可以划分为现金赞助、实物赞助、现金和实物两者相结合;按照形式可以划分为独家赞助和联名赞助;按照对象可以划分为单项赞助、多项赞助、冠名赞助等。除此之外,还可以根据赞助单位或者个人向受赞助者提供的金额的多少,将赞助商的类型划分为全额赞助与部分赞助;或者根据赞助单位或个人的具体数量的多少,划分为单方赞助与多方赞助。赞助的类型选择是否得当,将对赞助的效果产生直接影响。

按照不同的主题,赞助可以划分为以下 3 种。

(1) 体育赞助

体育赞助指向某一体育资产(体育赛事、体育场馆、公益性体育活动等)付出一定数额的现金或实物,作为与该体育资产合伙参与开发以达成各自组织目标的一种特殊的商业行为。体育赞助是现代企业营销的一种行之有效的方式,是提升企业形象、扩大产品销售、提高市场竞争力的手段。现代意义上的体育赞助始于 19 世纪中叶,交通运输业是最早运用现代意义上的体育赞助的行业。1852 年,美国的一家铁路运输公司向哈佛和耶鲁大学的划船队提供了免费的运送服务,并大力宣传此事,借以吸引上千名体育迷搭乘该公司的火车去现场观看比赛,于是,最初的现代意义上的体育赞助出现了。而大规模的、正式的体育赞助始于 20世纪 60 年代的英国,壳牌、埃索和 BP 3 家跨国石油公司于 1965 年共投资 1 000 万西德马克赞助 15 公升级的汽车大赛,取得了在参赛汽车上粘贴一圈公司招牌贴纸的回报,从而开创了企业大规模赞助与自身产品有直接关系的运动项目的先例。英国和美国分别于 1966 年和 1970 年做出明文规定,不许在电视上投放香烟广告,随之而来的是香烟产量、销量等急剧下滑,烟草业遭到巨大的打击,烟草商们灵机一动,将巨额广告费用于体育比赛,从而成为企业大规模赞助与自身产品没有直接关系的运动项目的开路先锋。在许多国家,烈酒也被禁止在广播和电视上作广告,因此,在很长一段时间内,烟草商和烈酒商成了体育赞助的主力军。虽然说英国、加拿大、美国又相继出台了一些法规,严禁烟草企业进行赞助活动,但它们在体育赞助方面取得的成功,无疑极大地促进了体育赞助活动的发展。体育赞助最明显的一个好处是企业通过与某一体育资产相联系,能有效地提高企业的形象和品牌的知名度。例如,许多公司通过常年向国际奥委会提供相当数量的资金,支持奥运会的进行和国际奥委会的必要开支,与国际奥委会建立了"合作伙伴关系"。因此,这些公司生产的产品上、包装上都可以打上国际奥委会的五环标志,其产品成为国际奥委会的指定产品,而且这些产品是具有排他性的唯一指定产品。2008 年北京奥运会赞助商 Logo 见图 6.1。

奥运会TOP赞助商名单

北京2008奥运会合作伙伴名单

北京奥运会赞助商名单

图 6.1　北京奥运会赞助商 Logo 集锦

　　这些公司从开发奥林匹克运动无形资产上获得的回报无疑是极其丰厚的:第一,奥运会空前的号召力和吸引力,可以使这些产品的知名度得到巩固和新的提高;第二,可以极大地提高这些产品的美誉度,因为奥运会是当今世界最高水平的竞赛,对人体素质的要求极高,一般来说,凡是为奥运选手选择的产品应该都是世界顶尖产品。因此,凡是被选为奥运会指定产品,意味着"该产品是世界知名产品",而且调查还表明,大多数人觉得因为是指定产品,因而对该产品更有好感。这无疑对企业形象的提升产生了良好效果。

　　由于体育具有很强的号召力,赞助体育对那些忠实的体育迷来说,是一种富有亲和力的感情投资,它可以迅速地将体育迷对体育的忠诚度换成对赞助企业产品的购买力量。比如,在两种品牌运动服装质量接近的情况下,大多数体育迷会选择他在体育场上经常见到的赞助品牌。体育赞助的缺陷是费用很高(尤其是独家赞助的时候),因此风险较大,操作不好可能会给企业正常运行造成严重危害(据统计,在赞助亚特兰大奥运会的 200 多个企业中,大约只有 25% 的企业得到回报,有些企业只得到一些短期效益,有些企业甚至血本无归)。所以,现在大多数企业为分散风险都以联合形式开展赞助活动,即费用由几家企业按一定比例分摊。

　　(2)重大节庆活动赞助

　　重大节庆活动赞助是指通过向社会某些特别事件提供赞助,支持其顺利进行,并以这些事件作为载体向社会传播企业和产品,从而获得较高水平的知名度。对群众性娱乐休闲活动的赞助,表达了赞助商对广大群众的关怀与诚意,可提高人们对赞助商的认同感。同时,企业通过提供资助,把社会事件与企业和企业产品联系在一起,从而利用社会的广泛关注和巨大影响,让人们知晓企业。这种赞助有助于促进社会主义精神文明建设,提高企业文化修养与精神境界。目前世界各地的文化节有一万多个,其中最成功的要数爱丁堡国际艺术节,其在带来巨额利润和经济发展的同时,也给观众带来前所未有的享受。爱丁堡国际艺术节,作为一个登记造册的非营利慈善组织,全权负责通过票房、赞助等方式募集资金。政府公共部门也为艺术节提供资助。艺术节的预算包括艺术家的费用、旅行费、场地租赁费及活动推广费等,实行"取之于民、用之于民"的原则。为让更多的人有机会目睹艺术节,艺术节赞助商苏格兰皇家银行为16~26岁的人提供上万张5英镑一张的廉价青年票。每场演出前一个小时还出售50张5英镑的廉价票。儿童可享受半价票观看许多演出,老年人购票则享受7.5折优惠。用轮椅的残疾人可以得到专门服务,艺术节还为听力和视觉障碍者提供手语解说。

目前,世界各地文化节已从单一景观发展为都市文化,并与更广义的目的地推广战略相结合。而艺术节拥有高度专业化的节日制作人、管理团队,并在全球范围流动;不仅如此,全球对艺术节的公共投入比例、艺术节的票房收入、商品销售以及服务收入等与其他收入来源相比普遍减少,而各种赞助却在增加。

(3)公益活动赞助

企业的发展离不开社会的发展,近年来随着公益活动越来越受到人们的关注,赞助公益活动已经成为"活广告",而且在赞助公益事业的同时,可以为企业树立一个负责任、积极的社会公民形象,是提升企业品牌形象和品牌价值的主要途径。这种方法通过将企业的一部分利润用明确的方式返还给社会从而在受众心目中树立起一个负责任的"企业公民"的形象,以达到增强企业品牌知名度、美誉度、满意度、忠诚度的目的。

公益活动赞助是指对社会的公共设施、公共活动进行赞助,直接造福于社会、造福于人民。大型活动的主办方也可以利用这种方法说服赞助商对活动进行赞助。

2018年7月23日,百事集团(以下简称"百事")宣布向中国扶贫基金会捐资100万美元(见图6.2),继续开展"百事营养行动"项目。该100万美元将在未来3年为中国西南贫困地区约10 000人次学生提供170多万份营养餐及相关营养知识宣教,改善并提升中国西南地区贫困学童的营养状况和营养健康意识。该笔资助由非营利组织赠予亚洲在中国进行捐赠管理。为帮助提高中国中西部贫困农村地区学生营养水平和健康意识,2015年中国扶贫基金会携手百事、中国营养学会合作开展"百事营养行动",百事捐赠旗下桂格产品与鸡蛋、牛奶进行营养配餐,用以持续推进中国中西部地区青少年营养改善行动。截至2018年,百事基金会、百事大中华区及员工已捐赠款物超过300万元,为云南省昭通市昭阳区超过6 000人次的贫困地区小学生提供逾80万份营养早餐,培训教职工近300人。该捐赠还通过在受益学校建立"营养角"、提供营养知识教学、发放营养知识教材等多种互动方式进行营养健康知识教育。另外,项目将为200名教师和厨房工作人员提供营养知识培训。中国扶贫基金会于2008年启动"爱加餐"项目,旨在通过营养加餐、爱心厨房和营养宣教等方式,有效改善贫困地区儿童的营养状况。截至2018年6月,爱加餐项目累计投入约2.3亿元,覆盖了云南、四川、广西、贵州、湖南、湖北、辽宁、河北、福建、河南、新疆、黑龙江、安徽、江西14省44州/市87个偏远山区的县/区,受益学生超过83.3万人次,为学生提供了近4 700万份营养加餐,并建立了 1 464 个标准化的爱心厨房。爱加餐项目还为柬埔寨、尼泊尔、加纳挣扎在饥饿边缘的孩子们提供了膳食补充,实现了"粮食换教育"。

图 6.2 百事集团向中国扶贫基金会捐赠 100 万美元

当企业和慈善组织一起进行促销活动,并把其中的部分收入捐给这一组织时,这称为公益事业营销。与传统的营销推广、广告相比,公益事业营销只需要少量投资就可以增加企业产品销售,并可以给活动免费宣传。但是公益活动赞助也有局限性,其所支持和赞助的事业必须与赞助商在某一方面有所关联时才会有效,这称为"事业相关营销",如药品与红十字、食品与健康、出版与文化教育等。

3) 赞助与其他营销手段的比较

(1) 赞助与广告

广告是公开地利用谋略劝服公众或者是改变公众的态度。从某种程度上来说,就是自己说自己好。广告对于人们的生活带有一定的侵入性。相比而言,赞助则可以成为人们生活中的一部分。赞助除了表现产品的外在特征,在拓展品牌方面也十分有效。因为赞助强调的是使人们能够更彻底地了解品牌,强调品牌的现代感以及品牌与消费者之间的联系。由此可见,赞助不仅仅将它的广告传播作用运用于品牌创建中,还有其更独特的特点。

从主办方的角度来看,赞助和广告是可以合二为一的。大部分的主办方提供给赞助商的赞助回馈主要是广告宣传与媒体曝光。

(2) 赞助与人员销售

人员销售是一种说服顾客购买产品的人际沟通工具。根据美国市场营销协会,所谓人员推销,是指企业通过派出推销人员与一个或一个以上可能成为购买者的人交谈,推销商品,以促进和扩大销售。赞助是通过被赞助者或被赞助的活动来获得社会的积极反应,从而间接增加企业收益的沟通工具。

6.1.2 大型活动赞助商的选择

大型活动赞助商的选择需要综合考虑多种因素(见图6.3)。

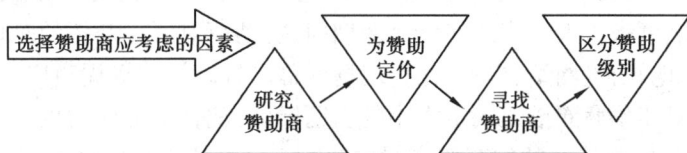

图 6.3 选择大型活动赞助商需要考虑的因素

1) 研究赞助商

许多大型活动市场营销人员在拉赞助时,因为没有充分地进行市场调查或对赞助商市场没有进行充分了解而导致营销活动失败。拉赞助成功的关键是有能力对潜在的目标市场进行调查和研究,将赞助因素与赞助公司的经营哲学与经营目标紧密结合,那么赞助建议将会变得非常有效。另外,必须对公司的赞助经历进行调查。如果该公司的口碑很好,那么获得赞助的可能性就大。

2) 为赞助定价

价值的交换形式是定价的主要因素。产业数据表明,47%的赞助是由赞助商以现金形式交给所有者(大型活动组织者),28%是实物作价,25%是以上两种形式的结合。采用何种方式要从活动的具体情况出发。例如,若体育运动会上接受葡萄酒厂捐赠成千上万瓶的葡萄酒,这些酒除了在许多宴会上有用场,毫无利用价值。这类赞助并没有降低组织者的开销,而且也没有达到赞助商所要得到的正面效果,可以说是不成功的赞助活动。

现代奥运会在全球迅速发展,一直离不开赞助商的支持。现代体育赛事业的发展与现代商业活动的繁荣密不可分。奥运会吸引着全球的眼光,商家趋之若鹜,但并不是所有的企业都有资格、有能力、有机会挤进赞助奥运会的门槛。

3) 寻找赞助商

不同的公司、不同的部门负责处理赞助适宜的方式都不相同,但不论如何,赞助都是一项营销投资。因此,负责人都会对赞助计划感兴趣。

不同的活动主办单位会采用不同的方式来确定赞助商。第18届德国世界杯的赞助商大致可以分为"国际赞助商"和"国内赞助商"两种。"国际赞助商"有权通过世界杯来独家宣传和销售本企业的产品。国际足联在每种商品中选择一家企业作为合伙人(即企业赞助权益具有排他性),总共与15家企业签订了这样的合同,而每家企业要向国际足联缴纳6 000万欧元的赞助金。对全球企业而言,世界杯所具备的吸引力加上电视传播对大众的辐射力,使对世界杯的商业话语权和展示权的争夺成为企业间最令人心跳的营销肉搏。第18届德国世界杯的赞助商基本上都是全球体育赛事赞助常客,如阿迪达斯、吉列、万事达、可口可乐、麦当劳、飞利浦、韩国现代、富士等。网络巨头雅虎则扮演了国际足联的网站合作商的角色,阿联酋航空公司(Emirates)也跻身这届世界杯的赞助商行列中。国际足联为了保护这些赞助商的利益和世界杯商标的使用权,专门立法保护世界杯商标,严禁非官方赞助企业在任何产品或服务、销售、广告中非法使用世界杯商标。官方赞助商在每场比赛中都拥有2~4块广告牌,在数千小时的电视直播中,可以被200多个国家的电视观众所看到。赞助商可以通过提高产品知名度来扩大销售。在世界杯期间,赞助商对所能开拓的一切广告资源具有优先购买权,例如电视台、网站、户外、比赛现场屏幕广告以及球场周边广告牌,并可以在赛场周围的赞助商嘉年华商圈搭建一定大小的主题展区,配合赞助商的世界杯主题活动进行现场促销。对于赞助商签约的体育资产,如球队、运动员或者比赛场地,赞助商拥有为期4年的资产使用权,这为赞助商系列主题促销活动提供了稀缺资源上的保证。

4)区分赞助级别

为了有效地进行赞助的销售,成功的大型活动组织者通常将赞助商的级别划分为黄金赞助商、白银赞助商、钻石赞助商等不同类别,并通过这些级别来表现不同赞助商的价值。不论什么级别,重要的是要详细描述赞助商所能获得的具体利益。2010年上海世博会赞助计划为二级架构,包括合作伙伴和高级赞助商。设置赞助分级架构不仅是为了保证世博会筹办经费,也是为了为广大企业提供参与世博会的空间,不同级别的赞助企业对世博会的贡献和投入是不同的,根据投入与回报相辅相成的价值链原则,不同级别的赞助企业将获得与投入相应的权益回报。合作伙伴是2010年上海世博会赞助体系中最高级别的赞助企业,除了可以在世博会推广、资金、实物、服务和技术等方面提供支持外,还将在其行业领域内成为组织者筹备世博会的合作者。作为回报,2010年上海世博会合作伙伴在全球范围内享有组织者授予的市场推广权利、约定范围内的排他性商业权利和成为组织者指定的独家供货商的权利,并享有优先成为世博会非官方参展者的权利。高级赞助商是级别仅次于合作伙伴的赞助企业,能够为世博会在推广、资金、实物、服务和技术等方面提供支持。作为回报,高级赞助商在一定范围内享有组织者授予的市场推广权利、约定范围内的排他性商业权利和成为组织者指定的独家供货商的权利。

除了现金投资,赞助企业可以以现金等价物的方式对世博会进行赞助。现金等价物的形式主要包括实物、服务和技术。现金等价物必须为世博会所需要,现金等价物的使用和折现有助于减少世博会的支出。赞助收入将根据与企业的合作期限分期收取。合作费用主要取决于企业对2010年上海世博会品牌的认可,及其可能从筹备和举办过程中取得的业务量。合作费用还和组织者进行业务合作的时间周期直接相关,时间越长,取得的收入越多,实际收入将根据启动招商工作和与企业签订合约的时间而定。与赞助企业的投入和贡献相对应,组织者也将设计出合理丰富的权益回报套餐来帮助企业实现赞助价值,内容包括称谓和标志的使用权、赞助企业俱乐部会员、票务优惠套餐、活动优先赞助权、世博会现场权益和其他商业权利。此外,合作伙伴享有建馆参展的优先权,展馆建设及其运营费用由企业自行承担。排他性的市场营销和商业权利是2010年上海世博会权益回报的核心内容。一般情况下一个行业类别只有一家赞助企业,高级别赞助的类别不能再用于低级别。排他性的原则体现了2010年上海世博会赞助的稀缺性和宝贵价值所在,为赞助企业开辟了独有的市场营销空间,有助于赞助企业在竞争中占据优势地位。为了确保赞助企业的权益,同时维护世博会的形象和声誉,组织者将依照赞助企业服务计划落实对赞助企业的承诺,服务内容包括会前服务和会期服务。

冠名赞助是头等地位的赞助商,有权将名字包含在大型活动的名称中,并且享有在该产品类别中的专有权,从而排除了竞争公司或者竞争产品赞助同一活动的权利。产品种类赞助商在资金、产品、服务商方面的赞助数额要小于冠名赞助商。单项赞助商赞助大型活动中的某一个小活动。官方赞助则通过捐赠或者提供活动必需的产品和服务来给予财力和物力上的支持。

6.1.3 大型活动赞助商营销

1)编制营销计划

对于赞助企业而言,推广品牌形象仍然是其赞助行为的主要原因之一。赞助融资学在过去的 20 年中发展迅速。在 21 世纪赞助商赞助行为的动机有很多,对于我们营销大型活动赞助项目的销售人员来说,全面了解赞助商的动机就显得尤为重要。在制订营销计划之前,我们首先要做的是对赞助商的赞助动机进行全面了解,换言之,也是对活动本身能够给企业赞助带来的回馈进行分析。所有的大型活动项目经理必须从赞助商的角度来审视赞助。根据国际节庆协会的研究,赞助商赞助某项活动往往出于以下原因。

(1)推广企业品牌形象

大型活动的受众范围比较广,一般来说宣传方式有电视现场直播,并伴以大量的纸质媒介进行宣传。因此,赞助商赞助大型活动的首要原因就是推广企业品牌形象。

(2)影响消费者态度形成

通过赞助,赞助商可以创造或者改变消费者对于某一品牌的态度。像百事可乐和可口可乐这样的大公司,他们不再需要通过大型活动来推广公司形象,但他们希望能够通过赞助将自己的产品与消费者的某种生活风格联系起来,引导消费潮流与生活时尚。

(3)细分市场

赞助也给一些公司提供进入细分市场的机会。

(4)激励零售商、中间商以及经销商

在零售商店,不同品牌产品为争夺货架而各显神通。有些公司就利用赞助的机会来确保公司产品不至于被从货架上撤除。因为,通过赞助活动,赞助商强化了消费者对产品的认知。

(5)回报客户

邀请客户参加一些大型活动以回报客户,尤其是当某些活动的门票已经一票难求的时候,可以为公司带来意想不到的收益。

(6)吸引优秀人才和保留现有员工

在劳动力市场供小于求的情况下,许多公司通过赞助来招募新鲜血液,或者是留住现有的员工。英特尔公司曾在劳动力紧缺时想要招募新员工,其采取的方式就是赞助波兰玫瑰节的航空特技表演,并成功实现其赞助目标。

(7)直接销售机会

赞助商可以在活动举办时直接获许销售企业产品。对于大型活动主办方来说,这实际上是一种交换。

(8)产品展示机会

通过实物赞助,赞助商可以检测企业产品的实用效果,并且通过主办方的推广,使更多受众了解企业产品。

(9)与竞争对手产品区别开来

根据国际节庆协会的调研,企业赞助的另一主要原因是赞助可以将自己的产品与竞争对手的产品区别开来。

(10)刺激销售

通过赞助来刺激销售,是企业进行赞助的重要原因之一。

2)编制赞助商营销计划

一旦深入分析了赞助商的赞助动机之后,大型活动组织者就可以开始制订赞助商营销计划了。编制计划的第一步是要建立一份潜在赞助商的名录,分析潜在赞助商,了解他们的需要。销售人员需要列出所有可赞助的项目以及可赞助的形式。

3)媒体赞助

与媒体合作将会为大型活动主办者节省很大一笔开支,并且可以为赞助商提供客观的赞助回馈。

2006年德国世界杯对于互联网而言是2008年北京奥运会之前最大的一场热身赛,其主要媒体借助文字、图片、视频、社区和博客等多种形式,将媒体作用发挥至极致。根据艾瑞发布的《2006世界杯网站网络广告研究报告》的数据,81.1%的网民通过互联网来了解世界杯新闻和参与各项交互活动。主要门户网站也利用了这一绝佳的机会,争夺网络媒体世界杯报道中的主导地位。

新浪体育频道在新闻报道方面具有较强的号召力,并以内容见长,投入了数千万用于2006年德国世界杯报道的资源合作和建设。其网站栏目设置全面,处处体现其内容报道的专业性。在世界杯期间,新浪世界杯频道在人气上超过了其他网站。

搜狐在2006年德国世界杯报道中也是大手笔,投入大量的资金整合资源,包括投资1 000万元向东方宽频购买视频直播和投资1 000万元对精彩进球集锦24小时进行滚动播出,制作出自己独创的视频节目。此外,搜狐还增添了服务器进行持续维护,并派出配有摄像机的9人报道组采访比赛现场。除了丰厚的广告收入外,搜狐在资本市场也同样受到关注。

TOM在线是国内目前领先的无线互联网门户之一,定位年轻时尚用户,专注于体育、娱乐领域。TOM在2006年德国世界杯与《体坛周报》进行战略合作,并签约足球评论明星黄健翔,充分利用了其无线业务的优势,为网民带来了精彩的互联网和无线服务产品。

网易在 2006 年德国世界杯报道中更多突出互动参与和"好玩儿"的差异化服务理念。在内容上与《足球报》合作,栏目设置上使用了"世界杯口水站""世界杯专门站""图搞世界杯"以及"要爽就猜"等新颖名称,以新鲜制胜,将比赛休闲化、轻松化,博取了网民好感。

腾讯则充分利用其在即时通信领域的强势地位,以"在线生活"理念为核心,通过"即时通信工具+推动式新闻页面"的方式,为球迷提供更具吸引的体验式服务,并依托其庞大的互联网社区,以 QQ.com 这一平台,整合无线、游戏等多方面的资源,提供全方位的世界杯服务。

4) 获得赞助商的支持

在很多情况下,传统媒体广告费越来越高,赞助成为对大小公司都更有吸引力的营销方式。成功的赞助意味着让产品和服务以良好的性价比与目标市场相适应。如果想通过开发赞助项目来吸引潜在的赞助商,就应该明白赞助商的真正动机是什么,赞助商不是银行也不是慈善机构。

赞助商需要能够驱动市场、与众不同的营销组合。因此,我们应该考虑为赞助商提供多种营销手段,包括报纸、广告、广播、直接递送、交叉促销,以及在现场进行捆绑销售。整合营销已经成为大型活动赞助商的惯用词。

在就某次赞助活动研究论证时,赞助企业一定会充分考虑以下 4 点:一是它必须符合宪法和法律,绝对不允许从事违法乱纪活动;二是它必须与本单位的经营策略、公共关系目标相适应,而不是背道而驰;三是它必须真正地有利于受赞助者,同时也有利于整个社会;四是它必须是本单位力所能及之事,至少也不应该半途而废,甚至无功而返。

值得注意的是,在谈判中,不要直接回答对方提出的"你需要多少赞助"这个问题,而应当向大型活动的赞助商展示商业计划书,明确每一项支出需要的赞助数目,然后仔细逐条地解释各项要点,最后说明目标是要找到有实际预期收益的赞助商。若赞助商爱好某项体育活动,就可能成为未来的某项体育活动的赞助商。

此外,在与赞助商商谈过程中不能表现出失望的情绪,这样会让赞助商感到对组织和大型活动的赞助不安全,任何一位赞助商都是在对活动组织者的管理能力充分信任的情况下才会投资的。

除了能够得到投资回报之外,大型活动的赞助商还希望能够有其他的激励措施,提高他们在大型活动中的曝光率,并有利于实施他们的整体营销计划。大型活动的组织者可以采取诸如购买媒体、交互营销、答谢会、产品样本、消费者调查等手段来吸引赞助商来赢得他们的支持。

6.2　大型活动供应商类型

作为一名大型活动经理人,是否表现出能够为满足所有活动参加者的需求与活动供应商共同展开合作的能力将最终决定其获取职业成功的概率。在大型活动开展过程中,供应商的类型有很多(见图 6.4)。

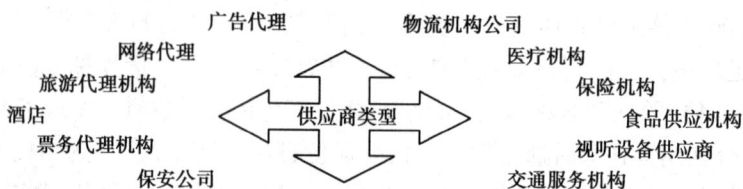

图 6.4　大型活动供应商类型

6.2.1　广告代理

广告代理就是广告公司在广告经营中处于主体和核心地位,为大型活动全面代理广告业务,并向大型活动主办机构提供以市场调查为基础、广告策划为主导、创意为中心、媒体发布为手段,同时辅以其他促销手段的全面性服务。

6.2.2　网络代理

网络代理是指通过为大型活动主办单位提供互联网服务。互联网的出现带来了营销方式的重大变革,通过网络进行产品、价格、渠道、促销等组合的营销成为一种新兴方式。1994年国际互联网登载出第一条旗帜广告,此后网络营销就得到了快速发展。PubMatic 发布了"2020 年全球网络广告趋势",网络广告支出占美国所有媒体广告支出的一半以上,到 2023年将占 2/3 以上。近年来,利用互联网平台推出的短视频营销开始逐渐火爆起来,特别是像抖音、火山小视频等短视频平台的兴起,使现在短视频行业的用户规模快速的增长,同时给那些选择短视频营销的行业带来了丰厚的回报。移动互联网时代的到来,改变了互联网领域的媒体格局,以小视频为载体的自媒体火爆得一发不可收拾,以短视频为形式的新型营销方式受到越来越多企业的追捧。大数据营销衍生于互联网行业,又作用于互联网行业。大数据营销的核心在于让网络广告在合适的时间,通过合适的载体,以合适的方式,投给合适的人。依托多平台的大数据采集,以及大数据技术的分析与预测能力,能够使广告更加精准有效,给品牌企业带来更高的投资回报率。大型活动通过网络可以进行活动推广、发布活动信息、分销票务等,以节省营销费用。

6.2.3　旅游代理机构

大型活动的举办会吸引大量的境内外游客,2006 年上海世博会的观众超过 7 200 万人。这些观众有些是自发前往,有些则需要通过旅游代理机构前往。第 18 届德国世界杯受门票所困,国内众多旅行社却无法在此项目上大展拳脚,少数外资旅行社则通过其他途径弄到部分场次门票,因而抢尽风头。国内旅行社无奈只能走偏门,做起了世界杯自由行业务。开卖世界杯旅游最早的为凯撒国旅,由于有德国总社优势,在世界杯举办前一年就已向市场推出了数条世界杯线路。德国国家旅游局透露,中国游客拿到的世界杯观赛票仅两三千张。据悉,获得德国世界杯观赛票主要有 3 个途径:一是给 32 个入围国的足协,中国足协拿到的大约有 300 张;二是此次世界杯的 15 个主要赞助商,他们拥有的观赛票大部分会作为给客户的奖励,如委托旅行社推出奖励旅游团等,一小部分会流向市场,如幸运抽奖等;三是40%~45%的观赛票通过网上销售。

6.2.4 酒店

活动参加者的住宿问题除了通过主办方自行兴建住宿场所之外,只能依靠活动举办地的酒店。2000年,悉尼在开放当地旅游市场方面则开展了两方面的工作:第一,充分利用举办奥运会的契机改善城市的基础设施,以及奥运会带来的市场机遇,加速发展原先已开始蒸蒸日上的会展产业。例如,在1992年巴塞罗那奥运会后,在西班牙召开的会议猛增了129%,而2000年悉尼奥运会期间在悉尼举办的国际会议就多达40个,在随后的3年已有85场大型商业会议预定在悉尼举行,人数达到11.4万之多。第二,2000年悉尼奥运会期间,联邦政府在推动悉尼成为国际金融商业中心的同时,积极培育散客旅游者市场。为此,澳大利亚在20世纪90年代中期起就大兴土木,翻新和新建了大量酒店,以支撑上述两项工作。在悉尼奥运会举办前的两年,悉尼市的酒店客房数就增加了约24.4%。

6.2.5 票务代理机构

门票收入是大型活动收入的主要来源。是选择自行发售门票还是选择票务公司来分销门票由活动主办单位来选择。像奥运会这样的大型活动,机构一般选择票务代理机构来分销,以实现资源的合理配置。2000年悉尼奥运会,共售出92%的门票,打破了1992年巴塞罗那奥运会82.3%的销售纪录;2004年雅典奥运会,连续创下3.8万张的单日销售纪录和8万张的一周销售纪录。不同国家、地区的人有着不同的习惯、兴趣,存在文化差异,此外,还有自然环境等问题,所以奥运会的门票销售才会有不同。针对门票分配比例的问题,奥运会门票一般分为公开发售、运动员及其家属、赞助商和国际分配。悉尼奥运会用于国际分配的门票占到了总数的15%~20%,而北京奥运会有700多万张门票公开发售。

6.2.6 保安公司

大型活动的举办有可能会发生许多突发状况,如偷窃、抢劫、斗殴、恐怖袭击等。奥运会作为一项影响巨大的全球性活动,极易成为恐怖分子打击的目标。成功安全的举办一届奥运会涉及的领域很多,工程复杂而庞大,但是,对于任何一个奥运举办城市而言,安保问题都应该是重中之重。"北京冬奥会安保专题研讨会"于2018年9月15日在北京警察学院举行。会议以党的十九大精神及习近平总书记对冬奥会筹备工作的系列重要指示为指导,围绕北京冬奥会安保特征分析、北京奥运会安保及域外冬奥会安保经验借鉴和启示、北京冬奥会安保风险评估和情报预警、指挥管理、社会面防控、区域合作、培训和实战演练等主题进行学术研讨,推动了北京冬奥会安保理论发展,为北京冬奥会安保实践提供理论指导。

6.2.7 物流机构公司

大型活动的主办需要一些物流机构协助运输相关物品。北京奥运村在奥运会赛时为16 000 名运动员及随队官员、7 000 注册媒体记者,在残奥会赛时为 7 000 名残奥运动员及官员提供近于三星级酒店的住宿服务。由于有大量的床单、被套、枕套、毛巾、浴巾等需要换洗配送,因此主办方在运动员村物流中心设奥运村布草中心仓库,由洗涤厂家负责厂房和布草中心仓库之间的运输,合同商负责整个布草中心库房的运行管理,并依据客房服务团队的需求,向运动员村和媒体村各公寓楼的布草仓储间配送洁净布草、收回脏布草。同时,赛时向64 座公寓楼(运动员村 42 个、绿色家园媒体村 16 个、汇园公寓 6 个)及健身中心、游泳池、12个居民服务中心等功能区配送布草。物流团队的核心管理人员要求具有奥运村物流方案规划、设计和实际操作的经验;所用配送车辆装卸搬运设备、托盘、物流耗材等,要符合北京奥组委基于市场开发权益保护和环保方面的要求;合同商提供布草物流管理所需要的 IT 软件系统,通过一整套数据库系统来进行数据传递、记录,并打印相应单据,出具相关工作报告。同时,合同商须提供完备的奥运村布草物流服务解决方案,包括运行计划(含任务、人员计划、设备、车辆计划)、标准化操作程序、政策、应急预案等。

6.2.8 医疗机构

活动举办时可能会有一些突发的事件需要医疗服务,大型的体育赛事就更是如此。提供及时有效的医疗服务对于活动主办者来说是至关重要的。2004 年雅典奥运会的健康服务工作由奥组委健康服务部(Health Services Department)负责,其主要义务是为所有参加奥运会和残奥会的人提供一流、快捷的现场医疗服务。此类服务针对不同群体的不同需求而专门设计。如果运动员在比赛现场受伤或有突发病情,将有专门的医生和理疗专家负责治疗。健康服务部将由专业医生、护士以及紧急救援人员组成救援组,随时为奥运观众、媒体人员、工作人员以及志愿者提供快速救援工作。

6.2.9 保险机构

活动的举办存在一定风险。根据美国 PMI 的定义,风险是指具有不可确定性的事件或者状况,一旦发生就会给大型活动造成难以挽回的影响。选择保险公司投保,可以转移部分风险,这已成为大型活动组织者的惯例。从 20 世纪 70 年代至今,日本共举办过 5 次世界博览会,其中最近的一次是在名古屋爱知县举办的主题为"自然的智慧"的世博会,这次世博会有 1 000 多万人参观,产生的经济效益约 1.2 万亿日元。爱知世博会是采用共同保险的方式来运作的,即通过公开招募、审查、选定 16 家保险公司组成世博会保险共同体来共同承担世博会保险。这种由 16 家主要保险公司组成共同保险体的运作机制具有以下优势:其一,有利于世博会风险的分散。由于世博会的保险金额巨大,风险相对集中,相对于由一家或几家保险人分别承保的情况,采用共同保险有利于风险在保险人之间分散。其二,有利于承保技术水平的协作与提高。在多个保险人分别承保的运作中,每个承保人的承保技术和理赔技术参差不齐、各不相同,而在共同保险中,保险人之间能相互协作,先进的承保技术和理赔技术将能得到共享与充分利用。其三,统一各家保险公司不同的投保程序,有利于世博会中的投保人快速简洁地投保。每家保险公司有自己的保单和保险险种,如果各家保险公司各自为政,有可能导致恶性竞争,加大投保人投保的难度。

从风险的角度看,世博会的风险主要有人身风险、财产风险、动产风险、责任风险,对应的有游客的意外伤害险、世博会场建设过程中的建工险、安工险和责任险等。

6.2.10　食品供应机构

大型活动的举办会吸引很多人前来参加,民以食为天,不仅要保证活动参加者吃得饱,还要保证吃得好,吃得安全。食物的多样化与食品的安全问题都不容忽视。2008年北京奥运会期间各代表团、新闻记者、工作人员总数近25万人,供餐超过1 300万份。2000年悉尼奥运村的餐饮数据:奥运村餐饮24小时服务,平均每天就餐人次达到2.2万人次,每天供餐5万份,高峰时段每小时达6 000多份,消耗食物100吨。在2000年悉尼奥运会上,仅仅奥运村在30天里的食品供应量为:牛奶15 000升,鸡蛋2 500打,水果蔬菜300吨,肉类120吨,饮用水200万升,饮料300万份。另外,需提前制订大型活动营养食谱,一些特殊的食品供应需要提前进行特殊的技术培训以及国外采购,只有确定食谱,才能确定用料、生产基地和生产数量,确保质量和安全;还需建立大型活动食品安全预警和应急系统。

6.2.11　视听设备供应商

视听设备包括数码显示、监控保安、现场大屏幕、计分器等许多专业器材。如Belden CDT公司长久以来一直是奥运会的电缆供应商,在2004年雅典奥运会上提供了长达1 500千米的电缆线,其35种视听产品被奥运会场馆广泛采用,其中包括音频和视频、三同轴电缆、HDTV电缆、电话及工业电缆等。

6.2.12　交通服务机构

活动主办方一方面需要为活动参与者安排交通服务,同时还要考虑活动举办地的交通状况,提前规划。2008年北京奥运会于8月8日开幕,正式比赛16天,8月24日闭幕。经过12天的转换期,残奥会于9月6日开幕,正式比赛11天,9月17日闭幕。奥运会期间,世界许多国家元首、政府首脑、王室成员等贵宾来京。来自国际奥委会、200多个国家和地区奥委会、28个国际单项体育组织的官员近5 000名,运动员和随队官员约16 000名,技术官员约2 500名,持证媒体人员约22 000名,工作人员和志愿者近10万名,观众总数达几百万名。除日常交通出行和观看奥运赛事外,北京还将成为旅游观光热点,城市交通需求达到历史最高水平。北京市在奥运会申办报告中承诺"实施奥运会综合交通运输计划",其目标是确保向参赛运动员提供准时、安全、舒适的服务;保证奥林匹克大家庭成员、媒体、贵宾享用舒适、安全、准点、可靠、快速的专用车辆和专用交通线路;保证观众及时、安全、顺利观赛。为实现这一目标,北京市充分利用通信、信息和控制技术,协调与交通相关的各管理部门,建设北京智能型综合交通系统,主要内容包括:利用北京汽车运营调度中心和北京市交通管理中心的智能调度系统,使奥运会车辆优先通行;为奥运会专用车辆装备全球卫星定位技术监控系统和地理信息系统;提供公共交通信息,网上发布即时的奥运会交通信息;增加交通指路标志和室外信息显示屏,通过广播播发即时路况信息,交通网络的运行效率将由交通控制中心控制和监测。

6.3 供应商的选择与组织

会展业的基础之一是团队协作的理念,如果没有各个相关行业的配合和贡献,会展经理人就不可能成功地举办一个大型活动。而在会展经理人的团队中,有一个重要成员便是综合服务承办商。在美国,服务供应商业务的崛起印证了会展业的成长与发展。综合服务承包商和会展经理人之间的关系可以说是相互依存的。服务承包商在筹办活动的整个过程中是一个重要的角色。在很多方面,服务提供商被认为是精心管理的、高质量的而且是多能的智囊团。承包商所要完成的许多工作是耗费脑力的,而这些工作本身又事关大型活动本身的效益。因此,选择合适的服务供应商就显得尤为重要。为了选择一个合适的服务供应商,需要对自身的活动有详细的了解,对可选的服务供应商做一个评估,同时要对如何促进活动和承办商顺畅的合作具有敏锐意识。

作为活动的经理人,在选择服务承包商的过程中,你需要问自己几个问题:

①活动中有什么工作和服务是需要服务提供商来帮助完成的? 如前所述,大型活动的主办方往往没有这么多的人力、物力、财力来完成所有的活动任务,因此有必要借助于外界的力量,整合组织内外的资源,共同致力于活动的组织与管理。

②哪些可供选择的服务提供商可以胜任这些工作,谁又是最合适的服务供应商?

③业主、主办方、活动参加者以及其他利益相关者是否会赞同你的选择?

④所选的服务供应商是否真的能够使活动的运营工作更加顺畅?

⑤所选的服务供应商提供的服务是否在活动的预算范围之内,是否会影响活动的整个预算?

6.3.1 供应商选择的标准

这里有 7 个选择服务供应商的标准,包括个人经验、可用性、有无推荐和声誉、对场地的熟悉情况、现有资源、成本以及行业联系。

显而易见,如果有原先的合作经历,活动经理可以凭自己的经验做出判断,一个重要的问题是看中的服务供应商在预定的时间表上是否能在活动期间提供服务,而没有与其他活动冲突。供应商必须要有足够的资源来为活动提供专业的服务。此外,这些服务的成本也是影响决策的因素。为了保持出色的业务表现,许多有经验的活动经理人,尤其是一些长期举办的活动项目,他们会以 1~3 年为周期提供一次服务,即使他们之间已经建立了良好的业务联系。这样做的目的是为了使账单与行业价格相一致,同时也对双方的关系做一个评估。

地理位置是否方便在今天已经不是一个大问题,因为许多服务供应商能够在任何需要的地方开展业务。大型的服务供应商可能在多个地区设有办事处或代理人,还有一些服务供应商有着国际业务。必须认识到行业内的成功正是能力的表现,而在多个地区开展业务也正是服务供应商成功的一个方面。

在当前服务供应商之间竞争日益激烈的情况下,许多活动经理人通过招标为当地和国内的服务供应商提供了平等的竞争机会。通常,如果与大型的国际性的服务供应企业签订合同,就等于终止了与地方公司的关系。同时,无论是当地公司,还是区域性或者国际性服务承包公司,对其进行一番调查研究是非常有必要的。

如果没有原先的合作关系,活动经理人可以通过在现场观察服务供应商的服务操作来获得反馈。如果活动经理人与活动供应商之间之前有着良好的关系,而此供应商目前也没有其他业务,那么这便是你们合作的开端。此外,还可以从其他活动主办者那里获得对某些服务供应商公正的评价和推荐。

其次,活动的参加者也是非常好的反馈来源。诸如奥运会等大型体育项目,运动员是服务的客体,运动员对某项服务的反馈也可以成为大型活动主办者挑选服务供应商的重要标准。此外,可以通过集合访谈或者是电话采访从活动参加者的角度来观察服务承包商。

还有一个可用资源是当地的会展局,很可惜的是国内正式的会展局和真正发挥作用的会展行业协会很少。

在选择服务供应商的过程中,也不能过分强调专业化,因此在会展服务供应商协会的成员中寻找服务供应商业是明智之举。名录上的服务供应商不仅遵守行业的道德规范,而且还经常参加一些培训会议,与该领域的最新发展趋势保持一致,这样的话可以减少活动经理人在选择服务供应商过程中的担心。利用会展服务供应商协会的另一个好处是许多专业性的供应商也是其会员。除此之外,还可以在国际会展管理协会的会员名单上找到专业的服务供应商。

无论是出席国际会展管理协会的国际会议还是地方会议,都可以结识到许多服务供应商的代理人。事实上,在一个竞争激烈的行业内,利用行业网络和同行关系是非常关键的。利用会展服务供应商协会、国际会展管理协会和当地的会展旅游局的信息资源,活动经理在寻找合适的综合服务供应商候选人时不应该再存在多大困难,真正的注意力应该集中在如何决定最后的供应商。活动产业是人与人之间的交流,其要义在于活动的主办方要能与帮助实现自己活动目标的组织或者个人建立和谐的关系。所选的服务供应商应该成为活动的主办者在活动前、活动中、活动后的左右手。因此,选择合适的对象成为活动的服务供应商至关重要,必须是主办者能够并且乐意授权,能够对组织提供帮助,与组织能够建立长时间信任关系的供应商。

挑选一个合适的服务供应商还需要对某些无形品质做出评估,例如:富有创意;乐于提供专业意见;具备团队合作性;有积极主动的精神和坚持不懈的服务意识;作为代表、咨询顾问、助手、管理者和问题的解决者,有良好的人际沟通能力。

活动的主办方对服务供应商决策的自信对于发展双方的关系来说也是非常重要的,如果服务供应商能够始终以真诚的态度对待活动的管理团队,那么活动的主办方已经成功了一半。

6.3.2 供应商的组织

1)招标、投标

写一份招标文件有若干种方法,但是下列信息是必须包括在内的。

(1)背景和需求界定(组织背景和项目范围)

①活动背景,包括相关的数据信息。

②需求/问题陈述——为什么需要助手。

③项目目标——希望完成什么。

④项目范围(具体要求)——希望服务供应商提供哪些服务。

⑤双方合作领域,即活动主办方希望如何建立关系。

(2)投标要求

①组织背景。

②项目负责人及其相关资历。

③活动的优势及特色。

④保险范围。

⑤服务/项目管理手段概述。

⑥其他服务。

⑦费用控制。

(3)时间表和进程

选择服务供应商的时间表和进程安排(何时选择服务供应商,如何选择以及投标的最后期限)。

一旦招标文件完成,便可以正式开始筛选服务供应商。

2)确定承包商,签订合同

通过对服务供应商投标文件的评选与审核之后,可以与服务供应商签订合同,以保证服务的质量。

阅读资料

伊利:在冬奥会的快车上飞驰

2018 年 4 月,一条名为"伊利舒化活力冬奥学院济南站"的微博引发了网友的热烈讨论。自 2017 年 8 月叩开冬奥大门,成为北京 2022 年冬奥会和冬残奥会官方唯一乳制品合作伙伴之后,伊利在 2017 年底整合多方资源创办"活力冬奥学院"冰雪运动推广项目。短短 4 个月,"活力冬奥学院"在全国多地比如吉林松花湖、河北崇礼、北京、上海、深圳等陆续落地。项目目前已经吸引了 6 300 万真实消费者在线参与和报名,网友在相关活动网页的平均停留时间达到 1 分 45 秒。

早在 2014 年初,中国在申奥期间提出,冬奥会将带动中国"3 亿人上冰雪"。国家体育总局、发改委等 4 部门联合发布的《冰雪运动发展规划(2016—2025 年)》就提出,到 2025 年直接参加冰雪运动的人数要超过 5 000 万,并"带动 3 亿人参与冰雪运动"。伊利此番响应"3 亿人上冰雪"的行动,在全国范围内掀起了一场冰雪运动的热潮,不仅赢得了消费者的追捧,更得到了北京冬奥组委的高度评价。北京冬奥组委市场开发部部长朴学东称:"在携手北京冬奥之后,(伊利)以较快的响应速度、出色的传播策划和优质的推进执行,打造了令人印象深刻的经典冬奥营销案例。"

这并不是伊利第一次成功牵手奥运,从 2008 年北京夏季奥运会开始,各届奥运会上都出现了伊利的身影。值得思考的是,作为一家仅有 20 多年历史的本土企业,伊利如何能将代表着集体、国家或是民族情结的奥运精神与商业精神融合在一起,并在过去的 13 年中快速成长为亚洲第一的乳品企业? 在即将到来的与 2022 年北京冬奥会的合作中,伊利又有哪些新高招?

奥运会是全球最有影响力的国际赛事,一直作为超级 IP 被全球各大品牌竞相争夺。有统计资料表明,一个企业要想在世界范围内提高自己的品牌认知度,每提高 1%,就需要 2 000 万美元的广告费,而通过大型的体育比赛如奥运会、世界杯等,同等金额投入获得的认知度可提高到 10%。可口可乐从 1928 年开始赞助奥运会,伴随着奥运会的足迹打开了相应的国际市场,其品牌价值已逾 1 800 亿美元。从历届奥运会的举办历史上可以看到,赞助企业的足迹也伴随奥运会走过全球五大洲的每个角落,各个赞助企业品牌利用其成熟的经营理念和精湛的营销手段创造着一个个奥运营销的经典案例。盛名之下,成为 2022 年北京冬奥会和冬残奥会官方唯一乳制品合作伙伴,纵然需要凭借丰厚的资金、资源以及合作经验,而这对于伊利这家唯一入围全球品牌 500 强的中国乳品品牌来说,这并非最重要的因素。

在 2001 年北京首次申奥成功后,伊利第一时间参与到准备申请成为奥运会赞助商的工作,并将全部精力都放在了品质升级上。2005 年 7 月 31 日,在安徽出差的伊利集团董事长兼总裁潘刚接到一位同事从公司总部呼和浩特打来的电话。得悉国际奥委会的执委委员、国际奥委会市场开发部的主席海斯博格等一行人突然到访考察伊利,潘刚泰然处之。他回忆说:"当时我跟他讲,我说你一定要让大家全面看,争取时间再长一点,我们这么好的企业还怕看? 我们的奶牛、牧场园区,到挤奶过程、生产过程,看得越细越好,对我们越有利。"

除了坚持安全生产、品质保证,伊利坚持从建厂之初就关注生态、坚决贯彻"可持续发展"的理念,而绝不是"先发展后治理"。每设立一座工厂,就配套建设一座污水处理厂,同时开展锅炉废气治理、降低烟尘排放量、应用复合保温管技术等,致力于节能减排减废。伊利官网显示,伊利集团总部作为国家 AAAA 级景区,从 2005 年开展工业旅游至 2016 年年底,接待人数突破 1 000 万人次,并于 2016 年被评为首批国家工业旅游创新单位。对于以绿色奥运闻名于世的 2008 北京奥运会来说,伊利的绿色发展模式可谓与之不谋而合。就在那年,伊利和北京奥组委正式签约,成为国内唯一符合奥运标准、为 2008 年奥运会提供乳制品的企业。

目前,伊利将已践行 10 年的"健康中国社会责任体系"全面升级为"共享健康可持续发展体系",在行业内率先落地联合国可持续发展目标,并在产业链共赢、质量与创新、社会公益和营养与健康这 4 个重点行动领域不断推进,形成了"标准"+"体系"+"实践""三位一体"的可持续发展伊利模式。从 2012 年伦敦奥运会开始,《大型活动可持续性管理体系——要求及使用指南》被应用到了历届奥运会的管理当中。这个标准对于包括赞助商在内的供应商明确提出了可持续性管理要求。2014 年的国际奥委会第 126 次全会上,巴赫在谈到奥林匹克运动 2020 议程时将"可持续"作为其中最重要的 3 个元素之一。可以说,伊利这些扎实的可持续发展实践书写了更丰富的"品质"含义,维系了此后在 2012 年伦敦奥运会、2014年索契冬奥会、2016 年里约奥运会当中,伊利与奥林匹克运动之间形成的深厚情缘,也促成了 2022 北京冬奥会与伊利的再次携手,成为全球唯一同时服务夏季奥运和冬季奥运的健康食品企业,开启了中国乳业新的征程。

(资料来源:罗曙辉. 伊利:在冬奥会的快车上飞驰[J]. WTO 经济导刊,2018(8):37-40.)

专家评析

大型活动的运作需要大量的资金,而企业赞助是大型活动资金的主要来源之一,它可以保障大型活动顺利进行。而企业也可以通过赞助大型活动来达到宣传自己的产品或企业形象的目的,从而扩大自身的影响力。这对于大型活动与企业来说是双赢的。

第7章
大型活动流程管理

【本章导读】

　　本章大型活动流程管理,讲述了大型活动前管理、大型活动现场管理以及大型活动总结与评估。学习本章,可以对大型活动整体的流程管理与提供的综合服务有一定了解。

【关键词汇】

　　大型活动前管理　现场管理　总结与评估

【学习任务】

　　1.阐述大型活动前期准备阶段有哪些重要的环节。

　　2.试述大型活动的现场管理包括哪些内容。

　　3.为何要对大型活动行为进行总结?如何开展总结工作?

　　4.如何在大型活动举办后进行评估?

7.1 大型活动前管理

大型活动有规模大小和时间长短之分,类型、性质也可以有所差别,但是大型活动流程却有相通之处,一般分成3个阶段:活动前准备阶段(见图7.1)、活动实施阶段和评估总结阶段。

图 7.1 大型活动前准备阶段的内容

大型活动前准备即活动的事前计划,它可被看成一种为了达到活动目标而对各种工作任务所做出的系统安排。为了确保活动成功,活动前准备应包括许多不同的参与者,如活动管理者和各类供应商,其中活动管理者的活动前计划非常重要,活动前计划一般要解决:总体策划、活动选址、有效营销方案和项目预算。在解决每一个问题的时候还要明确:有哪些需求需要满足?由谁做?何时做?

7.1.1 建立策划委员会

大多数活动都需要一个策划委员会,策划委员会是一个对活动负有某些责任的团队,通常由组办活动的组织的内部成员构成。对于规模不是非常大的活动,承办者可以与一个策划委员会一起合作。策划委员会的工作包括以下内容。

1)制订目标

①策划委员会要有一个具体的目标并且要书面落实。
②明确策划委员会与承办者之间的关系。
③明确策划委员会应向谁负责。
④明确策划委员会何时结束使命。

2)确定人选

确定策划委员会成员的来源,是内部选取还是外部指派?成员是否自愿?

3)运作程序

①策划委员会要有预算。
②策划委员会要对活动场地进行实地考察。
③策划委员会成员要定期聚会。
④策划委员会要负责设计评估工作。

⑤策划委员会的工作过程要记录下来以备将来参考。

7.1.2 进行活动市场调查

1)市场调查的含义

市场调查是运用科学的方法,有目的地、系统地收集、记录、整理和分析市场信息资料,从而认识市场发展变化的现状和趋势,为市场预测、经营决策提供依据。这一定义包含了以下几层意思:

其一,市场调查是一种有目的、有意识地认识市场的活动。任何一项市场调查,都不是盲目进行的,而是围绕企业经营活动中存在的问题而展开的,有明确的目的性。

其二,市场调查的具体对象是市场体系,即市场主体(家庭个人、政府、企业)、市场客体(消费品和生产要素)、市场媒体(货币、价格、信息)等。其中,市场调查的重点对象是消费者市场。

其三,市场调查需要借助一套科学方法,包括观察调查法、询问调查法、问卷设计、实验设计、抽样调查技术等。

其四,市场调查是为企业的市场预测和经营决策服务的。市场调查是一种认识市场的手段,它本身不是目的,而是为企业的经营决策服务。

其五,市场调查的任务是收集、记录市场信息。市场调查与市场信息有着极为密切的关系。市场信息直接构成市场调查的内容,市场调查是围绕获取某一方面的市场信息而展开的。

2)市场环境分析

活动市场的可行性分析包括市场环境分析和目标市场分析,活动市场调查要围绕这两者进行。

(1)宏观市场环境

宏观市场环境包括经济环境、技术环境、政治法律环境、社会文化环境。

(2)微观市场环境

微观市场环境包括组织机构的内部环境、目标客户、服务商、社会公众。社会公众又包括媒体公众、政府公众、当地居民、市民行动公众、金融公众等。

在第2章与第5章中,均有市场调研与目标市场分析的内容,这里不再赘述。

7.1.3 大型活动的策划方案

在这一阶段中最为重要的是为活动建立一个主要目标。在准备撰写活动的策划方案过程中一般包括以下内容:大型活动主题、活动规模、活动举办的时间和议程、活动举办的场所和地点、活动的营销方案等。

活动策划方案的内容可以通过回答以下问题来确定和调整,即5W1H。其中,5W就是第5章中所提到的Who,What,When,Where,Why;H代表How(如何),是指具体的活动形式。活动前期的策划、筹备工作要经过较长的时间,从筹备工作落实到书面,形成策划方案,对接下来活动的实施和管理均非常重要。

7.1.4　大型活动的预算制订

大型活动要在预算范围内举行会议。在下一章的财务管理章节中,有预算制订、执行和控制的详细内容,在本节中,主要强调成本计算过程中所包含的费用。

多数大型活动预算的一般支出费用项目包括:

①会计费用。

②市场营销费用:广告费、专项广告费、宣传手册设计费、邮寄费、印刷费、公共关系费等。

③日常管理费用:装饰费用,保险费用,现场电话费,法律咨询费,执照费、许可证费,复印费、摄影费、邮费,活动节目单编辑设计和印刷费,报告编制与出版费,按比例分摊的日常管理费等。

④职员/志愿者费用:职员/志愿者住宿费、志愿者表彰和奖品费、合同工注册费。

⑤劳务费:视听、音响、照明人员劳务费。

⑥租赁费:视听、音响、照明设备租赁费,汽车租赁费,现场办公家具租赁费,场地租赁费。

⑦运输费:汽车里程补助费、材料运输费、宾客交通费、职员交通费等。

⑧评估费:咨询师聘用费、评估费等。

⑨注册费:注册材料费、补充注册费和入场费等。

7.2　大型活动现场管理

实施活动方案,就是对活动的现场管理。这是最紧张也是最关键的一步。管理不善不仅会功亏一篑,甚至导致其他危险,在社会上造成恶劣影响。本节从场地的布置与管理、后勤管理和人员管理3个方面来描述如何进行现场管理。

7.2.1　大型活动场地布置与管理

1)场地的选择

(1)场地的类型

①室内场地,指活动选择在固定的建筑物内举办,如展览中心或展览馆、体育中心或体育馆,还包括音乐厅、剧院等。这种场地往往是永久性、多功能的,经过装饰和调整一般可用于举办不同的活动(见图7.2)。

图7.2　第九届中国(澳门)国际汽车博览会在澳门威尼斯人金光会展中心举行

②临时搭建的凉棚式场地,指的是临时搭建的用来举办活动的暂时性场地,往往选在无建筑设施阻挡,有一定范围的草坪、广场或其他较为平坦的开阔区。

③露天场地。有些活动由于流动性或活动的性质和类型的限制,常选在草坪、广场等露天场所,或在有规定路线的街道上举行,如花车大巡游、广场音乐会等。

(2)选择场地应考虑的主要因素

①活动的性质。选择何种场地要根据活动的性质,如花车大巡游只能在马路上进行,但对游行的起止点要根据具体路况做详细规定,同时还要做好交通管制与协调、安全保卫、重大事故预警等工作。

②活动的规模(包括到场观众的数量)。可能符合条件的场所有若干个,在最终决策时要考虑观众喜好、消费习惯、场地预算费用等。一般来说,确定场地要非常慎重,一旦确定就不能随便更改,尤其是临近活动开幕或开始时。若出现意外情况必须改变,一定要尽早通知。对于大型活动来说,一般要提前3个月做准备。

③场地条件对活动项目的适合性。举办场地的自然形态也限制着对活动举办地的选择。

④场地的区位因素。地处交通便利、食宿游购方便、距离娱乐区近的场地往往能吸引大量游客。

⑤设施设备要求。大型活动一般都是综合型的,大多数有分会场,并可根据不同的活动内容来选择或调整不同的场地。

2)举办场地的布置与装饰

场地的布置和装饰都必须围绕整个活动的主题展开,灯光、音响要根据烘托活动的气氛进行设计,从而使娱乐活动更加完美,诱导观众全身心地投入。

(1)举办场地必须具备的要素

①舞台、表演或演出区域(见图7.3)。在舞台的设置上既要满足所有出现在舞台上的表

演者,又要便于观众观赏和参与。

图7.3 第四届中国国际鼓手节表演舞台

②观众和参与者区域。观众和参与者区域分为站立和座席两种类型,相比较而言,座席更便于管理。在观众区域,对入口和出口的管理相当重要。

③设施设备管理区域。

④服务区域。如储存区、演员休息室、化妆室等。

(2)活动产地的布置模式

这里主要讲述需要安排座位的模式:

①剧院(礼堂)式。

②教室式。

③宴会式。

④体育馆式。

⑤T型台式。

⑥U型与马蹄铁型。

一般来说,参与人数较多的活动多采用前4种布置方式,而参与人数较少、观众较少的活动多采用后两种布置方式。

(3)主席台及主席台布置

不管是露天还是室内的活动,主席台是必不可少的。主席台的用途极为广泛,包括表演、颁奖和演示。主席台的大小和形状可以根据屏幕和后方投影仪等设备的位置来设计,但首要考虑的因素还是观众的需求,特别是视线问题。

①场地及主席台示意图。绘制主席台平面图很重要,它是演出工具的一种,要从观众角度出发设计演出区域。

②主席台或舞台布置。主席台前台的大小和形状,可以根据整个场地和活动规模来定。主席台因用途不同,其布置形式也有很大的不同,并根据活动需要,决定是否摆放桌椅或其他设施。

总之,主席台的布置要既实用又能突出活动的主题,吸引到场观众的视线。

（4）观众席布置

①贵宾或嘉宾席。贵宾或嘉宾席一般安排在前几排,为了表示对贵宾的尊重,有的活动还会加上长条桌,摆放桌签和茶水,桌子两侧竖立指示牌。在国际活动中通常用中英文两种文字写上贵宾席字样。

②观众席。在移动座位摆放时,要注意排与排的距离应尽量宽一些。

③记者席。对于大型节事活动来说,参加活动的记者有很多,有时甚至上百人,记者频繁地来回走动会影响活动的正常举行和效果,所以要专门设立记者席。如果有两层会场,一般将记者席设在二楼的前几排,方便他们摄影和摄像,也能对他们的走动加以限制。

（5）贵宾室布置

高规格的大型活动参加的贵宾相当多,有时要设立几个不同的贵宾室,按不同规格来接待。贵宾室的位置应距离活动主席台比较近,而且有专用通道。贵宾室门口要有明显的中英文标牌,室内摆放沙发和茶几,茶几上有饮料和鲜花,有时还要准备热毛巾和胸花。

（6）基本设施设备布置

①话筒。

②投影仪和屏幕。

③录像机、VCD/DVD 机。

④音响设备。

⑤无线网络。

⑥休息室。

⑦演员化妆室。

⑧储藏室。

3）装饰的要求

（1）舞美设计

前台的舞美设计不仅仅是演出的环境,更重要的要体现设计者力图描绘的意境。这里所说的意境,就是从活动的主题出发,把时间、地点、气候、活动气氛、人物情绪、时代特色和地方色彩等在服从演出总体构思的前提下,通过舞台设计用色彩、线条、光线等创造出一个适合活动的演出环境。设计者要有正确的审美观点、丰富的史学知识和多种技巧,才能设计出千变万化的舞台。

对于我国的文化类节事活动,应该体现中国民族特色和地区的地方色彩。当然也可以尝试西方的艺术手法,如立体派、构成派、超现实主义、意识流等表现手法,但要结合具体活动探索其可行性,不能盲目照搬,要注意活动的特点以及观众的欣赏习惯。

（2）布景

布景和道具像演员一样重要,不仅要配合演出,而且是演出的重要组成部分。不管活动布景如何,与表演主题协调统一非常重要。随着时代的发展,布景越来越富有动感和时代性（见图7.4）。

图 7.4　第六届中国国际马戏节长隆原创巨制《龙秀》

背景板和横幅是活动的标志物,大多数活动在主席台上都设有背景板或挂有横幅。背景板是最近几十年流行起来的,设计简洁、色彩明快,主色调和活动主题相协调。背景板的最上面主要包括活动的标志和有关组织的徽章、活动的(中英文)名称、名称缩写、举办时间和地点以及活动的主办单位。横幅是最常见的一种宣传形式,由于红色最显眼,因此通常由红布做成。气球、充气拱门和彩旗也是为烘托活动效果而布置的,在升起的彩球和垂下的彩带、充气拱门和彩旗上印上活动的标志和"预祝成功"的字样,能够有效地营造出活动的喜庆气氛。

（3）灯光

舞台灯光概括说来,具备以下 3 种功能:

①视觉照明。

②突出人物。

③加强美感。

大型活动的灯光一般由专门的灯光师负责完成,他需要在与创作小组不断协调后,准确掌握演出剧场和舞台所需灯光的数量、灯具的负荷量以及灯光布置的大致位置,并在活动的音乐以及舞蹈都基本确定并进入排练后,依据活动和演出剧场的实际条件,设计出最佳的灯光方案。在进入最后的排练阶段后,灯光作为舞台美术的重要一环,灯光师应该参加演员的着装走台排练,检查灯光设计是否有不合理之处,直至最终确定活动的灯光方案。

舞台灯光不仅能够创造浓厚的节日氛围,而且有助于突出独特的表演风格。活动的主题、导演的理念、服装的华美、舞蹈的绚丽,诸多只可意会不可言传的音乐和歌舞精神都主要依靠灯光来表现。作为舞美的重要元素,舞台灯光日益成为成功塑造活动中人物形象的重要手段。

（4）特技效果

活动组织者运用特技效果来吸引观众的注意力,营造激动人心的氛围,或令人大吃一惊,或令人开怀大笑。把各种特技效果完美地结合成一个活动方案的关键,在于如何运用特技效果来突出活动的总体目标(见表7.1)。

表7.1 特技效果运用范围

特技效果	应用范围
气动五彩纸屑发射器	飘落在宾客头顶和宾客中的五彩纸屑,用来作为活动结束的标志
气球下沉	数百个气球从悬挂在观众头顶上的袋子或网盒中落下
干冰	在地面上形成低层烟雾
闪光罐/盒	制造喷发效果
飞行	制造外层空间或幻觉等空中效果
烟雾	魔术、激光束照射、喷发、外层空间
全息图	幻觉、吸引、交流沟通
放光	交流沟通、娱乐,突出关注重点、产品
烟火(室内)	新产品推出,活动结束
烟火(室外)	吸引注意力,体育活动或其他活动的结束标志
鼓风机	树的吹动、旗帜的飘扬和其他织品的飘动

7.2.2 后勤管理

对于所有的活动而言,后勤工作是最需要考虑的一个部分,也是较为琐碎的部分,即便是极其微小的细节也会影响活动的成败。作为活动的组织者,如何做到精心策划活动的每个环节,并在现场管理中重视后勤管理的细节,从而满足各方利益相关者的需求呢? 如果后勤管理不完善,无论多好的创意都难以成功地实施(见图7.5)。

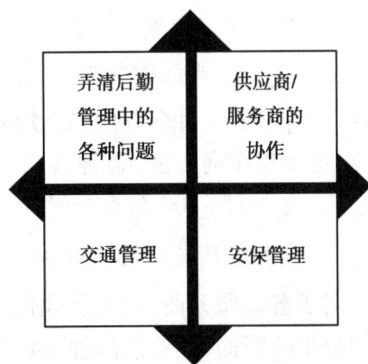

图7.5 后勤管理的要点

1) 后勤管理中需要弄清的问题

活动的后勤管理要求组织者能将其创造力引入理性的轨道,从而有效地组织活动。良好的后勤管理能确保活动安全,保证实现活动目标并迎合公众的需求,所以弄清后勤管理中的各种问题,有助于现场活动的顺利进行。

①举办活动的目的是什么? 是募集资金、吸引媒体注意、促销各种产品,还是提供公众娱乐机会?

②活动的规模有多大? 预计有多少观众、媒体记者和 VIP 贵宾参加?

③活动在室内还是在室外进行,还是两者皆有?

④活动是否有分会场?它们之间相距多远?

⑤是否需要,以及需要哪些方面的供应商/服务商?如何选择供应商/服务商?

⑥活动对设施有何要求?是否要求活动提供残疾人使用的设施?公共卫生部门对设施有何限定?

⑦是否提供食品和饮料?如果提供,由谁或向谁提供?

⑧计划特邀多少嘉宾?

⑨运动员/演员、观众和媒体记者乘坐何种交通工具抵离场地?列出交通车辆的类型、来往时间和特殊要求。

⑩工作人员和志愿者乘坐什么交通工具到达指定地点?

⑪对卫生设施的需求(按国际标准,每100~200人应有一个公厕位)。

⑫特殊的观众(如残疾人、老人、不同语种的外国人)是否占有很大的比例?

⑬活动需要多少工作人员和志愿者?(根据经验,要考虑志愿者在活动当天20%的缺席率)

⑭需要安排多大地方来存储设备和物品?

⑮是否需要为工作人员和志愿者制作制服?

⑯需要安排何种紧急救援、保安措施和人流量控制措施?

2)与供应商/服务商的协作

一般普通观众注意不到活动看台设施和移动公厕的提供者,注意不到节目表的印刷商、志愿者制服的制造商以及现场垃圾清理商等,而作为活动的组织者,选择好的供应商/服务商是非常重要的。

(1)确定产品和服务种类

如一场高尔夫球赛需要与30多类供应商/服务商打交道,包括市场设计、标志牌设计、礼仪策划及用车、计分系统、餐饮服务、饭店服务、发电机与空调、印刷、救援车辆、证件和凭证、票务及汽车通行证、各种桌椅、停车场管理、洗车服务、保安、往返交通、无线电通信等。按经验,为每75~100名观众设计一个食品饮料售卖点比较合适。

(2)详细说明彼此的权利和义务

对于餐饮服务商,应确认他们是否具有经营许可证,了解饮食责任保险由谁承担,要求他们提供公司简介、餐饮品种、供餐计划、标有价格的菜单样本,并提供供餐多样性等方面的内容。

活动组织者则应为餐饮服务商提供下列条件:提供公用帐篷和与之相邻的服务区;充足的配餐工作空间和服务通道;服务人员停车证和入场证;至少两台能收到组委会频道的双向无线电步话机;工作区的安全保卫;员工休息室;赞助商提供的食品和饮料(供给运动员、演员和志愿者)。

有些定期举办的活动,主办方会和供应商签订长期协议,一般为3~4年。签订长期协议对活动主办方和供应商来说更能提高效率。

（3）保证商品保质保量、如期到达

活动制服的统一设计、制作和发放是活动后勤工作的重要内容，也是颇为烦琐的、具有挑战性的工作。制服的准备应提早进行，对制服的款式、颜色和面料的选择都有一定的讲究，不同级别的管理/工作人员的制服在颜色和款式上应有所不同。保证制服能在活动前如期运到组织者手里至关重要，如果出现意外耽误活动期间制服的使用，必然带来混乱。

3）交通管理

交通管理是大型活动期间最普遍的难题，有效地疏导活动举办期间的大量人流、车流需要周密的计划，也需要当地警察、交通部门、活动组织方和志愿者的通力配合。通向活动场馆的各主干道、高速公路出口、十字路口、地铁口都应配备交警，同时应为前来的观众设置交通指示牌。如果观众大多数以汽车为交通工具，活动场所附近须有车位充足的停车场，并指示观众在何处停车或在何处搭乘往返公交车。还可以利用附近大型商场的停车场，那里往往车位充足，商场也常常乐意合作，因为这样可以在节事活动开始之前和之后分散人流。

保持交通通畅的另一措施是设置路障和利用警力控制过往行人。此外，举行大型节事活动时，还要对公交车司机进行培训，让他们了解各种情况下可选择的行车路线。

4）安保管理

（1）"安全第一"原则

许多成功的活动组织者都信奉"安全第一"的原则，将安全措施视为重中之重，尤其是演员和观众的安全是最重要的，对任何隐患都必须采取预防措施，切忌视而不见。活动规划的每个环节都应考虑安全问题。

（2）制定安全与危险防范措施

无论哪种类型的大型活动，都应采取措施保证演出者和观众的安全，并对警力、消防和紧急救护做相应的安排。一般来说，消防机构和警察的救助是免费的，但不一定会派人一直驻守现场。但一旦发生危险，他们将迅速到达。在现场管理中，应对危险的防范措施很多，这里列举3点。

①张贴适当的标志或通过广播向观众提醒注意安全。

②设置防护围栏，不让观众随意在场内跑动，对体育赛事来说，还要有意识地让支持不同球队的球迷分开就座，避免不必要的冲突。

③对于高风险性的表演或娱乐活动不仅要在现场设置保护设施，而且要购买连带保险。

（3）有价物品的运送和保护

大型活动的人流量大，财产安全也不容忽视。财产安全不仅包括个人的财产安全，还包括商品以及有价物品的运送和维护。首先，管理人员要对现金和有价物品的准备、包装、运送、接货、验收和分类入库等工作计划有清醒的认识，引起足够的重视。在运送过程中，要安排替补警卫人员，为临时增加运送车次做准备，尤其是运送大笔现金时要有身穿制服的专业警卫跟车护送。

7.2.3　现场人员管理

1）现场接待服务管理

（1）礼仪和仪式策划的原则

①开幕式、闭幕式与具体活动相结合。

②国际惯例与民族风俗相结合。

③国家间一律平等。

④诚实守信。

（2）礼仪策划的程序

①准备阶段。

②制订方案。

③邀请嘉宾。

④组织实施。

（3）观众到场与退场

大型活动的观众流动有两种情况：一种是在较长的时间跨度内观众以较小的流量陆续抵达又陆续离开；另一种是在较短的时间跨度内（如开始前半小时和结束后一小时）蜂拥而至又蜂拥而出。能否有效引导观众流不仅影响观众的安全，而且也直接影响观众的心理体验。安排迎宾员、引座员接待客人，可帮助客人迅速扭转因路上堵车或其他原因引起的心情不快，从而积极融入活动的欢快气氛之中。主办方适当地提供饮料和点心，向客人赠送有保留价值的纪念品已成为许多活动的惯例。

（4）演员、媒体记者、VIP 客人及所有来宾的接待

主办方无论是接待 VIP 客人，还是成千上万的观众，都要做到细致周到，除了在场馆入口处（或停车场入口处）安排接待人员提供帮助、赠送礼物以外，还应按当地的传统习惯，在机场、火车站、汽车站、出租车上、城市的街道和建筑物、宾馆和场地悬挂欢迎标语。在活动的接待宾馆前厅设置问询台，提供活动的日程、城市地图和其他活动信息，并为宾客解答问题。

尤其是大型活动，必须考虑演员、媒体记者、VIP 客人以及所有官员的接送问题。接送演员要事先规划缜密的交通方案，根据需要选派合适的车辆，保证娱乐活动的按时进行；对于媒体记者，尤其要保证交通服务的迅捷高效；对 VIP 客人和官员的接送也可向旅游汽车公司租用配备导游的巴士或轿车，这些驾驶员都必须事先培训，主办方应对交通车辆进行协调和监控，配备的导游应在途中向 VIP 客人介绍活动举办地的各种情况，如风土人情、名胜风景以及其他有趣的信息。提供专门的车辆、停车区域和办公、休息地点会给来宾留下良好的印象，对于记者，优质服务会使他们增加正面报道，提升活动的知名度和美誉度。

（5）对特殊人士的照顾

在欧美国家，所有的公共设施在建设时都考虑了残疾人的需求，如坡道、盲道、专用的洗

手间等,而且在现场会划定专用的停车区域、观看比赛区域并以醒目的标志标明。有残疾人参加的活动,特别要注意沿途路面情况,避开陡坡和沟坎,安排志愿者帮助盲人适应陌生的环境,帮助使用轮椅者上台阶、陡坡以及帮助他们换上演出服装,并为聋哑人配手语翻译等。我国在这方面的服务相对较差,要改变目前的状况,必须对固定的建筑和设施加以改造,并在新建的设施中注意这个问题,引起公众对弱势群体的关注,在各方面给予他们帮助和照顾,吸引他们参与各种节事活动,提高他们的生活质量。

(6)住宿餐饮服务

大型活动是一项有大量人员聚集的活动,安排好他们的住宿也是组织者要事先策划的内容。组织者除了可指定旅游代理外,往往还会和一些宾馆酒店签订合作协议,向所有演员和观众推荐这些指定的宾馆、酒店,这些宾馆、酒店也往往提供比市场价格更优惠的价格接待这些演员、观众和嘉宾,并在活动过程中向观众提供餐饮服务,保证食品和饮料数量充足,同时培训服务人员,以高效地应付繁忙时段,减少观众的排队等候时间。

2) 现场工作人员管理

(1)现场工作人员类型

①技术人员:艺术总监、制作经理、技术总监、舞台总监、舞蹈设计总监、编剧、灯光设计师、灯光操作师、音响设计师、音响制作人员、视频设计师、视频操作人员、前台管理人员。

②管理和服务人员:场地管理人员、服务接待人员、后勤管理人员、餐饮管理人员、清洁和垃圾处理人员。

③临聘人员:引座员、礼仪员、记时员、裁判员、各种协调员(如媒体、交通、信息、后勤协调员等)、急救员、公共关系助理、安保员等。

(2)现场人员管理的几个关键问题

①重视活动举办前的短期培训。在把"人"视为可开发资源和崇尚"以人为本"的管理原则的今天,只有通过不断的培训、提高人员素质来实现目标。尤其在大型活动开幕之前,要加强对员工的短期培训。这种员工培训与活动的总体目标是一致的,是与实现活动组织单位的发展方向、目标规划相结合的。对于组织者来说,举办前的短期培训是一项低投入高产出的工作,这种短期培训,可以提升员工素质,提高员工对活动重要性的认识,让员工熟悉整个现场管理的流程,保证活动的顺利进行和开展。

②采用有效的激励措施。一个活动如果想要建立一个好的形象,除了可以靠宣传推广之外,还可以通过现场管理的水平和质量来体现,因此要运用员工激励这种非常有效的好方法,经由内部的努力,孕育出一种一体的共识,透过这种共识,而策划出一个特殊的活动文化,再凭借员工们在现场的服务及各种表现,自然地获得公众对活动的认同。那么,如何进行有效的设计与运用激励措施来增强员工对活动的认同呢?

激励措施往往有很大的风险性,在制订和实施激励措施时,一定要谨慎。根据因人而异、奖惩适度、公平性等关于激励的基本原则,能提高激励的效果。常见的激励措施包括目标激励、榜样激励、强化激励、情感激励等(见图7.6)。

图 7.6 人文关怀组为世博志愿者庆生

（3）加强现场沟通

在活动举办的现场，保持及时、顺畅的沟通非常重要。要通过信息沟通、意见交流，将分散在现场的许多独立的员工组织起来，成为一个整体。畅通的信息沟通，可以减少人与人之间的冲突，改善员工与员工、员工与观众之间的关系。活动项目管理者要想做出正确的决策，必须以准确、完整、及时的信息作为基础。加强沟通是现场组织、控制、管理过程的依据和手段。没有好的信息沟通，情况不明，就无法实施科学的管理。只有通过信息沟通，掌握各方面情况，才能为科学管理提供依据，才能有效地提高现场管理的效能。通过现场内、外部环境之间的信息沟通，就可以获得众多变化的信息，从而为现场管理及决策提供依据。尤其是突发事件出现时，各方面的协调和沟通更为重要。

（4）组织和管理好临聘人员

一般一个活动项目组的组成人员少，而在现场管理中需要大量的执行人员来完成不同区域的繁重的工作任务及阶段性工作，因此活动项目组织者需要聘用临聘人员。聘用应本着"公开、公正、择优"的原则，通过社会招募，面试合格后再办理有关录用手续。大型活动的临聘人员一般以志愿者为主，他们经过总体培训、分类培训和实地演练后，能够去到翻译、商务售货、文秘、接待、安保、裁判、新闻中心等岗位上。

3）集群人员的管理与疏散

（1）可能存在的危险

在群体管理和疏散计划中应考虑的重要危险包括：

①火灾、烟雾。

②炸弹威胁、恐怖分子。

③洪水、地震、狂风暴雨、闪电以及其他自然灾害。

④高温、空调或用电问题。

⑤燃气泄漏或生物危险。

⑥公众挤压、人流量过大、交通堵塞。

⑦人群骚乱、抗议。

⑧车辆事故。

⑨食品卫生。

⑩围栏坍塌、物体坠落等。

⑪参加者虚脱。

⑫儿童走失。

⑬噪声污染。

⑭犯罪活动。

（2）制订必要的防范措施及紧急应对计划

不管举办何种有大量人流的活动,一定要提前做好大型活动的安全检查工作,每年对所有大型活动场所进行一次全面检查,安保措施不到位、设施运转不安全、组织体系不完善的大型活动一律不应举办。同时,要加大对公众聚集场所的安全检查力度。要以人群集中的场所为重点,开展应急措施的安全大检查。还要把预防工作做在前面,要把各种可能发生的问题预想在前面,把应采取的措施制订在前面。

①确定非通行区域。

②设置专门人员通行区域。

③确认紧急救援人员进场和离场路线。

④确认急救需要。

⑤制订紧急回应措施。

（3）冷静处理突发事件

万一遇到突发事件,作为管理人员要保持冷静,并及时上报,实施有效的处理方法,确保公众安全。

7.3　大型活动总结与评估

大型活动的总结是活动管理工作的组成部分,总结的功能作用是通过统计整理的资料,研究分析已做过的工作,从而为未来工作提供数据资料、经验和建议,因此,总结与评估对活动的组织和管理有着重要的意义和作用。

7.3.1　大型活动的总结工作

这一阶段的主要工作包括活动总结与评估、客户回访和感谢相关人员。

1）活动总结与评估

活动一结束,应该立刻对其进行评估。例如,可以调查活动参与者对场地、进程和工作人员的适宜性和评价来获取反馈信息,这些信息对于分析活动成功与否起着关键作用,对计划和改进活动流程也很有帮助。

活动总结一般分三部分（见图7.7）。

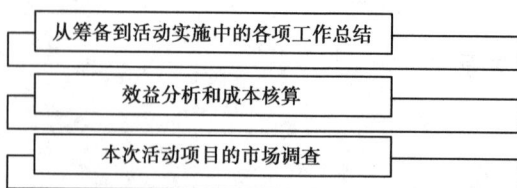

图 7.7　活动总结包含的三部分内容

①从筹备到活动实施中的各项工作总结。

②效益分析和成本核算。

③本次活动项目的市场调查,如本次活动与同类活动项目的优劣势比较等。

评估工作的作用和意义在于判断已做过的所有工作的效果,并为提高以后工作的效率提供依据和经验。目前在国外,许多专业的服务公司,如顾问公司、咨询公司、评估公司等,专门为大型活动主办单位评估服务。主办方投入了相当多的人力、物力和财力进行筹备工作,每次都会收获很多宝贵的经验和教训。同时要系统地进行评估,如对成本效益的评估、对宣传质量效果的评估、对主办方是否具有预计的号召力的评估等,这将有助于发现问题、改进工作和提高效率。

2)客户回访

大型活动结束不久,活动的重要参与者对活动的印象仍留在他们的记忆中,记忆是印象的延续,印象是在活动中留下的,记忆是可在跟踪服务工作中加强的。跟踪服务做得越早,效果就越明显。因此要做好大型活动重要参与者的回访工作。

3)感谢相关人员

感谢工作的对象是大型活动的宾客、重要的支持单位、合作单位以及曾给予大力支持的媒体。可以采取登门致谢,甚至通过宴请方式表示谢意。

表彰大型活动服务人员和志愿者。大型活动的服务是一项复杂的系统工程,为活动的服务做出贡献的各部门都可以表彰。

做好媒体跟踪报道,主要包括对大型活动进行回顾性的报道,将有关情况、有关的统计数据,提供给新闻媒体宣传,进一步扩大活动的影响,如大型活动的各类统计数据、活动参加人数、专业含量和观众的反馈意见等。

7.3.2　大型活动的评估

通过评估,大型活动组织者可以了解活动举行的大致情况,并从所得到的各种信息和数据,找出活动策划中存在的问题,从而指导以后活动的管理实践。

1)大型活动评估的原则(见图 7.8)

(1)实事求是

活动评估必须从实际情况出发,反映真实情况。如果评估过程失去了真实性,那么就失去了评估的意义。

图 7.8 大型活动评估的原则

（2）客观公正

这要求参与评估的人员以实事求是为前提,对自己所参与的评估项目做出客观公正的判断,使评估工作更有意义。

（3）成本效益

活动评估的策划必须要考虑成本和效益这两个问题。开展评估工作时要考虑具体的活动,选择合适的评估方案。

（4）规范化

会议评估方案的制订、评估工作的实施、信息和数据的收集整理过程必须规范化,以保证评估结果能更好地反映真实情况。

2）大型活动评估的内容

由于活动管理涉及的内容较多,因此活动评估的内容也非常宽泛,不同的评估内容能够带来不同的评估效益。一般从以下 6 个方面对大型活动进行评估。

①主办方和承办方。对主办方和承办方的工作职责进行评估。

②活动主题相关性、目标确定和整体策划。对活动举办中其他节目与主题的相关性、活动举办时间和时间长度、活动流程等问题进行评估。

③活动的场地。对活动举办地点的物质条件——设施、工作人员和环境等进行评估。

④市场宣传。对市场策略的有效性进行评估,并通过服务提供商得到以后活动宣传的有益建议。

⑤公共关系。对一系列的公共工作进行评估。

⑥活动预算。对预算与实际开销之间的差距进行仔细的研究、分析,评估预算是否包含了所有项目的费用。

3）大型活动评估的主体

（1）大型活动主办方自评

主办大型活动的主办方通常在组织内部有专门的部门来负责评估工作,例如,主办方可能会把评估的工作交给自己的人力资源部门负责;或者在举办活动期间,组织专门的评估小组负责活动的评估工作。

（2）外包给专业公司

外包给专业公司的成本比较高,专业公司可能需要从策划阶段开始参与活动的整个过程,同时要在活动举办过程中做一些现场的工作。

无论是自评还是外包,都有以下类型的活动评估参与者:策划委员会、指导委员会、活动参与者、承办者、活动地点工作人员、服务供应商等。对于所列的评估项目,并不是每个参与评估者都必须对所有的评估项目发表意见。例如,策划委员会不必对指导委员会发表意见,因为后者开始行使职能的时候,前者的工作已经结束了。

4) 大型活动评估的方法

(1) 问卷评估

最常见的评估方法是使用问卷进行评估,在设计问卷的时候要注意以下问题。

①对于不同的参与者必须设计不同的问卷内容;对于不同的评价项目应设计不同的问卷形式和内容。

②在封闭型问卷中,回答者通常只能选择"是"或"否",最好不要使用如"不知道""不清楚"等选项。封闭型问卷还可以使用不同程度的选项,如从"精彩"到"很差",为回答者提供彼此没有重叠的选项,并通常设置偶数个选项(一般 4 个或 6 个),以防回答者选择最中间的选项。

③开放型问卷要求回答者写出答案,这可能需要时间,有些回答者可能不愿意投入太多的时间,或者表达上有困难,这时可以结合两种问卷一起使用。

④不同的活动要突出不同的评估重点,通常要根据活动的类型、内容、规模等方面来考虑。

(2) 采访评估

评估的另一种方式是使用采访的手段进行评估,采访既可以是提出正式的问题,也可以是开放型的采访。这种采访需要经验丰富的采访者和大量的时间,但是可以得到一些与问卷不同的数据。有些参与评估的人员喜欢采访的形式,因为可以充分地表达自己的观点,但没有必要采访所有的活动参与者。

由于大型活动参与者的数量众多,不大可能对所有的参与者进行评估,因此在这种情况下要运用一些取样的技巧。大型活动的评估可以用问卷来收集数据,但在分析结果中应显示出回收的问卷与全体评估人群之间的比例。

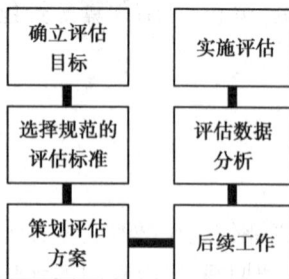

图 7.9　大型活动评估的程序

5) 大型活动评估的程序(见图 7.9)

(1) 确立评估目标

活动评估的主要目标是了解活动举办的效果和效益。在进行评估时应该根据活动举办的目的确立评估的具体目标和主要内容,并依据评估目标的主次,排列优先评估内容或重点评估内容的次序。

(2) 选择规范的评估标准

评估时应该根据活动举办目的确定评估标准的主次。划定评估标准的主次后,还应该使其规范化。评估标准的规范化是指评估标准必须明确、客观、具体、协调和统一。量化评估标准,可以使之具体化、可操作性强;评估标准之间相协调并长期统一,可使评估结果更为准确。

（3）策划评估方案

任何形式的评估都需要一定的预算,所以在制订方案的同时,要考虑评估所需预算的大致范围,以便权衡方案所能带来的机会和局限。要根据具体的活动项目采取具体的评估方案。制订评估方案应包括以下内容。

①根据评估项目、对象和方法制订评估方案,明确人员分工,安排各项必要措施。

②设计制作各种测评问卷及情况统计表。

③小范围预测,修改测评问卷。

④对测评人员进行培训,考虑测评困难及问题,制订防范措施。

（4）实施评估

实施评估时需要注意评估的时间会影响反馈的情况。对于评估时间的选择要视不同情况而定,如是在活动的后续跟踪服务工作中获得反馈信息,还是在活动结束后立即评估。

（5）评估数据分析

有关评估的工作人员应将收集到的数据整理,并加以分析。有时候活动的主办方和承办方也应该一起参与评估结果的分析,因为评估的结果能为他们带来重要的参考。数据分析时可以结合定量的和定性的分析方法,一些结果可以用图形或表格表示出来,也可以用统计学加以分析。通过对数据的分析研究,找出活动项目中所存在的问题。

评估反馈结果的两个主要用途就是总结本次活动,以及为以后的活动提供参考。同时,总结中还需要考虑横向和纵向的比较总结。所谓横向的总结,是指同类主题在不同地点举办的大型活动之间的比较;所谓纵向的总结,是指和历届大型活动之间的比较。根据评估所得的数据之间的差异,可以更好地总结本次活动收益得失、优点和不足,从而更好地指导下一次活动的策划与管理。

（6）后续工作

后续工作可以说是跟踪服务,主要形式有直接邮寄、电话回访、个人拜访等。直接邮寄主要是邮寄一些活动评估的总结资料,以及下次活动的信息材料;电话回访、个人拜访主要是针对一些重要的活动参与者。做好后续工作,可以更好地总结经验,并为下一次举办活动做好准备。

阅读资料

奔达康集团成立 20 周年庆典活动策划方案

一、活动形式

为了更好地提高奔达康集团的美誉度和品牌影响力,且充分展现奔达康的企业实力,活动将采用大型文艺晚会的形式,通过这一综合、丰富多彩的表现方式,达到预期的效果。

二、活动主题

传二十载激情,承百年之梦想。

三、邀请对象

广大客户、银行家代表、媒体记者、包括港澳台在内的社会各界朋友、奔达康集团领导以及员工和家属。

四、活动时间

2017 年 10 月 27 日。

五、活动地点

奔达康新工业园广场。

(略)

七、晚会物料、设备准备清单

1	邀请函	13	红地毯	25	工作证
2	入场券	14	冷焰火	26	车辆通行证
3	公司旗(高新、银龙)	15	泡泡机	27	转播设备
4	国旗	16	气柱机	28	贵宾纪念品
5	主题背景(含副背景)	17	雪花机	29	晚会互动游戏及小礼品
6	舞台灯光	18	烟雾机	30	模特 SHOW 展示珠宝
7	音响设备	19	彩带机	31	明星专用车
8	气拱门	20	饮用水	32	休息室、化妆间
9	飘空气球	21	工作餐	33	雨天用品
10	彩球灯柱装饰	22	礼仪用品、签到用品	34	指示牌
11	彩旗	23	消防车	35	荧光棒(观众)
12	舞台搭建	24	医疗救护车		

(略)

十二、晚会内容及环节设计

1.开场:观看二十周年纪念宣传片

晚会开场首先播放了一段二十周年纪念宣传片,回顾了集团这二十年来风雨兼程、沐浴荣光的奋斗征程。

2.节目表演

①活力四射的员工舞蹈《向前冲》。

②奔达康实习生群体献上的《花开盛世》《袖剑》《小城雨巷》,彰显着浓厚的奔达康文化气息。

③奔达康集团创始人侯少藩夫妇深情对唱《只要有你》,为在场宾客们呈现二十载风雨

无悔,二十年携手相伴,自我的"小家"与奔达康的"大家"齐心聚力共前行的温馨画面。

④员工合唱司歌《心感力量》,温暖团结、激昂奋进的奔达康大家庭氛围,把活动推向高潮。

⑤极具科技感的《荧光狮舞》、视觉震撼的3D投影歌唱表演《天籁之音》、古典绚烂的集体舞《长乐永康》节目表演,声画完美融合,让在场宾客获得视听的双重享受。

3.抽奖环节

与精彩节目穿插进行的是抽奖环节,包括了苹果手机、iPad mini、银条、小米电视机、九阳豆浆机等在内的200多个精美奖品的揭晓,掀起了一轮又一轮的高潮。现场热烈的掌声此起彼伏,气氛十分火爆。

十三、晚会流程设计

（一）晚会整体流程框架

顺序	流程	备注
1	迎宾,嘉宾签到	
2	开场表演	大型、热情洋溢的舞蹈表演
3	晚会正式开始:主持人出场、开场白	
4	领导致欢迎词	包括公司领导及市领导
5	晚会正式开始:表演+观众互动	公司自排节目、专业演员表演、明星表演
6	表演结束,合影留念	
7	晚会结束	

（二）晚会执行流程

时间	流程	礼仪	氛围营造
18:10	迎宾,嘉宾签到	礼仪小姐迎宾、胸花、派送纪念品	喜庆的背景音乐
18:50	主持人宣布开场,介绍主席台嘉宾		
19:00	开场观看纪念片		全场灯光暗,舞台大屏亮起,两侧射小光
19:15	晚会正式开始:开场白		激昂的音乐响起,灯光较暗,追光跟随
19:20	侯少藩董事长致欢迎辞	礼仪小姐引位	激昂的音乐响起,追光跟随
19:35	员工代表讲话	礼仪小姐引位	激昂的音乐响起,追光跟随

续表

时间	流程	礼仪	氛围营造
19:45 — 21:40	节目表演开始,员工舞蹈《向前冲》、实习生献上《花开盛世》《袖剑》《小城雨巷》等 说明:当中穿插抽奖环节	主持人串场;礼仪小姐配合互动环节	配合气柱机、彩带机、烟雾机、泡泡机,配合电脑灯等
21:50	合影留念(领导、贵宾、全体演员、全体员工) 晚会结束	礼仪欢送嘉宾	背景音乐

说明:待方案的各项内容、表演节目全部落实,将会拟订《晚会操作执行流程细则》《主持人串词》等相关资料。

(三)节目单

①自排节目:(60分钟)(略)。

②专业演员节目:(40分钟)(略)。

备注:①晚会执行节目单,需在奔达康自排节目审定后最终确定;②以上节目中,涉及奔达康自行编排的节目,若在节目审查后不能通过,将由策划公司专业演出节目补上。③节目时间控制在100分钟左右。

(四)晚会主持人

深圳卫视:著名主持人

十四、传播途径

活动前通过深圳的主流媒体(如深圳特区报、深圳晚报、光明日报)发布平面广告,内容包括奔达康集团形象展示、各祝贺单位名录。

活动时邀请各媒体的代表、记者,对现场进行录制,对奔达康集团的高层领导进行访问。同时,通过风云直播进行活动现场网页直播。

活动结束后,在线上腾讯网、新浪网等互联网平台发布新闻总结与回顾。

(略)

专家评析

奔达康集团成立20周年庆典活动策划方案很具典型性,方案涉及内容较为全面,时间安排较为紧凑,活动形式多样,对其他活动方案具有一定的指导性。在实际策划方案中,除了尽可能全面地策划活动内容与形式,还要考虑对紧急情况的防范和应急措施的制订,这些内容可能不会详细地体现在策划方案正文中,但作为活动组织者应有相应的附录随时携带,并提前对活动现场的工作人员和志愿者进行培训。

第8章
大型活动组织日常管理

【本章导读】

本章大型活动组织日常管理,主要包括大型活动人力资源管理、大型活动危机管理和大型活动财务管理的一些基本原理与方法。学习本章内容,可以对活动组织的日常管理有一定的了解。

【关键词汇】

人力资源管理　危机管理　财务管理

【学习任务】

1.阐述大型活动人力资源管理的特点与原则。

2.阐述大型活动员工培训方法的选择和使用范围。

3.阐述大型活动志愿者管理的流程。

4.分析我国政府、大型活动企业和行业协会在危机管理中各自的职能。

5.编制大型活动项目预算时应考虑哪些方面的因素?

8.1 大型活动人力资源管理

8.1.1 大型活动人力资源管理的含义

人力资源管理的含义：一个组织对人力资源的获取、维护、激励、运用与发展的全部管理过程与活动。人力资源管理根据不同的主体、对象和范围，可分为宏观和微观两个方面。宏观方面定位于一个国家或地区的人力资源管理；微观着眼于企业人力资源管理。企业根据组织的战略目标制定相应的人力资源战略规划，并对人力资源的获取、使用、保持、开发、评价与激励等进行全过程的管理，从而使人力资源的价值充分发挥，以实现组织目标。大型活动产业是一种与其他相关行业有着不同特征的新产业。大型活动产业的相关性、综合性、专业性、创新性决定了大型活动人力资源的基本要求。它包括大型活动人才的组织能力、创新能力和策划能力，以及吃苦耐劳的精神。

大型活动人力资源管理就是要把人的智慧和能力作为一种资源进行开发、管理和利用。中国大型活动行业专业人才缺乏、创新能力低、规模小、空间分布不均，因此大型活动人力资源管理要确立科学标准化的管理标准、提倡人性化的构建、树立尊重人才的氛围与观念，把挖掘和培养相结合，把教育与培训相结合，尽早确立大型活动人力资源管理的宏观和微观的合理布局，从而推动大型活动产业的发展。

大型活动人力资源通过体制创新、培训创新和文化创新，达到求才、用才、育才、激才、护才和留才的最终结果。求才，就是获取大型活动人力资源，吸收、寻求优秀大型活动人才和组织适用的大型活动人力资源；用才，就是恰当使用组织的大型活动人力资源，唯才是举、人尽其才、才尽其用，发挥大型活动人力资源对大型活动经济发展的递增作用；育才，即通过培训、教育、开发、提高大型活动人力资源质量，激发大型活动从业员工的潜力；激才，就是通过激励机制和措施，调动大型活动从业员工积极性，发挥大型活动人力资源的能动性；护才，是指通过劳动安全、平等就业措施保护大型活动行业劳动者合法权益，养护大型活动人力资源的持续劳动能力；留才，即尊重大型活动人才、爱惜大型活动人才、保持大型活动行业员工队伍的稳定，留住组织所需要的各类人才。

1) 大型活动人力资源的特征

(1) 复合型人才

大型活动对从业人员的要求是多方面的，比如，他们不仅要有人文、经济等方面的综合性知识，而且还要具备工程、美术、产业等方面的具体知识。因此，大型活动人才应是复合型人才。

(2) 沟通能力

良好的沟通能力是对大型活动人才的基本要求。大型活动涉及面广，甚至有可能接触国外游客，因此与国外游客的沟通就需要良好的外语水平。

（3）市场开拓能力和应变能力

举办大型活动不但要求组织者能将活动从头至尾开展下去，而且要求大型活动的主题能够满足参与者和观众的需要。从这个意义上说，市场开拓能力和应变能力是对大型活动行业人才的基本要求。

（4）组织能力和协调能力

如前所述，大型活动涉及的方面众多，活动的展开需要产业链上各个环节的密切配合，因此，大型活动组织者的组织能力和协调能力是大型活动的基本保证。

2）大型活动人力资源管理的基本特点

（1）招聘合适的人才困难

一方面，培养大型活动人才的工作刚刚在各个相关院校展开，而市场上的大型活动人才大多是在实际运作中摸爬滚打而成长起来的；另一方面，对大型活动人才的培养是一个长期的过程。这两方面的原因使大型活动人才的招聘工作变得困难。

（2）人才流动性强

大型活动人才的流动率一直是比较高的，因为随着我国社会主义市场经济体系的逐步建立，社会劳动力资源的配置也逐步走向市场化，各类企业人员已从原来的"企业所有"转变为现在的"社会所有"，企业与员工（劳动者）已经形成了双向选择。这两者之间的联系基本上是从经济利益出发，尤其是从事大型活动的企业，其人才的流动与竞争更为激烈，员工的流动性更大，这就造成企业经营的不稳定。大型活动企业之所以员工流动性相对较大，主要是因为大型活动企业（行业）的特点和劳动性质。一般来说，从事大型活动的企业有如下几个特点：①大型活动行业属于服务性行业，对一般员工的学历、专业知识、技能要求并不很高，员工只要有良好的沟通能力就行。②每个大型活动项目可独立作为一个生产周期，项目完成则该项生产结束。企业为压缩成本，只适当保留个别业务骨干，其他员工被视为临时工（季节工），有项目才聘用。③大型活动工作是非重体力劳动，劳动环境相对生产性企业更优越，较受年轻人青睐。④大型活动企业基本实行提成工资制，比较注重个人能力，只要肯干、有能力，就有机会获得较高收入，这也吸引了一部分愿冒险、愿拼搏，但不一定愿受严格劳动纪律约束的人进入这个行业。

（3）个人能力作用大

大型活动的展开就某些方面而言依赖于个人的能力。比如，大型活动行业内一些人员掌握着大量的某一特定方面的企业资料，维系着大量的客户，甚至有自己建立的客户数据库，这些客户数据随他们的流动而流动。这些拥有客户信息的个人对组织大型活动的企业有着非同一般的作用。

3）大型活动人力资源管理的原则

在人力资源的开发与管理中，即在把人的智慧和能力作为一种巨大的资源来开发和利用的过程中，应遵循几个主要原则（见图8.1）。这些原则适用于包括大型活动企业在内的一切现代企业。

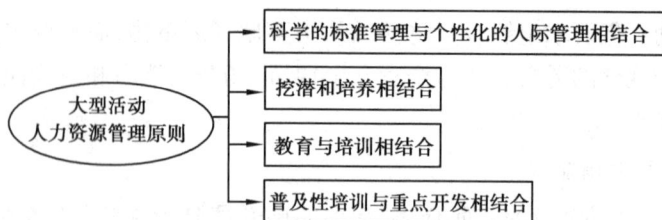

图 8.1　大型活动人力资源管理的原则

（1）科学的标准管理与个性化的人际管理相结合

①确定标准。有效实施管理控制需要 3 个基本条件：第一，必须建立标准；第二，必须能够得到反映实际结果与标准要求的偏差的信息；第三，必须有能力采取措施纠正实际结果与标准要求之间的偏差。显然，没有标准就不可能具有衡量、评估实际绩效的根据；没有信息就无法了解态势；没有相应的措施，整个管理控制过程就会毫无意义。

人力资源管理的目标是建立一支具有开创精神和整体观念的、一切行动听指挥（计划）的稳定的员工队伍。要达到这一目标，除了为企业配备得力的管理人员，挑选和安排合适的员工，伴之以适当的激励机制以外，还必须确立贯彻目标的标准。标准由目标而来，并具有目标的许多特征。标准就像靶子一样，可以作为比较过去、当前和将来行为的准则。正常情况下，有关人的问题，必能找到其共同之处。有了共同之处，就可以据此制定与组织目标相联系的行为准则或标准（制度）。因此无论人的问题多么变幻莫测，只要制定了具有弹性的相对完整的制度，任何人事问题的处理结果都会趋于一致和稳定。

②科学管理。企业管理史上以泰罗的出现为代表的科学管理运动，以及之后行为科学和管理科学的发展及应用，已经为管理活动深深打上了科学的烙印。

作为一名管理人员，特别是高层管理人员，必须具备与管理相关的基础知识，掌握科学的管理方法，方能有效地管理现代化企业。那种自以为有经验、有魄力、有主意或有足够的资金就可以稳操胜券的想法，在市场机制这只"看不见的手"面前实际上是一种致命的自负，迟早是要栽跟头的。企业在市场经济条件下的生存和发展，从来不是基于企业家或管理者对市场环境的完全认识和理解，而是他们可以利用个人所掌握的科学知识和技能对环境做出适当的反应。因此，科学的管理方法是确保管理工作质量符合市场检测标准的一个重要条件。

③尊重人才。企业生存与发展之道不在于有得天独厚的政策条件，也不在于有雄厚的资金，而在于拥有优秀的员工以及对人力资源的有效运用。无论是企业管理人员还是人力资源管理专业人员都应尊重人才，了解正确处理人际关系的原则，这些是企业赢得人才并加以有效运用的关键。其中，人性尊严、个别差异、相互作用和激励是最重要的因素。

人性尊严（Human Dignity）。要理解人性的尊严，首先必须强调管理以个体为根基的重要性。这里所说的"个体"不是指那种一毛不拔的自私自利者，而是强调在企业管理结构中必须尊重人，且人与人之间、人与群体之间都有着合理的界限。可以说，没有健全的个体，就不可能有健全的企业组织。因此，在处理企业人际关系时，必须把人性尊严摆在重要位置。

个别差异（Individual Difference）。对个别差异的承认与理解在企业人事决策方面极为重要,因为要达到"人尽其才"的理想状态,就必须承认、接受、尊重个别差异,然后才能"因材施教"。在企业的人际关系中,应力求人与事的密切配合,以发挥每位员工在工作中的潜在效能。要了解人的行为就必须分析人的个别差异,要了解事的特性就必须先进行工作分析,只有在弄清这两项基本事实以后,才可能使人与人的关系、人与事的关系实现优化。

相互作用(Interaction)。人际关系的建立基于人类行为的相互作用,个体在自我发展的过程中既受外部环境的影响,又受人与人之间相互交往关系的影响。在一个充满人文关怀的企业里,人与人之间的亲密性是一个必不可少的因素,亲密性使信任得到发展。而人们之间的相互关心、相互支持主要来自密切的社会关系。这种亲密性一旦瓦解,就会产生恶性循环,人们对企业组织将失去责任感。

激励(Motivation)。人力资源管理的目标之一是促使员工产生"尽力把工作做好"的动机。人类行为总是有原因的,而一切人事管理的措施,不仅能直接刺激员工的行为,而且会间接影响群体的行为。因此,管理人员应尽量了解是什么在引导员工工作,是什么在激励他们。强调管理人员对激励因素的认识和利用,是为了给予员工希望做某事的动力,并引导他们按照所要求的方式工作。

④人尽其才。人力资源开发包括培养、选拔和使用3个环节。按顺序来讲,培养和选拔为先,但就重要性而言,使用得当与否最为关键。世上少有无才之人,只有用才不当的混乱管理。大量调查结果和案例表明,中国许多企业有不少人才,但这些人才不是不尽其用,就是受到冷落,最终纷纷跳槽,导致企业效益无法提高。常言道"金无足赤,人无完人",我们用人不能求全,而要用其所长。因而,人尽其才是人力资源开发与管理中必须遵循的一条重要原则。

(2)挖潜和培养相结合

中国大型活动行业的专业人才开发工作在相当一段时间内的特点是钱少人多,大多数企业不愿意在人才培养方面投入大量资金。然而,在人力资源开发中应坚持挖潜与培训相结合的原则。就国内大多数大型活动企业现有管理人才的素质而言,与外国发达国家相比,差距还很大。尽管国家会利用各种学校加速培养大型活动专业人才,但一时也难以满足广大企业的现时需求。因此,国内大型活动企业组织人力资源开发目前应该主要依靠自身:①根据本身的财力,在企业内开办培训班或送出去培养。②挖掘现有人才的潜力,至少可以从3个方面入手。第一,将使用不当的人才调到能发挥其所长的工作岗位上。第二,返聘或延长那些已退休或到退休年龄但身体好、具有真才实干的人员。第三,轮岗,在现有的大型活动企业中一般有较多的大中专毕业生,他们有一定的文化素质和技术能力,而且年轻,企业可根据需要让其中的一部分人经常轮岗做更具有挑战性的工作。

许多实践经验证明,这些方法是行之有效的。

(3)教育与培训相结合

教育与培训是大型活动企业对员工施加影响的重要方式。这种影响方式可以使员工的服务态度、生活习性与精神状态发生变化,引导员工做出有益于组织的决定和行为,增强员工对工作效率的关切感和对组织的忠诚度。

现代企业的生产经营对员工素质的要求越来越高,只有受教育程度高的员工才能适应各种新技术的采用、管理革新等。另外,企业接纳新员工时,固然可以要求员工学习各种手册或说明书之类的规范要求,但是工作是具有成长性的,人的能力也应相应地提高。如何才能使员工长期适应工作的要求,这就是培训所要解决的问题。也就是说,企业必须适时开展各种岗位培训,使员工的工作能力随企业内外部环境的变化而不断发展,从而长期保持进取的活力。

(4)普及性培训与重点开发相结合

对广大员工进行普及性的培训,目的在于提高员工的整体文化素质和一般工作岗位上所需的技能,而重点的开发对象是科技专业人员和管理人员,这部分人才本来数量就少。因此,对初、中级人员特别是有真才实学的年轻员工要加速培养,以尽快使他们的技术水平和管理能力得到提高;另一方面,要对中年科技人员等专业人员(一般具有高级职称)和高层管理人员进行重点开发,以及时更新他们的知识,因为他们现在及将来都是为企业创造新产品、增强产品竞争力和提高企业效益的中坚力量。但需要强调的是,开发这部分人的目的不是解决他们的"高级职称"问题,而是要提高他们真正的业务水平。

8.1.2 人员培训

1)我国大型活动行业员工培训及存在的问题

目前,我国大型活动行业员工培训的概况如下。

(1)大型活动行业员工培训的概念

大型活动行业员工培训是指大型活动组织为开展业务及培育大型活动人才的需要,采用各种方式对大型活动从业人员进行有计划的培养和训练,使其能够胜任相关的工作和业务的活动。员工的培训是大型活动产业顺利发展的重要保证。

(2)我国大型活动行业员工培训的现状及存在的问题

在大型活动产业发展迅速、大型活动人才相对短缺的背景下,近年来尽管大型活动教育出现了主体与形式多元化发展的"繁荣状态",但总体效果并不理想,尤其同欧美等大型活动教育相对发达的国家相比,我国大型活动教育的发展明显滞后,不仅在教育和教学方面拉开了同发达国家的差距,而且已经无法满足大型活动的高速发展对大型活动人才的迫切需求。各地都缺乏真正懂大型活动的人才,大型活动教育亦相对滞后。专家指出,我国举办的大型活动数量已经很多,但真正形成国际品牌的屈指可数。造成这种情况的关键在于大型活动专业人才的缺乏。

大型活动人才培养是全社会的事,是长期积累与短期进修相结合的一种相互联动的过程。从总体来看,我国大型活动教育培训中存在的问题主要有以下4点。

①缺乏权威的大型活动职业化培训体系。目前国内虽然已经零星地出版了一些相关的书籍,也涌现了一批大型活动专家,但至今无人才资源建设总规划,无人才资源建设实施系统,更无一套系统地针对大型活动从业人员培训的完整教材。有专家称,培训的真正价值在于传授一种具有指导性和可操作性的可持续思维方式和技能。达到这一培训要求,急需一套完整、科学和实用的教材。

②培训工作没有与大型活动企业的总体目标紧密结合。大型活动企业无论为员工提供何种培训,其目的都是为实现大型活动企业的总体目标,然而在实际培训过程中,往往容易出现内容、方式、课程与总目标联系不紧密的情况,培训只流于形式。

③培训的短视效应,没有为大型活动产业的长远发展打好基础。一个成熟的大型活动企业在其长期发展中,应该对要达到的中长期目标及早进行规划,否则到了需要用人的时候青黄不接,大型活动业务工作就没办法顺利进行,以致影响大型活动企业的整体发展。

④培训方法简单,培训过程不连续。许多新员工只接受基本的岗位培训,然后就自己开始独立工作。很多大型活动企业只有基本的岗位培训,没有连续的培训方案,新员工进入大型活动企业后完全依靠个人的自觉进行学习。

2)大型活动行业员工培训的特点及应遵循的基本原则

我国大型活动行业员工培训有以下特点。

(1)注重发挥培训在大型活动人力资源开发中的主渠道作用

由于我国的大型活动教育起步较晚,从业人员绝大多数是半路出家,没有接受过专门的、系统的大型活动行业的相关教育。所以,在加强大型活动教育的同时,应加强对在岗员工的培训。

(2)培训机构的社会性

培训机构是对员工进行培训的基地,师资则是培训质量的关键。大型活动企业不仅可以利用自己的培训资源进行培训,还可以委托教育机构、咨询服务机构、行业协会等部门承担培训任务,可以充分利用本部门的优势,对大型活动从业人员进行专门的培训,对其所需的专业知识、专业技能等,提供从理论到实践、从特殊到一般、从教训到经验的全面培训。

(3)培训目标的明确性

培训目标是否明确,是否具有较强的针对性,直接关系培训的效果。对员工的培训,应在工作需要这个客观目标的指导下,具备较强的针对性和明确的目标性。如对高级管理人员的培训,就是要解决领导管理意识和创新意识的问题,使其所担负的大型活动业务的整体水平始终处在行业的领先地位。再如对新员工的培训,就是要使其了解该大型活动企业,了解自己,摆正位置,明确责任。

目前,大型活动企业员工培训内容的基本原则如下。

①学以致用。在大型活动中,每一个员工都有自己的工作岗位,其所需要应用的知识和技能有着一个基本确定的范围。因此,对员工的培训应该围绕这个范围来展开。这样员工才能学得快、用得上、见效快。

②培训结果和目标的双赢性,即培训的结果和目标对大型活动企业和员工都有利。在培训活动中,大型活动企业投入人力、财力、物力资源,目的是提升大型活动企业的管理水平和经营活动的效率,从而提高大型活动企业在市场上的竞争力;员工投入的是时间和精力,目的是提升自我素质和工作技能,赢得尊重,为日后更换工作岗位、提职、加薪做好准备。只有培训结果同时满足大型活动企业和员工两方面的需要,才能充分调动和持续保持两方面的积极性,将员工培训持续、深入地开展下去。这就要求培训的内容一方面要紧密地结合大

型活动企业的经营发展目标和战略,另一方面要与受训员工正在从事或即将从事的工作密切相关,从而使培训达到大型活动企业、员工都满意的效果。

③内容的丰富性和层次性。在大型活动企业中,员工的职级分工不同,应用的知识、技能也随之不同;员工的层级不同,应用的知识、技能的深浅程度也不同。为使每一位员工都得到有针对性的培训,培训必须有丰富的内容。同时,考虑到上述因素,培训可以分为:一是关于大型活动企业经营理念、企业文化、企业精神以及员工基本素养方面的培训;二是针对不同岗位员工进行的特殊的专门培训。

3)大型活动行业员工培训方案的设计与实施

培训是要冒一定风险的,因此在进行培训前需要进行需求分析,并根据需求来指导培训方案的制订,做到有的放矢,不能单纯地为培训而培训。培训需求分析需从多维度来进行,包括组织、工作、个人3个方面。首先,进行组织分析。组织分析指确定组织范围内的培训需求,以保证培训计划符合组织的整体目标与战略要求。根据组织的运行计划和远景规划,预测本组织未来在技术上及组织结构上可能发生什么变化,了解现有员工的能力并推测未来将需要哪些知识和技能,从而估计出哪些员工需要在哪些方面进行培训,以及这种培训真正见效所需的时间,以推测出培训期的长短,不致临渴掘井。其次,进行工作分析。工作分析指员工达到理想的工作绩效所必须掌握的技能和能力。最后,进行个人分析。个人分析是将员工现有的技能水平与预期对员工要求的技能水平进行比照,看两者之间是否存在差距。

培训方案是培训目标、培训内容、培训指导者、受训者、培训日期和时间、培训场所与设备,以及培训方法的有机结合。培训需求分析是培训方案设计的基础,一份详尽的培训需求分析大致勾画出了培训方案的轮廓,在培训需求分析的基础上,下面就培训方案各组成要素进行具体分析。

(1)培训目标的设定

培训目标的设定有赖于培训需求分析,在培训需求分析中,我们讲到了组织分析、工作分析和个人分析,通过分析,我们明确了员工未来需要从事某个岗位,而现有员工的职能和其预期职务之间存在一定的差距,消除这个差距就是我们的培训目标。设定培训目标将为培训计划提供明确方向和依循的构架。

(2)培训内容的选择

在明确了培训的目的和期望达到的学习结果后,接下来就需要确定培训中所应包括的传授信息。尽管具体的培训内容千差万别,但一般来说,培训内容包括3个层次,即知识培训、技能培训和素质培训,究竟该选择哪个层次的培训内容,应根据各个培训内容层次的特点和培训需求分析来决定。

(3)选择培训资源

培训资源可分为内部资源和外部资源,内部资源包括组织的领导、具备特殊知识和技能的员工;外部资源是指专业培训人员,学校、公开研讨会或学术讲座等。在众多的培训资源中,选择何种资源,最终要由培训内容及可利用的资源来决定。目前,我们不仅要有效利用国内的培训资源,还要在条件允许的情况下,引进国外教育培训资源,比如引进德国等大型活动产业发达国家的优秀资源。

(4)选择正确的人员参与培训

我们可以将员工分为新员工和老员工,态度分为好和差,学习能力分为强和弱,技能差距分为大和小。将大型活动企业的员工按其个人状况划分在不同的区间,据此确定哪些员工可以进行培训;哪些员工的培训是浪费大型活动企业资源;需要培训的员工的培训重点是什么等。比如,岗前培训是向新员工介绍组织的规章制度、文化以及组织的业务。对于即将升迁的员工、转换工作岗位的员工,或者不能适应当前岗位的员工,可采用在岗培训或脱产培训,而无论采用哪种培训方式,都是以知识培训、技能培训和素质培训为内容,而不同内容的知识培训、技能培训和素质培训决定了不同的受训者。在分析具体的培训需求后,应根据需求确定具体的培训内容。需求分析也明确了哪些员工缺乏哪些知识或技能,而培训内容与员工缺乏的知识及技能相吻合者即为本次受训者。

4)培训方法的选择和使用范围

组织培训的方法有多种,如讲授法、演示法、案例法、讨论法、视听法、角色扮演法等。大型活动行业是一个非常强调应用性和实践性的行业,为了提高培训质量,达到培训目的,往往需要各种方法配合起来灵活使用,尤其要重视使用讲授法、案例法、角色扮演法 3 种常用方法,并在培训时根据培训方式、培训内容、培训目的选择一种或多种方法配合使用。

(1)讲授法

讲授法是指讲授者通过语言表达,系统地向受训者传授知识,期望这些受训者能记住其中的重要观念与特定知识。讲授法是一种最基本的培训方法,也是大型活动行业员工培训所不可或缺的。讲授法用于教学时要求:①讲授内容要有科学性,它是保证讲授质量的首要条件;②讲授要有系统性,条理清楚,重点突出;③讲授时语言要清晰,生动准确;④必要时可用板书。

讲授法有其显而易见的优点,主要表现为:①有利于受训者系统地接受新知识;②容易掌握和控制学习的进度;③有利于加深理解难度大的内容;④可以同时对许多人进行教育培训。其缺点为:①讲授内容具有强制性,受训者无权自主选择学习内容;②学习效果易受教师讲授的水平影响;③只是教师讲授,往往没有反馈;④受训者之间通常很少开展讨论,不利于促进知识理解;⑤学过的知识不易被巩固。

(2)演示法

演示法是指运用一定的实物和教具,通过实地示范,使受训者明白某项事务是如何完成的。演示法要求:①示范前准备好所有的用具,放置整齐;②让每个受训者都能看清示范物;③示范完毕,让每个受训者试一试;④对每个受训者的尝试都立即给予反馈。

演示法用于教学同样优点与缺点并存。其优点为:①有助于激发受训者的学习兴趣;②可利用多种感官,做到看、听、想、问等相结合;③有利于受训者获得感性知识,加深对所学内容的印象。其缺点为:①使用的范围有限,不是所有的内容都能演示;②演示装置移动不方便,不利于教学场所的变更;③演示前需要一定的费用和精力做准备。

（3）案例法

案例法是指用一定视听媒介（如文字、录音、录像等）描述客观存在的真实情景，它作为一种研究工具早就广泛用于社会科学的调研工作。20 世纪 20 年代，哈佛商学院首先把案例用于管理教学，称为案例教学法。案例法用于教学有 3 个基本要求：①内容应是真实的，不允许虚构。为了保密，有关的人名、单位名、地名可以改用假名，称为掩饰，但其基本情节不得作假，有关数字可以乘以某掩饰系数加以放大或缩小，但相互间比例不能改变。②教学中应包含一定的管理问题，否则便没有学习与研究的价值。③教学案例必须有明确的教学目的，它的编写与使用都是为某些既定的教学目的服务。

案例法越来越受到人们的喜爱，但作为一个教学方式它也不可避免地优缺点并存。案例法的优点是：①提供了一个系统的思考模式；②在个案研究的学习过程中，受训者可得到另一些有关管理方面的知识与原则；③有利于使受培训者参与大型活动企业实际问题的解决。案例法的不足之处在于：①每一个案例都是为既定的教学目的服务的，缺乏普遍适用性，不一定能与培训目的很好地吻合；②案例数量有限，并不是每个问题都有相应的案例与之对应；③案例无论多么真实，毕竟是使受训者以当事人的角度去考虑的，因而不必承担任何责任，不会像当事人那样承受种种压力，不可避免地存在失真性。

（4）角色扮演法

角色扮演法是一种在培训中给一组人提出一个情景，要求学员担任不同角色并出场演出，其余人在下面观看的培训方法。该方法的精髓在于"以动作和行为作为联系的内容来开发设想"。它给受训者提供了一个机会，在一个逼真而没有实际风险的环境中去体验、练习各种技能，而且能够得到及时的反馈。角色扮演法最适用于对员工进行人际关系协调的培训。这种方法可以展示人际关系与人际沟通中的不同技艺和观念。角色扮演法的功能主要是：①诊断，即通过观看和聆听表演者的行为来了解他们；②指导，即给参与角色扮演的观察者以观摩学习和了解不同行为的机会；③锻炼，即给角色扮演者提供一个心理和行为的实践锻炼机会；④分析，即为受训者分析、评价各种行为提供了样品。

角色扮演法的优点：①角色扮演法中的角色、环境和目标更加确定，活动更加集中，能够把大型活动中的各种情景如博览会中展台场景模拟出来，因此效果更好；②角色扮演法更能唤起人的情感，激发人的行为；③能将情感和理智结合起来，角色扮演者通过听取表演后的观察者意见，结合自己的汇报和讨论会有所触动，从而塑造、改变员工的态度和行为。其不足之处在于：①情景的人为性；②其直接效果往往只是学员态度的变化。

8.1.3　志愿者管理

1）志愿者及志愿者管理概述

（1）志愿者的概念

志愿者是指不为物质报酬，基于良知、信念和责任，自愿为社会和他人提供服务和帮助的人。

（2）志愿者的素质

作为志愿者应具备以下基本素质。

①具有崇高的精神境界。这是由志愿者活动本身的无偿性所决定的。一个道德素质不高的人无法成为一个优秀的志愿者。

②有较强的责任心，能坚守服务岗位，认真负责地完成组织交给的服务任务。

③能耐心地倾听别人的谈话，积极地看待和尊重别人。

④能自然大方地与对方交流。

⑤有较好的语言表达能力，能客观清楚地说明和分析问题。

⑥对自己的能力有充分的认识，并对自己有所约束。

⑦对社会文化方面的差异有敏锐的洞察力。

⑧有丰富的知识，能灵活地处理所面临的复杂情况。

大型活动志愿者管理就是指大型活动组织者为了筹备和举办大型活动而对志愿者所进行的计划、招募、定位与培训、配置与协调、激励、监督与评估等一系列管理活动的总和。评定一个大型活动的好坏，主要取决于硬件水平、软件质量。软件质量包含着大型活动提供的各种服务。志愿服务几乎是每个文明社会不可缺少的一部分，它是指任何人自愿贡献个人时间和精力，在不为物质报酬的前提下，为推动人类发展、社会进步和社会福利事业而提供的服务。志愿服务的这一无偿性质，使对志愿者的管理不同于对大型活动从业人员的管理，简单的利益调控机制在此失效。而大型活动志愿者来源的多样性和广泛性，加上其不同于"正式员工"的身份，无疑增加了对其管理的难度。对大型活动志愿者的有效管理成为成功办好大型活动必须解决的问题。

（3）志愿者参与动机的分析

对志愿者进行有效的管理和使用，使其能够更好地为大型活动服务，这是大型活动顺利进行的有力保障。而要对志愿者实现有效的管理必须首先了解志愿者参与志愿服务的动机，只有这样才能做到有针对性地管理，以最大限度地发挥志愿者的作用。动机在激发行为过程中的具体功能表现在始发、导向和选择、维持、强化等方面。

①参与志愿活动是个体为组织所认可的被动的必然选择。在我国，即使志愿者以个人名义提供服务，但背后推动他们做出这种举动的，却可能是来自其所属的单位、组织的某种力量、压力。这不仅体现在组织、单位直接的内部命令或命令式的动员上，而且体现在希望以此作为自己积极地向单位、组织靠拢的一种表示，以获得单位、组织的认可。

②志愿者自我实现的需要。根据马斯洛的需要层次理论，人的最高需要是自我实现的需要。"自我实现"不是为了某种功利上的利益满足，也不是为了获得新知识和技能，更重要的是希望通过有利于社会、有利于他人的活动，体现自己的社会价值。志愿服务作为一种无偿的、超市场化行为，恰好扩展着志愿者的心灵体验，使他们在志愿活动中得到奉献社会的满足，参与社会，寻求情感上的慰藉，觉得自己有益于他人，被人需要。与其说志愿者服务他人，不如说志愿者在服务自己，服务自己人性最高层次的需要，这就是志愿服务最绵长的内在动力。

③"以恩报恩"文化底蕴的支撑。中国人推崇"滴水之恩，当涌泉相报"。在志愿服务

中,我们可以看到同样的报恩意识,即某个人曾经受到了社会或者他人的帮助,于是他便在自己有能力的时候,把参与志愿服务作为对社会、对曾经给予自己帮助的人们的一种回报。只不过这里的"以恩报恩"的对象已经泛化为整个社会。

2)志愿者的管理流程

从空间结构上看,大型活动志愿者的管理流程应当包括以下 6 个环节:计划、招募、定位与培训、配置与协调、激励、监督与评估(见图 8.2)。

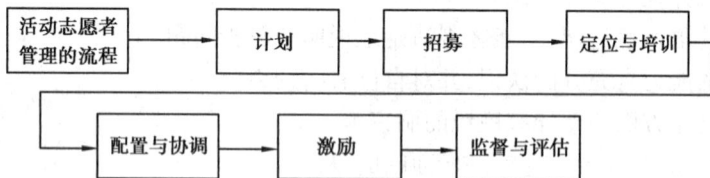

图 8.2　大型活动志愿者的管理流程

(1)志愿者计划

志愿者计划是根据特定大型活动的整体规划,分析和预测大型活动对志愿者的需求和志愿者的供给情况,采取多种手段使志愿者资源与大型活动筹办需求相适应的综合性发展计划。计划的内容包括目标体系和组织结构的确立以及服务岗位分析。

在目标体系的建立和实施方案的选择中,决不能把志愿者视为大型活动的"配角",认为他们是正式员工的"辅助人员"。目标体系既要符合大型活动的要求,适应社会的需求,还要反映志愿者个体的要求,防止过于注重志愿者的经济价值,而忽略了志愿者的个人需求。在大型活动组织机构的确立中,要把志愿者已具有的一定技能进行专业化分类,并在此分类的基础上,明确志愿者在整个大型活动管理组织体系中的位置和隶属关系。大型活动服务岗位分析是志愿者招募的前提。大型活动服务岗位分析主要是估算大型活动所需志愿者的类型、数量以及其应具备的条件。

(2)志愿者招募

志愿者招募就是大型活动通过发布大型活动志愿者需求信息、按要求选拔录用合乎要求的志愿者的活动过程。

志愿者招募首先要通过媒体比如新闻发布会向社会公布招募信息。其中包括大型活动所需的志愿者的类型、数量、专业领域、招募的具体办法、时间安排、咨询事宜等。其次是选择适当的招募方式。由于我国大量志愿者的来源隶属于各级团组织的青年志愿者协会,因此,可以通过团组织代为招募。当然,也可以通过大型活动的相关组织统一招募。一般的招募选择方式要经过以下程序:资格条件审查、笔试、面试等,以确保所招募的志愿者达到要求。

(3)志愿者培训

志愿者培训就是通过对志愿者进行有关大型活动的相关知识和能力的培养,使其获得为大型活动服务所需的知识和技能的活动过程。

对大型活动志愿者的培训应当是在"求发展"的目标定位下,寻求多元化的志愿者个性化素质的培训,包括待人接物的礼仪和社会公众责任心的加强等,而最重要的是组织归属感的培养、精神层次的培养。岗前定位培训可通过多种方式使志愿者了解大型活动志愿者服务的政策、程序,以及可能面临的日常事务的处理,这样可以使志愿者尽可能快地、尽可能多地了解大型活动,以适应大型活动的要求。此外,还要对志愿者进行分类培训。这是根据志愿者所从事的具体服务工作的不同而进行的不同内容的培训。但这不影响对全体志愿者进行必要的一般培训。大型活动的培训要注重对志愿者相关基础知识与服务技能的培养。

志愿者服务水平的高低往往是评价一个大型活动成功与否的重要指标,而这与培训水平的高低紧密相关。

(4)志愿者的配置与协调

志愿者的配置与协调就是根据大型活动举办工作的需求以及志愿者的供给状况,将志愿者分配到各个岗位上,并随时根据大型活动的实际工作需要,对不同大型活动岗位的志愿者进行重新分配使用,以保证各项活动顺利开展。要达到对志愿者资源的优化配置,应当遵循以下原则:

第一,在志愿者的配置与管理过程中遵从协同性原则,即在大型活动志愿者的管理主体之间、志愿者与正式员工之间、不同部门的志愿者之间以及同一部门的志愿者之间,通过合理的组织结构及有效的分工合作,形成一种大于个体分力之和的整体合力。

第二,志愿者岗位配置柔性化,岗位配置不仅要周详,还要留有适当的弹性空间。在遇到紧急任务时能够在有效时间内动员充足的志愿者,而不受其所在岗位和分工的约束。

第三,集权与分权的协调。既要赋予志愿者一定的自主权,充分调动他们的积极性和创造性,又要保证他们按照预定的目标开展工作,同时要在特定的环境中,把赋予他们的权力收回来。

(5)志愿者激励

志愿者激励就是要设法让志愿者将个人需要与大型活动需要和社会需要联系在一起,使其处于一种互动状态,在这种状态下所付出的努力不仅可以满足志愿者的个人需要,同时也可以满足大型活动的需要并实现大型活动的总体目标。

激励是贯穿大型活动志愿者管理过程的一个重要环节,由于大型活动的不可重复性与志愿者的随意性,更需要管理者采取高效的激励方式来吸引和保留志愿者,以降低人员流失带来的损失。大型活动志愿者所具有的不同于普通大型活动组织的形态与特征,决定了其激励机制的特殊性。

福利保障其实也是激励机制的组成部分。虽然志愿服务是一种无偿的服务活动,但必要的福利有助于保障志愿者的积极参与。大型活动出售的最重要的商品是服务,对于志愿者个人的福利主要包括津贴和实物等形式。志愿者的福利没有一个严格的标准和规定,一般以交通补助、餐饮补助为主。对志愿者的这种补助也能够体现出大型活动组织对于志愿者服务工作的认可,也有利于调动志愿者参与的积极性,激发志愿者的创造性。西方国家对于志愿者的福利保障做得比较好。例如,法国规定志愿者均可获得一定的补助,包括住房和交通补贴,且高于服兵役者。

根据激励理论,可以将大型活动志愿者的激励方式分为内在激励与外在激励。内在激励源于志愿者因参与大型活动而产生的内在满足感,如公民责任感、团队归属感、个人的种种精神需求,比如以志愿者身份为骄傲,为能够展示和实现自我价值而满足,对大型活动的意义的自觉认识等。外在激励则是指志愿者因为提供志愿服务而受到表扬、嘉奖、宣传,如专用勋章、大型活动赞助商提供的物品、制服、奥运会志愿者纪念柱(图 8.3)等。盐湖城奥运会的志愿者计划明确指出:志愿者认证计划包括参与证书、专用徽章、挂表、开幕式服装预演的两张门票与一套志愿者制服。内、外在激励之间具有较为复杂的交叉效应关系,外在激励能够增进内在激励,而志愿者活动又往往以内在激励为主导。内、外在激励相辅相成,可以共同促进志愿者以积极的心态为大型活动提供优良服务。

图 8.3　2000 年悉尼奥运会志愿者纪念柱
(柱上刻有志愿者的名字)

(6)在大型活动中激励志愿者应坚持的原则

①确保志愿者能够通过服务满足自我实现的需要。自我实现的满足感越强,志愿者继续参与志愿服务的心志就越坚定。在安排活动时要考虑志愿者自我潜能的发挥,力争做到各尽所能;尊重志愿者的意愿,信任是维系志愿者的有效原动力;创造机会,鼓励志愿者在大型活动服务中学习新技能,面对新挑战;提供适当的成长机会。

②强化志愿者的情感体验。如果志愿者的服务精神没有激起个体内在的情感体验,即使在外力的强大影响下,志愿者表面接受了大型活动服务工作,但由于缺乏内化过程,也无法达到精神认同的目的,很难内化为自己的品格和行为。因此,让志愿者与志愿服务产生真正的共鸣,已成为维系和激励志愿者参与热情的重要问题。在志愿者激励中,要强调志愿者"被人尊重"和"被人需要",以此来保持志愿者的内在动力。

③志愿者激励手段的选择必须围绕志愿服务的目标而展开。激励本身是为了更有效地

激发志愿者参与志愿服务的积极性,而手段的选择尤为重要。激励的手段应以精神激励为主,辅以必要的物质鼓励。但绝不能认为物质激励是可有可无的,如2000年悉尼奥运会的志愿者都可以领取一套服装,包括两件衬衫、两条裤子、一个背包、一件雨衣和一顶牛仔帽,这样的服装可能会在黑市上"增值",如某收藏者现在给1996年亚特兰大奥运会志愿者的衬衫估价为200美元。

(7)在大型活动中激励志愿者应注意的问题

第一,从各个角度来激发志愿者的内在参与动机,当内在激励的成效降低时,良好的替代方法就是加强外在激励——物质刺激,如为志愿者提供大型活动纪念品、制服、进入某些赛场的特权等。

第二,在管理的不同阶段采取不同的激励方式。例如,在招募志愿者前,要激励其对志愿活动的积极参与,而在大型活动期间,要激励志愿者充分发挥自身的主观能动性,使之从消极地标明"我仅仅是一名志愿者"提升为自豪地宣称"我是一名志愿者"等。

第三,多种激励方式相结合,如宏观激励与微观激励相结合,内在激励与外在激励相结合,形象激励与榜样激励、奖惩激励相结合等。

第四,给志愿者以主人翁的荣誉感。由于志愿者在中国是社会转型过程中出现的新事物,社会上许多人还不了解志愿者,也没有意识到志愿者对社会的巨大价值,便无从谈起对志愿者的尊重。许多大型活动组织的正式员工还认为志愿者就是免费的劳动力,随意分派一些杂活的现象时有发生。即使制订相应的培训计划和工作安排,也很少将每个志愿者的参与动机与个人兴趣考虑在内。由于志愿者与正式员工一起为大型活动提供各种服务,激发志愿者的荣誉感不仅能调动志愿者的工作积极性,而且能协调工作中可能引发的与正式员工、组织者间的各种冲突。

8.2 大型活动危机管理

大型活动产业是一个极其敏感的产业,对其运行环境有特定的要求,如政治局势相对稳定,经济快速发展,国内贸易和国际贸易发达,交通、场馆、航运等配套设施齐全、服务周到等。但这些只是一种相对理想的状态,在很多情况下,总会出现这样或那样的危机事件,破坏整个大型活动产业运行环境,并对大型活动产业造成巨大的影响。

8.2.1 危机的含义及特点

1)危机的含义

关于危机,我们首先考察几个学者的定义。罗森塔尔·皮内伯格(1991)认为危机是"具有严重威胁、不确定性和有危机感的情景"。巴顿(1993)对危机的定义是:"一个会引起负面影响的具有不确定性的大事件,这种事件及其后果可能对组织以及员工、产品、服务、资产和声誉造成巨大的损害。"

从字面上理解,"危机"是"威胁"与"机遇"的组合。我们认为的"危机"是:事情的一个严重或关键的状态;一个转折点;一个将决定事情结果的状态,不论其结果是好是坏。

危机具有3个因素:几乎来不及行动(或反应);缺少信息或信息不明确、不可靠;对物和人存在威胁。

进入21世纪,和平和发展是世界两大主题,但国际政治经济格局依然变幻莫测,局部战争随时都有可能发生。同时,随着信息技术和生物工程技术的飞速发展,各种疾病正在威胁着人类的健康。诸如战争、疾病等事件通常具有突发性,是由外部不可抗力因素造成的,在这里我们把它们称作危机事件。这些危机事件能对一个国家和地区的整体经济会造成巨大的影响,尤其是对敏感性极强的大型活动产业影响更大。因此,研究危机的内涵以及其对大型活动产业造成的影响具有极其重要的意义。

危机相对于人类正常的生活秩序而言,可以在一个国家或地区造成有限的影响,也可能在全球造成影响。危机是指一系列中止和平进程或瓦解社会正常关系、秩序的事件正在发生,并不断加剧风险,迫使相关系统必须在有限的时间内做出反应和抉择,采取更多的控制和调节行动,以维持系统生存。简单地说,危机就是导致社会偏离正常轨道,对社会公共安全和稳定造成较大影响的事件。应对危机需要建立健全危机管理体系,恢复社会均衡状态。

从危机形成的原因来看,危机分为自然危机和人为危机。自然危机具有不可抗拒性,如地震、洪水、台风等。一般来说,人们对自然危机认识、研究得比较深入,管理机制也比较健全。世界大部分国家都建立了相关的应对自然危机的管理系统,可以在危机发生时快速组织人力、物力和财力抢险救灾,从而把损失降到最低。而人为危机则具有更大的偶然性,所造成的危害往往更大,世界各国应对这种不可预测的、突发性较强的人为危机的成熟经验较少。在当今社会,人为危机已在偶然性中蕴含着必然性,各个国家和地区都应该充分认识到人为危机的危害和建立危机管理系统的必要性。

以上所谈到的危机都属于市场经济主体外部的危机。其实,对于大型活动产业而言,还有很多从企业内部发生的危机事件,如大型活动举行过程中发生的火灾、设备故障、参与者突发疾病等。据此,我们可以把突发性危机事件分为外部危机事件和内部危机事件。两者的主要区别是:一是前者主要是由外界不可抗力因素引起的,具有不可抗性,而后者通常是由大型活动企业内部引起的,一般来说,可以预测会有哪些危机发生,而且可以事先制定出应对内部危机的措施;二是前者将对整个大型活动产业中各个企业产生影响,属于宏观影响,而后者通常只对发生危机事件的单个企业产生影响,属于微观影响;三是对于外部危机应该建立应急机制,并需要政府、企业、行业协会各方共同努力,而后者则只涉及单个企业应急机制的建立;四是对外部危机事件应对措施和应急机制的建立一般只做理论上的研究,而对大型活动企业内部危机事件则做实务研究。本书作为大型活动方面的入门教材,对外部危机应急机制只做了一些理论上的探讨,而主要把大型活动企业如何处理内部危机进行专题分析。因此,在本书中我们只介绍外部危机的概念、种类及特点,建立突发事件应急机制,并对政府、企业和行业协会在整个危机事件中的对策进行分析。

具体到大型活动企业而言,危机是指影响参与者和观众对大型活动举行目的地的信心和扰乱大型活动组织主体继续正常经营的非预期性事件,并可能以无限多样的形式,在许多年内不断发生。比如近年发生的埃博拉疫情、MERS中东呼吸综合征、COVID-19新型冠状病毒肺炎等传染性疾病,以及恐怖袭击、示威游行抗议等危机事件都会对大型活动产业的发展产生巨大的影响。因此,建立危机应急机制有助于大型活动产业更好地应对危机,保持参与者和观众对目的地大型活动产业的信心,并将危机对目的地造成的影响最小化。

2)危机的特点

危机事件给组织或个人带来了严重的损害,为阻止和降低这种损害,企业需要在时间紧迫、人财物资源缺乏和信息不充分的情况下立即进行决策和行动,及时建立危机应急机制。

(1)突发性

危机是突发的,一旦爆发,事物原有的发展格局会突然被打乱,人们会无所适从。同时,危机事件中的混乱局面会使人们既得利益丧失,转而面临一个全新的、不熟悉的环境。而人们强烈希望回到原来状态的心理,使人们更加感觉到危机是突发性的。

(2)破坏性

危机的突发性会给产业或企业带来损失,这种损失有时是不可估量的,可以是有形的,也可以是无形的。有形的损失是可以衡量的,如危机会造成机器设备、房屋建筑等生产资料以及原材料的损失,导致资金的流失,甚至造成人员伤亡;而无形的损失难以衡量,如损坏国家或企业形象、声誉,导致整个市场低迷,其带来的负面影响在很长一段时间内难以消除。

(3)不确定性

危机事件是偶发事件,具有很大的不确定性,人们很难判断它是否会发生,也很难预测它发生的时间。人们通常依据以往经验做出预测,但有些危机事件只会发生一次,而依据以往经验和统计规律去判断往往会做出错误的预测。另外,危机情景也有很大的不确定性,由于危机的发展受各种因素的影响,尤其受不可控制因素的影响,它的发展经常出人意料,因而在危机事件中要密切关注危机的发展。

(4)紧迫性

危机的发生十分突然,而且也非常迅速。随着危机的发展,其造成的损失会越大。所以面对危机,时间非常紧迫,对时间的把握很大程度上决定了危机事件管理是否有效。

由于危机具有以上4方面的特点,危机的发生必将对大型活动产业的运行以及大型活动企业的正常经营产生巨大影响,正确分析危机对会展业的影响,建立危机应急机制是认识危机、应对危机的前提和保证。

8.2.2 危机对大型活动产业的影响分析

(1)打击人们对大型活动产业的信心

大型活动产业属于服务性产业,它的发展需要稳定的政治环境和快速的经济增长做支撑。而危机的爆发大都会破坏稳定的政治环境,阻碍经济的快速增长,从而打击人们参加大型活动的信心。大型活动属于人类基本需要之外的需要,在影响人类生命财产安全的危机来临时,人们必定会放弃对大型活动的参与,这是符合经济学中的马斯洛需要层次理论的。大型活动产业的快速发展虽使人们看到了它的发展前景,但人们普遍认为大型活动产业作为第三产业,具有脆弱性,经受不起风吹草动。每当危机来临之际,首当其冲的就是诸如大型活动这样的敏感性行业。大型活动的敏感性和脆弱性是由其行业特点所决定的。

(2)使前期投入无法收回,增加活动成本

大型活动是有计划的经贸活动,从确定举办到实际举办要经历长时期的准备工作,如前期组织者计划的制订、计划书的传递、与承包商签订合同、场地的确定、广告宣传等,这些过程都需要大型活动各参与主体支付大量的成本,这些成本都属于沉没成本,一旦投入就不能收回。一般来说,在大型活动能如期举行的情况下,组织者可以靠门票收入获得净收益,场地则可以靠场地的租金获得净收益,而承包商则可获得承包收入。但危机使大量大型活动停办,关于大型活动的一切交易都无法进行,导致大型活动各参与主体都无法做到以收抵支。

如果大型活动延期举行,组织者将要承担一系列因大型活动延期而带来的人工、宣传等费用。这打乱了大型活动企业正常的生产经营计划,同时也增加了举办成本。

即使有的大型活动在危机期间如期举行,其成本也会大大增加。如爆发传染性疾病,一旦发现确诊或疑似病人就需要有专门的设施、设备和人员处理,所以凡是在疫情期间举行的大型活动都在预防、紧急处理疫情方面做了大量的工作,这些措施虽然部分消除了参与者和观众的恐惧心理,但同时也大大增加了大型活动的成本。

(3)增加工作中各利益主体的协调难度

大型活动产业属于服务产业,是国民经济的发动机,产业关联效应非常强。大型活动产业自身参与主体复杂,既有主办方、承包商、分包商,又有参与者和观众,以及一些广告公司等,而且还与其他产业有着千丝万缕的联系,如饭店、旅行、交通运输、娱乐、饮食等产业;同时,大型活动产业的发展还需要政府及有关部门给予支持和配合。总之,一个成功的大型活动需要国民经济各部门通力合作,而合作的基础是各经济利益主体都能在大型活动的举办中获得收益,这符合经济学中利益主体"经济人"的假定。如果大型活动停办,各利益主体之间的合同都要终止,这就存在各主体之间如何分摊责任、费用以及处理违约等问题。如果大型活动需要延期,则存在需要重新确定大型活动时间的问题,而重新确定的时间可能和其他同类大型活动相冲突,从而导致业内更激烈的竞争,使大型活动规模缩小,而在场地方面则会面临大型活动排期太集中而无法承受的问题。这些问题如果处理得好,各主体能够精诚合作,则能共渡难关;如果处理得不好,长期建立起来的合作关系就有可能破裂,这对任何一方来说都是一个不小的损失。

另外,大型活动的顺利举行还需要一些政府部门的配合,但由于危机会造成大型活动延期,因此也会造成许多麻烦。

(4)使组织者遭受客户流失的损失

对于组织者来说,大型活动的停办或延期除了造成巨大的财物损失之外,还有一个非常重要的损失就是客户流失,这是一种无形资产流失,很难用确切的数字表述其损失程度。但国外的一项研究显示,一个新客户的开发成本要比保有一个现客户的成本高出 5 倍。客户关系管理理论权威人士 Don Peppers 和 Martha Rogers 博士曾指出:"如果企业能将客户流失率减少 5%,利润将会有 100%的成长。"

危机事件使大量的大型活动停办或延期,使组织者丧失了大批客户。通常来说,组织者都是带有一定的目的和计划的,若大型活动不能如期举行,则会影响他们已定的计划,而观众很容易改变目的地,转而投向其他国家或地区的同类大型活动。这种现象在大型活动旺季期间更加明显。

8.2.3　大型活动危机管理

1)危机管理理论

2020 年,新型冠状病毒肺炎的爆发使各行各业的危机管理成为人们讨论的热点话题,大型活动企业应该从疫情危机认识到建立大型活动行业应急机制、实行危机管理的重要意义。国外对危机管理的研究起始于 20 世纪七八十年代,但直到 90 年代才得到普遍重视。有关危机管理的理论主要包括:危机发展阶段理论、危机管理阶段理论、危机处理理论等。危机管理理论是大型活动企业认识危机发展阶段了解危机管理基本措施并实施危机管理的前提。

（1）危机发展阶段理论

"危机发展阶段理论"是由 Glenn H.Snyder 与 Paul Diesing 创建的,他们将危机发展阶段分为前危机阶段和危机阶段。前危机阶段转变为危机阶段在于跨越了危机门槛,也就是危机警戒线。另外,还有"危机生命周期"也可以对危机发展阶段进行划分,主要包括 5 个阶段:危机酝酿期、危机爆发期、危机处理期、危机扩散期、危机后遗症期。

（2）危机管理阶段理论

奥古斯丁将危机管理分为 6 个阶段:预防;拟订危机处理计划、行动计划、沟通计划、防灾演习及确立基本关系;感觉危机存在,避免对问题错误归类;避免危机扩大;迅速解决危机;化危机为转机、回收部分损失,并开始修补之前的混乱。

Steven Fink 把危机管理分为 4 个阶段:潜伏期管理、爆发期管理、后遗症期管理和解决期管理。

霍士富把危机管理划分为 3 个阶段:一是在危机发生之前做好防范工作,及时获得有关危机的信息,建立早期警报信息系统;二是危机发生后把危机损害降低到最低点,制定控制危机的对策,加强对员工的教育和培训,使其具备控制危机、应对危机的基本素质;三是在危机结束之后,制定措施挽救各种损失。

（3）危机处理理论

系统循环理论认为,危机出现后会逐渐威胁到社会大众与企业,因此社会就要提出解决危机的要求,而政府则制定各项措施来回应社会,如此过程循环反复,直到危机解除并恢复正常。议题管理理论认为应该有系统、有组织地确认危机的发展趋势及未来可能的环境变化,以便组织能够制定出最快、最佳的反应策略。此外还有早期警报信息体系以及危机动态管理等理论。

2) 危机管理原则 (见图 8.4)

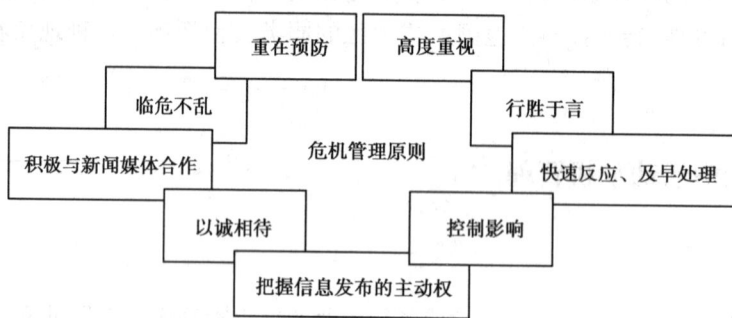

图 8.4　危机管理原则

(1) 重在预防

大型活动危机的形式是多种多样的,每一种危机不论形式如何,都会对大型活动构成威胁。应付不测以求得生存,是一切危机管理的基本原则。

如果说危机管理和危机应变方案的策划是企业生存的一项重要因素,我们就应该在危机发生前,制订危机应变方案,以确保危机到来时我们能有准备地面对危机,并顺利度过危机,将危机给企业的负面影响降到最低。有了危机应变方案,当危机来临时,我们就可以从容地面对危机,以充分的准备去抓住主动权。

任何企业在发展过程中都不可能一帆风顺,各种风险与突发事件会随时袭来。是否具有预测系统并快速地采取相应行动关系企业的生死存亡。

在著名的跨国公司,危机营销更多地转到了预防层面。这些企业经常通过调查分析,及早发现引发危机的线索和原因,预测将要遇到的问题和危机发生的基本进展情况,从而制订多种可代选择的应变营销方案。同时还通过加强培训,树立员工的危机意识。

(2) 高度重视

我们应该意识到:企业,不论其规模大小,都应平等地对待客户,当顾客抱怨产品不好时,我们应该及时与顾客进行沟通,否则势必影响企业在顾客中的形象,轻则经营业绩下降,重则企业衰落、停产、倒闭。不止一个事例说明了企业因一些小事而经营深受影响甚至倒闭。我们应知道,企业今后还会不止一次地遇到各种各样的问题。人的本性迟早会让企业经营者和管理者面临严重的危机。

现在,消费者对企业社会责任的期望值越来越高,这意味着企业一旦遇到问题,就有可能发生危机。因此,企业经营者必须对危机管理高度重视。

另外,危机公关还应既着眼于当前企业危机事件本身的处理,又立足于企业形象的塑造,注重后效。不能头痛医头、脚痛医脚,要从全面、整体的高度来进行危机公关,争取获得多重效果和长期效益。

（3）临危不乱

潜伏性和意外性是危机的重要特点。企业面对突如其来的危机，应做到临危不乱。乱则无法看清危机实质，无法有效地进行整体公关。企业要牢牢抓住危机实质，尽快分析危机产生的原因是产品设计或质量问题，还是广告误导、促销不力，抑或是渠道不畅、价格歧视等，要在第一时间内迅速做出判断，并制订出相应的危机营销方案。

（4）快速反应、及早处理

危机消息的出现，经常使企业的形象受到消极的影响。消息来源的渠道是复杂的、不同的。因此媒体对同一危机事件的传播，在内容上可能会有很大的差异。当危机发生时，作为危机的承担者——企业，应该以最快的速度，把危机的真相通过媒介告诉消费者，确保危机消息来源的统一，最大可能地消除大众对危机的各种猜测和疑虑。

（5）行胜于言

在危机突然降临时，积极的行动要比单纯的广告和宣传手册中的华丽词汇更能有效地建立起公司的声誉，在当前这种强调企业责任感的大环境中，仅依靠言辞的承诺，而没有实际的行动，只能招来消费者更多的怀疑和谴责。他们的态度有可能会将企业推向危机的边缘。自吹自播的宣传方式，早已让消费者没有了新鲜感，反而常被认为是宣传者在吹嘘自己的优点。事实的检验也经常证明消费者面对宣传缺乏相应的信任感。

（6）积极与新闻媒体合作

新闻媒体总是传播危机消息的先锋，并总是向消费者提供大量的有关危机的来龙去脉。每当这时，媒体的信息采编人员总是千方百计地收集并传播消息，这些危机消息通过他们迅速传播给了消费者并将深深地、长期地影响着消费者的消费心理和购买行为。

在危机面前，企业采取主动的行为是非常必要的。因为，主动本身所反映出来的是一种积极的态度。为了取得主动，企业在策划方案时，就要准备一些必要的原始材料。例如：一些照片、各种设备的最新技术指标、图表等，用来给一些相关的组织和媒体进行介绍，并在危机发生时显示企业与媒体充分合作的良好态度，最终赢得宝贵的时间来进一步收集危机的第一手资料。

（7）把握信息发布的主动权

在传播沟通中，要掌握对外报道的主动权，要以自己的组织作为消息的第一来源。

一般来讲，在企业出现危机时，最好成立一个以企业重要人物为中心的新闻中心。但就这一概念，没有必要理解为人们日常生活中的新闻中心的概念。这一机构应根据具体实际情况而设立。这一机构可以是临时性的，也可以是长期性的。在发生危机时，它的作用在于将危机真相告诉消费者。同时这一机构可以是一群人，也可以是以一个人为中心的几个人。

设立这样的机构或专人，有助于使大批媒体信息采编人员在离开危机地后，仍然能获得很多关于危机的消息，可以尽可能地避免媒体在事后的猜测。这一机构有必要安排一人专门写稿，介绍危机的详细情况以及企业所做出的决策。

（8）以诚相待

面对危机，企业只有开诚布公说明事情的原委，诚恳地接受批评才能淡化矛盾、转化危机。无论面对的是何种性质、类型及起因的危机事件,企业都应该主动承担义务,积极处理。即使起因在受害者一方,也应首先消除危机事件所造成的直接危害。以积极的态度去赢得时间,以正确的措施去赢得顾客,创造妥善处理危机的良好氛围。以诚相待还表现为维护消费者利益,以顾客代言人的身份出现,主动弥补顾客的实际利益和心理利益。

(9)控制影响

成功的危机公关一定是在尽早的阶段消除危机,尽量迅速地解决问题、平息冲突,努力尽早地化解危机。对个别小范围内发生的事,应减少曝光,化敌为友,消除不利影响。

3)大型活动危机管理措施

以上对危机管理理论只是做了一个简单介绍,作为企业进行危机管理时,还应该制订出具体的危机管理方案和措施。有关专家认为,危机管理最重要的就是要做到制度化、法制化和科学化。而世界旅游组织发布的《旅游业危机管理指南》则认为,危机管理的主要途径有:沟通、宣传、安全保障和市场研究。针对大型活动产业的特殊性,其危机管理主要应从以下3个方面入手。

(1)危机前的准备工作

在危机发生之前要做好充分的准备,主要包括:制订危机管理计划;成立专门的危机管理机构,使其能在危机发生的第一时间对危机进行反应;建立有关大型活动各参与主体的数据库,以便在危机发生之时能与各方做到有效沟通;建立大型活动行业与其他负责安全保障部门的工作联系,如医疗卫生部门、消防部门、公安部门等;建立危机管理特别基金;建立危机预警系统等。

(2)危机发生后的积极应对

在危机发生阶段要积极应对:建立专门的媒体中心,客观求实地报道大型活动目的地的危机情况,并说明组织者为消除危机做了哪些工作,以最大限度地消除参与者和观众的恐惧;业内各经营主体要通力合作,共渡难关;大型活动企业要与政府紧密合作,以获得政府的支持;建立危机监测系统,随时对危机的变化做出分析判断等。

(3)危机结束后的恢复工作

在危机结束后,其带来的负面影响仍然会持续一段时间,此时的关键工作是加强宣传,以消除疑虑。同时还应尽快恢复正常的工作程序,并总结学习危机处理过程中的经验教训,创新危机管理系统,以便提高以后的应对能力。

对于危机管理理论和企业危机管理措施我们都没有展开论述,因为每一个理论都有其基本原理、应用以及争论,每一阶段的危机管理又可分为很多具体的步骤,作为一本大型活动教育的入门教材,没有必要对这个问题进行深入的探讨。但我们之所以把大型活动危机管理作为一个小节来写,就是想让人们认识危机的频繁发生对大型活动企业的运行产生了极大的危害,而要在大型活动行业进行危机管理,除了大型活动企业建立起危机应急机制,更重要的是要在宏观上构建一个行之有效的运行体系,即政府、企业和行业协会的分工与协作。

4)危机管理计划的制订

在策划大型活动之初,就应该着手制订危机管理计划。危机管理的诸多方面都可以列入大型活动最初策划过程当中。一份危机管理计划一般包含以下基本内容。

(1)选择场地

在筹备大型活动的各项工作时,都应该考虑如何确保每一个大型活动参加者的安全。自然而然,首先需要考虑的就是场地。一旦确定了举办大型活动的城市,就应该立即着手深入全面地调查这个城市的安全状况。这一调查应该包括对举办城市的评估,考察这个城市具体的利益集团、犯罪率、劳工纷争以及自然灾害发生的可能性(克劳,1999)。

安全调查的重点是场地设施。在考察场地期间,应该仔细注意建筑物的外在情况,询问为确保人身安全而采取的措施,检查一些易于被忽略的地方,看是否有乱涂乱画、垃圾等,因为这些地方最能说明安全工作是否做到位。同时,注意该场地是否安装了电子监控系统。更为重要的是,这些监控系统是何时、通过什么方式工作的?

(2)规章制度

制定规章制度是为了保护大型活动管理人员和参加者,使他们避免那些与安装、拆卸、使用设施导致的有关风险。这些规章制度通常有两大类,即场地风险和活动风险。场地风险指的是那些直接与设施有关的风险。活动风险指的是活动管理者与参与者就大型活动的规章、制度和政策的理解不同产生的问题。

(3)安全与人身安全

如前所述,在考察场地的时候第一步就应该开始着手制订安全计划。

第二步是确保公司和参与者购买足够的保险,从而在碰到失窃、自然灾害以及其他一些可保险的情况时,能得到足够的理赔。

第三步则是建立一个全面综合的登记系统,监控大型活动所有参加人员的出入情况。

第四步是制订计划确保参与者的人身安全。国际大型活动管理协会的大型活动行业人身安全指导方针对此提供了一个很好的参考。

(4)健康与卫生

健康与卫生问题通常分为两大类,即医疗紧急情况和危险废物的处理。每个大型活动都应该在现场安排称职的专业人员来处理医疗紧急情况。医务人员应该能够对患者进行基本的急救和CPR,提供基本的生命支持,对伤口或疾病做出判断,了解并掌握如何在危机出现的时候与外界进行联系。

危险废物的种类有很多,既有一般的溶剂,也有有毒有害的物质。处理这些废物的关键是把它们交给训练有素、经验丰富的专业人士来处理。在危机管理计划中应该对这些废物做出说明,并有专门的章节来说明如何对废物情况进行评估,如何与专业人士取得联系,如何排除废物,从而确保大型活动参加者的安全。国际大型活动管理协会的大型活动行业人身安全指导方针中有关于医疗紧急情况和处理危险废物的信息。

(5)自然灾害

处理自然灾害的首要原则是不要低估大自然的力量。最常出现的是与天气有关的灾害,而且这类灾害会超越地区界限。在美国,最典型的一个例子就是一场袭击了盐湖城的龙卷风(盐湖城远离"龙卷风之道")使正在当地举行的一次全国性大型活动陷入了混乱。

要想减少自然灾害对大型活动的影响,关键在于做好准备工作。在考察场地时就应该对举办地城市的情况进行全面调查。了解这座城市在历史上是否遭受过自然灾害,是否出现过冬季暴风雪,每年春天是否有洪水肆虐,夏季是否是高温酷暑等。

所有这些有关自然灾害方面的信息可以到当地的公共安全或紧急服务部门、国家气象局等有关部门去查询。

(6)人为灾害/暴力行为

据调查,大型活动组织者不仅关注自然灾害,而且最担心人为灾害或暴力行为。因为,不论在什么时候,只要有大量的人聚集在一起,就有可能突发一些意外情况。这些情况可分为4大类,即食物引起的疾病(食物中毒)、火灾、个人暴力行为、示威或对抗。

5)制订安全计划和程序

制订安全计划和程序的第一步就是熟悉大型活动的所有细节,了解和协调交通警察的作用、彼此的关系和各人的权限,确保建筑物的安全和大型活动的安全。大型活动组织者应该了解大型活动的特点,如预期的参加人数,场地、办公室、休息室和会议室的地点和使用情况等,这都将影响到安全计划。因此,组织者应该与场地的大型活动协调员、建筑物(宾馆)保安人员、安全承包商和总服务承包商密切合作,共同制订安全计划。

6)选择一个安全承包商

选择一个能胜任工作的安全承包商至关重要,因为保安很醒目,他们通常被视为大型活动管理团队的一分子。在选择安全承包商时,有几种选择方案。比如保安公司和志愿者。在任何举办大型活动的大城市都有一些知名的保安公司和称职的保安,通常他们都很熟悉当地的法律法规和大型活动的组织情况。

了解保安的职责可以帮助组织者决定该选择哪种类型的保安。一般来说,保安履行以下职责:

①放哨。看守和监视某些地区,如大门、电梯等。
②检查。在大型活动入口和其他入口处检查入场人员徽章和证件。
③守卫。保护个人的物品或财产,保护人员的安全。
④公共关系。提供信息和指引方向。

不论选择何种类型的保安,一定要牢记:根据承包合同,安全承包商将承担所有的损失、损伤、职员的赔偿和保证金等。但是如果直接雇用保安,那么大型活动组织者就要承担这一切。此外,还要了解照管和监管责任,这也就是法律中所说的"(物品的)委托"。委托是将物品委托给另一方,大型活动管理部门需要承担相应的责任。

7)综合各项因素制订一个执行方案

在完成了对所有可能的紧急情况的评估以后,下一步就是制订一个执行方案。制订危机管理计划的目的是帮助员工和管理人员在遇到紧急情况时能及时制订正确、稳妥的应对措施。如果不及时应对出现的危机,后果会不堪设想。制订的危机管理计划是以一系列决定为基础的,这些决定旨在避免或最大限度地减少危机对个人、大型活动和贵重物品造成的损失。保护的顺序依次是:人员、大型活动和财产。

8) 评估危机管理计划

危机管理计划是一个"活文件",换言之,任何时候都不能说这个文件已完成。它需要不断发展、改进和更新。危机管理文件保持这种动态有 3 个原因:

首先,外部形势是不断变化的。如国际贸易风云、国内政治、气候变化等,所以你的危机管理计划应该随着这些外界因素对大型活动的影响而不断变化。

其次,不论何时发生危机,都应该及时对危机管理计划的价值进行评估,不论是在危机发生期间还是危机结束以后。这种双管齐下的方法可以使你有时间来反思、修改和完善各种不同的程序和原则,以更好地确保所有大型活动参加人员的安全。

最后,任何大型活动都是独一无二的。参与者的数量会变化,公司可能会在一个更大的场地举办大型活动,甚至会将大型活动转移到另一座城市。每当出现这种变化时,我们都必须重新审阅已有的危机管理计划,不让任何危机钻空子。

8.2.4　大型活动产业危机管理宏观构架

我们所界定的危机是对整个大型活动产业产生全局性、宏观性影响的外部危机,具有突发性、不可预测性、严重破坏性。与大型活动企业内部危机不同,外部危机不能单纯地依靠个别企业通过建立危机防范系统、提高改善经营管理水平等来防范或得到控制,而必须依靠政府、企业和行业协会分工协作、共同努力建立运行机制。我国在 SARS 期间所暴露出来的种种问题以及疫情对大型活动产业所造成的如此巨大的危害,与我国政府、企业和行业协会之间没有形成一个良好的分工与协作关系,以及没有建立起有效的危机防范系统有很大的关系。因此,深入分析三者在危机管理中的职能定位,构建三者之间的分工与协作关系是大型活动行业危机管理的重点(见表 8.1)。

表 8.1　我国政府、大型活动企业和大型活动行业协会在危机管理中的职能

政府	树立危机意识、成立反危机机构体系
	制定危机法律、危机管理法规
	建立危机管理信息系统、知识系统
	建立危机管理资源保障体系
	明确中央与地方的分工、协作关系,保证行动的一致性
大型活动企业	突出主营业务、开展多元化经营
	提升信息技术装备水平
	实施客户关系管理
	加强危机公关

续表

大型活动 行业协会	加强主体合作
	及时公布危机信息,消除各方的恐惧心理
	开展危机对大型活动产业损害的调查研究
	邀请业界专家、学者进行理论分析
	联合企业进行联合营销
	加强人才培养,改变目前行业人才的现状

1) 政府

建立大型活动行业危机管理机制,首先要建立国家层面的经济安全体系,这样才能够在危机爆发时使自身力量有限的某一具体产业得到真正的"安全"。具有行业管理职能的政府,应该从行业总体利益出发,通过建立行业内部协调机制,提高行业应急能力。具有行业管理职能的政府,在行业领域内也具有丰富的资源和信誉,因此作为行业利益的代言人,要建立相应的应急机制。政府在大型活动行业危机应急机制中扮演着重要角色,具体包括:

①树立危机意识,借鉴发达国家危机管理模式和体制,成立专门的危机管理机构和统一领导、分工协作的反危机机构体系。

②制定和完善应对危机的法律。要制定各种各样对付不同危机的单行法规。除此之外,还需要建立紧急状态下的危机管理法规。

③建立一个危机管理信息系统和知识系统。危机管理中最重要的是信息的获得。危机管理系统要保证信息的准确性和信息披露的及时性。

④建立危机管理的资源保障体系,包括财政、人员等方面,把危机管理纳入国家预算之中,建立各种专项资金和基金制度,以及对基金的监管和社会救济等方面的制度。

⑤要明确中央和地方政府的分工和协作关系,保证中央和地方在处理危机时的行动一致性。

2) 大型活动企业

在疫情期间,大型活动企业所暴露出来的问题是严重的,也是根本性的。我国大型活动企业规模普遍偏小,还不能形成规模经济和范围经济,抗风险能力较弱。疫情期间一些大的大型活动企业尚可勉强度日,而一些规模较小的大型活动企业则步履维艰,濒临破产。长期以来,我国大型活动企业从事单一组织业务、承包业务及场地的经营,规模小,抗风险能力弱。即使一些大型的大型活动集团从事的也是与大型活动相关程度非常高的业务。大型活动产业是敏感度较高的产业,这样单一的经营模式不利于大型活动企业分散风险。因此,加快大型活动企业集团化经营、扩大企业规模、实现规模经济、增强自身实力和抗风险能力已成为大型活动企业应对危机的重要策略。另外,由于产权改革不到位以及缺乏激励约束机制,许多大型活动企业缺乏危机意识。当今社会危机已不再是偶然现象,对敏感性较强的大型活动企业来说更是如此。因此,大型活动企业应树立危机意识,采取各种方式和手段应对危机。

大型活动企业除了要树立危机意识,增强自身抵抗风险的能力之外,还应从以下4个方面入手。

(1)突出主营业务,开展多元化经营

一个企业的长期发展取决于它是否拥有核心竞争力,一般来说,核心竞争力的形成同其所从事的经营领域有极其密切的关系,需要付出极大的努力和长期的积累才能形成,因此,实行专业化经营,将主要精力集中于最熟悉、最具实力的经营领域是企业增强自身竞争实力的有效途径。但根据风险分散化的理论,企业只经营单一的业务不利于分散风险,应该实行多元化经营,即"不要把鸡蛋都放在同一个篮子里"。多样化经营是指一个企业或集团生产多种产品或在不同的地区生产同类产品。多样化经营有助于企业拓展新的发展领域,获得规模经济和范围经济,实现资源共享。但就在许多企业纷纷转向多元化时,却出现了一些大型集团因其业务过于多样化而主营业务不突出,从而缺少核心竞争力而被市场所淘汰的现象。一时之间,有关专业化和多样化经营之争成为一个热点话题。

其实,专业化和多样化虽是一对矛盾,但却可以在一定时期内同时存在,关键是如何处理好二者的关系。一个好的经营管理者应该使本企业建立专业化经营,即在突出主营业务,培养核心竞争力的基础上,进行多样化经营,分散风险,并在多样化经营的过程中进一步增强专业化经营的实力。

大型活动企业应该很好地处理专业化和多样化经营之间的关系。由于大型活动产业非常敏感,极易受到突发事件影响,因此需要大型活动企业在经营好主营大型活动业务的基础上,向其他产业或领域拓展,如IT产业、媒体、财务咨询、采购服务、教育产业等,以分散经营风险。这一思路对于新形势下大型活动企业的发展非常重要。

(2)提升大型活动企业信息技术装备水平,适应网上活动的需要

就在大型活动产业遭受疫情重创之际,网上活动却逐渐兴起。虽然网上活动不能完全取代现实的活动,但相对于传统大型活动,网上活动却有很多优势,如参加费用相对较低,活动持续时间较长,不受空间限制,操作比较简单,而且信息反馈快捷、详尽。在新型冠状病毒肺炎疫情全球蔓延的背景下,广交会被首次搬上"云端",2020年6月15日,第127届广交会正式在网上拉开帷幕,为期10天的"线上交易",让中外客商足不出户下订单、做生意。线上广交会是积极应对新冠肺炎疫情的影响,努力稳住外贸外资基本盘的创新举措,有利于推动外贸企业获得订单、推动市场,更好地发挥广交会全方位对外开放平台的作用。随着信息技术和电子商务的进一步发展,网上活动有望成为现代大型活动产业的主体和发展趋势。因此,作为现代大型活动公司和企业,一定要注重信息技术水平和电子商务水平的提高,以适应这一发展趋势。

(3)实施客户关系管理

疫情造成了大型活动企业客户大量流失,也使客户关系管理的重要性凸现。有人曾做过计算,大型活动企业80%的收益,都来自占参与者总数20%的忠诚度高的老客户,而实施客户关系管理的目的就是维持有价值的老客户。目前,我国一些服务业,如银行、旅游、航空、电信、保险等行业已开始实施客户关系管理,以吸引和留住老客户。

实施客户关系管理就是以单一客户为单位,对客户行为进行追踪和分析,发现每个客户的偏好和要求,进而提供相应的配置和服务方案,以符合每个客户的个性要求。同时,大型活动产业要建立客户数据库,利用现代化手段进行数据处理,分析客户信息,从而把潜在的客户转变为忠诚客户,直至发展为终身客户。这样,即使大型活动企业在一定时期内遇到一些突发事件,忠诚客户也会考虑到与大型活动企业紧密的合作关系和其特有的周到服务,而对大型活动企业"不离不弃"。

(4)加强大型活动产业的危机公关

任何企业要在市场经济中生存,都不可避免地要和其他主体打交道,这就需要企业进行公关。对于大型活动产业这样一个联动效应大、带动效应强的产业,公关就显得更加重要,尤其是在危机面前,大型活动的经营和维持都需要各方全力配合,因此大型活动产业应加强危机公关。大型活动产业危机公关应包括与政府、其他产业、媒体、业内各参与主体等之间的各种关系。

3)大型活动行业协会

目前我国尚无统一的大型活动行业协会,但在一些省市都相继出现了一些地方性的行业协会。在2003年SARS期间,大型活动行业协会虽然做了一些工作,但与其应该承担的一般职能相比,应该说几乎没有发挥什么作用。一是疫情期间大型活动企业陷入困境,非常需要行业协会联合大型活动企业实现行业自救,也需要及时了解危机对大型活动产业所造成的损害,并拿出应对危机的对策和建议。而大型活动行业协会几乎没有在此方面做任何工作。二是大型活动行业协会自己并未清楚地认识到自身的责任和目标,也不清楚自己应该为企业提供什么服务,当然也就不能发挥自己的职能和作用。三是即使大型活动行业协会清楚自己的定位,但由于缺乏专业性人才,也不能发挥自己的作用。行业协会不是一个简单的社会团体,它的重要使命是为企业提供服务,如收集行业数据、资料进行分析、行业调研,为制定政策提供依据,这些都是专业化很强的工作,需要专业人才。但目前我国行业协会人员知识结构不合理,知识老化,专业人员不多,这种现状限制了行业协会作用的发挥。四是会员覆盖范围不广泛,不能为众多大型活动企业提供服务,同时也限制了大型活动行业协会的进一步发展。

行业协会作为非营利性社团组织,其主要从事政府不能管、不适宜管,也管不好的工作,以及企业需要而又无力做到的工作,这样才能充分发挥其桥梁和纽带功能。面对疫情这种突发事件,大型活动行业协会的功能主要体现在:及时公布有关信息,消除危机带来的负面影响;与媒体通力合作,加大大型活动目的地形象宣传报道;联合大型活动企业联合促销;组织大型活动专家学者深入研究危机造成的影响;集中力量做调查研究,为大型活动产业政策制定提供科学依据;代表本行业企业的利益,呼吁和寻求其他各方的支持与合作等。总之,为建立一个有效的危机应急机制,要充分发挥行业协会的作用,具体表现在:

①通过大型活动行业协会加强大型活动各参与主体的合作。成立全国性的大型活动行业协会,使协会各成员都深刻认识到自己和其他企业命运休戚相关,在困难面前应该亲密合作,共渡难关。比如在突发事件发生后,大型活动要停办或延期举行,涉及退票、赔付等问题,所有大型活动参与主体都将蒙受损失,在这样的情况下,各主体应合理分摊损失。

②及时公布有关危机信息,以消除参与各方的恐惧心理。行业协会是重要的信息中心,具有一定的权威性和可靠性。大型活动行业协会应该及时公布有关危机的信息,使参与各方以及观众及时了解危机所处的危险程度、状态以及大型活动所在地政府、协会和主办企业在应对危机方面做了哪些工作,从而消除恐惧心理。

③开展危机对大型活动产业损害的调查研究。危机对行业的损害情况是政府以及企业都想获得的信息,但政府作为宏观经济的调控者,不适宜直接从事产业损害的调查工作,企业作为市场经济中的单个主体,又没有实力进行行业整体状况的调查,而大型活动行业协会作为企业的联合体,作为政府和企业之间的重要纽带,开展产业损害调查是最适合不过的了。

④邀请业界专家、学者深入研究危机的影响,为国家出台相关政策提供理论依据,并使大型活动企业充分认识危机的影响,及时调整大型活动企业的产品结构、组织结构和经营战略。大型活动行业协会要负责专门的数据收集工作,并邀请专家学者进行分析。

⑤联合大型活动企业进行联合促销。面对危机,大型活动各参与主体应该共同进退,休戚与共。在产业环境极其恶劣的形势下,大型活动行业协会应该联合各企业,集全体力量联合促销,以使大型活动产业尽快走出低谷。

⑥加强对大型活动行业协会人才的培养,改变目前大型活动行业协会人员素质差、专业人员比例低、专业人员老龄化的现状。大型活动行业协会作用和地位的加强必然要求人员素质的提高,加强对大型活动行业协会人才的培养已经成为迫在眉睫的大事。

8.3 大型活动财务管理

良好的财务管理和预算控制是举办大型活动最重要的因素之一。做好大型活动财务管理能够对大型活动资金的流动去向、投入产出的比例和预算控制的好坏产生直接的作用。

大型活动财务管理就是大型活动主办者或承办者在大型活动举办过程中,对于举办大型活动的资金投入、产出、预算控制的管理。当然,这种财务管理是在国家、金融、财政、税收等财务规定内实施的管理,而不是非法的财务管理。一个大型活动的举办无论是想赢得美誉,还是欲取得利润,财务管理都是一个重要的环节,好的大型活动财务管理能够制订适当的财务目标、并获得良好的利润。大型活动财务管理包括 3 个阶段,即制订财务目标、制订预算和预算的执行与控制。

8.3.1 制订财务目标

对于以营利为目标的大型活动,投资回报率(Return on Investment,ROI)或该项目价值是检验大型活动成功与否的关键指标。ROI 可由下列公式来表明:

$$投资回报率 = 净利润／项目总成本 \times 100\%$$

8.3.2 制订预算

制订预算是大型活动项目组织者必须认真策划的一项行动计划,是协助实现财务目标的重要工具。大型活动财务中最具挑战性的部分就是制订预算,因为整个预算编制程序一般只是在有限的信息和假设的基础上展开的。每个大型活动项目都是单独进行预算,而一年中所有大型活动项目单独预算之和构成大型活动年度总预算(见表8.2)。

表 8.2　大型活动预算表

	项目	金额	占总收入的比例/%
收入	门票收入		
	广告和企业赞助		
	其他相关收入		
	总收入		
成本费用	场地费用		
	大型活动宣传推广费		
	相关活动的费用		
	办公费用和人员费用		
	税收		
	其他不可预测的费用		
	总成本费用		
	利　润		

一般来说,大型活动项目预算的编制依据下列 7 个因素。

①市场判断和预测。

②以前相同的或类似的项目历史。

③一般经济和未来预报。

④使用可提供资源(如投资回报率)时期望能够得到的合理收支。

⑤为大型活动项目筹措资金而选择适用的财务类型(借贷资金、预付款、现存资金等)。

⑥盈亏平衡分析。进行盈亏平衡分析,最重要的是要找到能够使大型活动达到盈亏平衡的"盈亏平衡点"。所谓盈亏平衡点,就是能够使大型活动达到盈亏平衡时的大型活动规模或门票价格,找到盈亏平衡点就可以为大型活动制订更加合理的价格,规划更为合理的规模。

⑦现金流量分析。举办机构可以根据自身的经营以及大型活动筹备工作对资金投入的需要,通过一定的渠道,采取适当的方式获取一定的资金。举办机构在筹措资金时,应遵循 4 项基本原则:规模要适当,筹措要及时,方式要经济,来源要合理。

8.3.3　预算的执行与控制

预算的执行与控制是在大型活动项目主管直接授权后执行。在预算执行中要注意3个环节:价格定位,现金管理和财务风险。

1)价格定位

价格定位不仅可以提高大型活动竞争力,也是确保财务目标的重要因素。一般对主办者而言,定价包括:①利润目标;②市场份额目标;③市场撷取目标;④大型活动质量目标;⑤生存目标。针对不同的目标,定位方法也不同。

成本导向定价法,就是以举办大型活动成本作为大型活动定价基础的定价法。举办大型活动成本包括固定成本和可变成本两个部分。

2)现金管理

现金管理一般分为两种记账方法,即现金记账法和权责发生制记账法。

现金记账法是指当收益实际收到、费用实际支付时才记录下收益和费用。当收到支票并且已经存入自己账户时才将收益加到预算中,实际收到发票并且已付款时才将费用扣除。

权责发生制记账法是将能够预计到的收入和费用都记录在账上,报账则要等到收入或费用预期发生的那个月份。此外,要把应付科目的资金留出来,这样在需要支付时便能拿出这笔款项而不是用于他处了。

对于大型活动企业而言,仅仅能够营利的经营运作并非是完全的运作。从财务管理角度看,现金流支是一种支付手段,凭借这种手段,大型活动企业可以如期支付账单或工资。为保证现金正向流动,需要用两条措施来保驾护航。其一是必须与经销商或者客户事先商定好付款条款和条件,并签订合约,这样可以使公司设法赚取足够的收入来偿还承担的债务。其二是必须及时回收到期的应收款,以便清算所欠经销商的应付款。

3)财务风险

财务风险是指由大型活动财务管理失误而导致的企业(项目)资金反向流动,并给企业(项目)带来资金投入和产出的不确定性。这包括投入与产出的负数比例,利润率与利息的负数比例,以及由货币汇率变化和国际、国内金融风险带来的不确定因素。因此,慎重选择大型活动项目和大型活动投资规模是降低和规避大型活动财务风险的有效手段。

阅读资料

G20志愿者"小青荷"是怎样炼成的?

"小青荷"是谁?是G20杭州峰会志愿者的代名词,其含义为志愿者恰如一朵朵欲待盛开的青色荷花,青春朝气、纯洁美丽、无私奉献。"小青荷"取自宋代诗人杨万里的诗句"接天莲叶无穷碧,映日荷花别样红","青荷"音同"亲和",指志愿者具有亲和力,志愿者的微笑是杭州最好的名片。

随着 G20 杭州峰会越来越近,4 000 余名"小青荷"志愿者早已进入"峰会时间"。从峰会会场到宾馆酒店的迎宾台,从西湖边的微笑亭到机场车站,统一的着装、优雅的仪态加上灿烂的笑容,成为志愿者们的招牌。志愿者们陆续上岗,向世界展示着灿烂的笑容和温馨的服务。

微笑背后是汗水　优雅的小青荷是这样炼成的

为了让"小青荷"们在各国来宾前能展现出更好的仪态、更自然的笑容,除了集中培训外,各高校还组织了不少礼仪知识专场培训。

"把卡纸放在膝盖中间,或是用头顶住,这样才能保持端正的站姿。""扣上衣扣子要扣两粒,外衣拉链拉到领口的缝线为止。""女生的妆容必须淡雅,长发得扎起马尾辫……"小青荷们在寝室里、形体房、马路边一遍遍练习各种动作,追求着细节,追求着完美。

礼仪形象不但要落实到细处,如何实际操作也有一套要求。"小青荷"们有时也会用角色扮演的方法,练习面对不同情况的具体操作方式。"我在扮演被服务的人时,就会想我想要得到什么样的服务,下次上岗的时候就会从对方的立场出发,不断反思自己的表现是否让对方舒服,然后调整自己的姿态、表情等。"志愿者陆天琪说道,"训练挺枯燥,但我们想尽办法让它变得有趣起来,比如一边练习一边玩词语接龙,同伴间的嬉笑也能让我们暂时忘记脚上的酸痛。"

真诚微笑最动人

"小青荷"们的站、坐、走、蹲、手势等都有标准,称呼礼、问候礼、介绍礼、握手礼、引导礼等也有标准,唯有微笑没有固定的标准。北京的志愿者特邀培训老师对"小青荷"们说:"真诚和眼神才是最重要的,如果志愿者的微笑都是发自内心的、最真诚的,那么眼神也会有特别的光彩。"

事实上,这两天如果你经过西湖边,会发现"小青荷"们的微笑已经绽放在身边。湖畔的西湖志愿服务微笑亭里茶香四溢,志愿者们正冒着高温,热情地为过往的游客服务。递一杯清茶,指一段路,介绍一处景点,微笑始终相伴。

展示优美的志愿者形象,这是"小青荷"们的共同目标。志愿者们都在尽心尽力协助杭州做好东道主,展现出热情好客的一面,他们都有同一个目标——让 2016G20 杭州峰会成为出彩的一届盛会!

(资料来源:巴中在线网,2016-09-01.)

专家评析

对志愿者的管理是大型活动人力资源管理中非常重要,而且是必不可少的环节。从 G20 杭州峰会志愿者培训的案例中可以看出,要想举办一次成功的大型活动,就要做好志愿者的培训与管理工作,这种培训是从里到外的培训,既包括技术上的培训,也包括思想上的培训。

第9章
大型活动品牌塑造与经营

【本章导读】

本章大型活动品牌塑造与经营,包括大型活动品牌概述、大型活动品牌塑造、大型活动品牌识别系统,以及大型活动品牌经营。学习本章,可以对大型活动品牌塑造与经营的理念与方法有一定的了解。

【关键词汇】

大型活动　品牌　品牌塑造　品牌识别　品牌经营

【学习任务】

1.树立大型活动品牌的基础要素有哪些?

2.阐述大型活动品牌的内涵。

3.如何诊断大型活动的品牌?

4.简要阐述一下大型活动品牌定位的步骤及策略。

5.大型活动品牌经营应遵循的基本原则有哪些?

9.1 大型活动品牌概述

大型活动品牌的内涵体现在大型活动的内在服务质量与外在形象的高度统一。其内在质量体现在大型活动定位的清晰化、大型活动服务质量的规范化、目标受众价值需求的适合性、大型活动组织管理的协调性和大型活动品牌的竞争优势性(见图9.1),反映了大型活动企业实施品牌战略的机会、管理与营销的状况;其外在表现是指大型活动的外在知名度和影响力,反映了大型活动营销推广、品牌传播等情况。

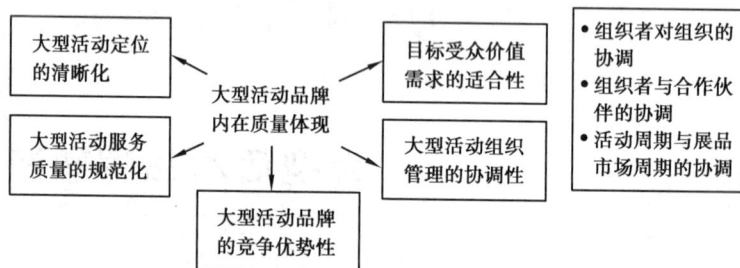

图9.1 大型活动品牌内在质量体现

9.1.1 大型活动定位的清晰化

由综合性大型活动向专业性大型活动转变是国际大型活动的发展趋势,打造大型活动品牌,首先应找准自己的定位。如宁波国际服装服饰博览会一开始的定位就为男装展,事实证明,这个定位不仅顺应了世界大型活动产业的发展潮流,而且真正树立了中国男装博览会的标杆。

9.1.2 大型活动服务质量的规范化

规范化是产业发展成熟的标志。在发达的市场经济国家,大型活动产业已是一个成熟的服务业,有一套规范的服务体系。中国加入世界贸易组织以后,中国大型活动产业逐步与国际大型活动产业接轨,要想在国际竞争中占有一席之地,就必须加快规范化的进程。

好的大型活动品牌提供的是高质量的服务,这种服务贯穿于整个大型活动的前、中、后期,它既包括餐饮、仓储、运输、打印、出租影像设备等配套服务,也包括在大型活动期间提供的广告位租赁、广告设计和制作等专门服务。规范化不仅能使大型活动的功能和价值满足参与者和观众的需求,而且能使大型活动品牌具有明确性、差异性、专业性,更容易被大众所认知。

9.1.3 目标受众价值需求的适合性

现代大型活动产业已不是单纯的产品展示交易场所,而是各方价值取向综合展示的平台。因此,要通过对受众的价值需求进行分析,结合其认知习惯、需求,对大型活动的内容、服务市场、产品市场、目标客户进行科学定位,对大型活动的核心价值进行评估,以提高大型活动品牌的核心竞争力。

9.1.4 大型活动组织管理的协调性

大型活动品牌主要针对的是高端市场,其价值层面不是单一、死板的产品层面,任何商人或参观者参观大型活动不仅仅是为了寻找产品,也是为了寻找满足其个性化需求、实现价值增值的一揽子解决方案。

大型活动组织运作的协调性体现在以下 3 个方面:

一是大型活动组织者对组织系统内部各部门推广、营销环节的协调。大型活动品牌的运作必须统一形象标志、经营理念、行为标志等,并渗透到内部的每一个营销环节,以高效的管理、优质的服务提高大型活动的服务质量。

二是大型活动组织者与合作伙伴之间的协调。合作伙伴包括大型活动营销代理商、分销商、广告商、旅游服务、场馆搭建、宾馆酒店、保险、运输、海关等,大型活动组织者必须与合作伙伴形成共同的价值观和完善的价值链,以保证大型活动的核心价值的长期稳定,使大型活动的"质量"不致在中途受损。

三是大型活动周期与"展品"市场周期的协调。大型活动周期的把握依赖于对"展品"市场周期的分析。不断协调大型活动周期与"展品"市场周期的关系,调整"展品"功能,使大型活动品牌不断延伸,使大型活动的"质量"得到长期稳定的发展。

9.1.5 大型活动品牌的竞争优势性

大型活动品牌所体现出的大型活动的竞争优势是依时代的变迁而变化的。不同时代及时期,参与者和观众的需求水平、结构及兴趣会有很大差异,这必然导致参与者与观众对大型活动质量的评估标准发生变化。因此,大型活动品牌的营销推广要不断地调查市场、分析市场、把握市场走向、研究大型活动服务对象的习惯与需求的变化,在动态中去寻求品牌的管理与营销方法。

9.2 大型活动品牌塑造

9.2.1 大型活动品牌诊断

大型活动品牌诊断是大型活动品牌形象定位的基础性工作。通过诊断,大型活动企业可以准确了解品牌建设工作的起点,在此基础上,确定科学的品牌形象定位及品牌发展目标。在诊断品牌现状时,可从 3 方面入手:

一是参与者与观众情况,包括两者对品牌的态度以及顾客对品牌所形成的看法,可以通过设计调查表和量化指标,在活动前、中、后 3 个环节,对参与者及观众进行跟踪调查,从中得到他们对品牌定位的看法及对品牌价值的认可。

二是品牌的内部管理情况,包括大型活动的管理、组织、人员、制度、文化等是否能够支撑相应品牌的定位等。

三是品牌成长的外部环境分析,包括市场竞争的公平性、法律法规的健全性、国际经济环境的利弊等,为品牌定位奠定基础。

通过以上诊断,对大型活动品牌发展的制约因素与有利条件做到心中有数,在品牌的建设中可以有针对性地推进,逐步完善并向外传播。

9.2.2 大型活动品牌定位的步骤

大型活动品牌定位就是在品牌诊断的基础上,针对目标受众的心理需要采取行动,将品牌的功能、特征与目标受众的心理需要联系起来,使品牌进入消费者的视觉领域,并引起消费者的注意,获得消费者的喜爱。大型活动品牌定位可包括 3 个步骤(见图 9.2)。

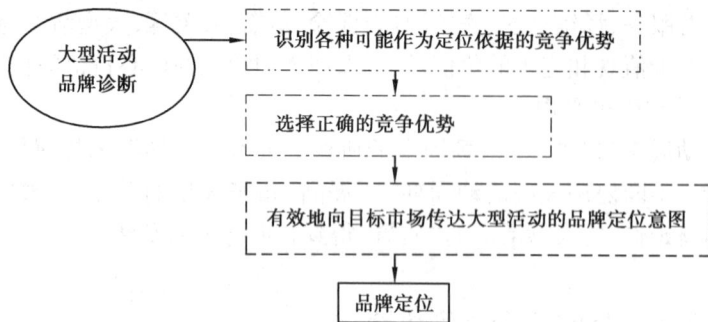

图 9.2 大型活动品牌定位的步骤

1)识别各种可能作为定位依据的竞争优势

潜在竞争优势使本大型活动能比其他同类大型活动带给参与者与观众更多的价值,它源于大型活动组织管理的过程,如更符合趋势的主题选择,更优惠的价格,更具代表性、更权威的参与者,更高质量的专业观众,更人性化的服务等。大型活动可以就某一方面的功能进行打造,也可进行全方位的塑造,但并不是所有的潜在竞争优势都能转化为现实中的竞争优势,因为潜在竞争优势转化为现实竞争优势是需要成本的,有些转化成本过高,有些不值得转化,有些时机不对等。

2)选择正确的竞争优势

通常,能够选作大型活动品牌定位基础的潜在竞争优势必须满足以下要求:

第一,差异性。这是说本大型活动在主题选择上是其他大型活动所没有的,即具有创新性,或即使其他大型活动有,但本大型活动可以在成本、服务或功能上做得更好。如宁波国际服装服饰博览会一开始的定位就为男装展,事实证明,这个定位不仅顺应了世界大型活动产业发展专业细分化的潮流,真正树立了中国男装博览会的第一品牌,也是中国唯一一个国际男装展。

第二,交流性。这是说大型活动品牌可以向目标受众传达,使他们能够感知到,如可以赋予品牌更大的想象空间,给大型活动注入更多的文化内涵,并通过大型活动广告、标识语、印刷品、相关活动等提升它的品牌影响力。

第三,经济性。这是说目标受众是能够支付得起,有能力支付这种定位带来的差异,并且能够形成规模效应。

第四,营利性。这是说大型活动的规模应足够大,可以弥补大型活动在品牌定位时采取差异化策略及相应的管理策略所付出的成本,从而有利可图。

3) 有效地向目标市场传达大型活动的品牌定位意图

持续与顾客沟通是品牌定位很重要的一项工作。例如,可以先花几个月的时间,建立顾客的认知与了解,之后再开始建立顾客的忠诚度。另外,要确保公司对外发出的信息是一致的,不会带给顾客前后不一的感觉。

9.2.3　大型活动品牌定位策略

大型活动品牌定位通常采用以下 4 种策略。

1) 特色定位

特色定位又称市场空缺定位,此种定位是一种在差异化的基础上形成的与众不同的方式。随着经济全球化、产业细分化的趋势日益突出,大型活动产业日益向纵深方向发展,其专业化分工将越来越明显,特色化定位成为建立竞争壁垒的有效方式。

2) 利益定位

此种定位致力于满足参与者和观众的某种利益,如更人性化的服务、更具影响力的宣传推广、更优惠的价格、更便利的设施、更多附加值的回报等。

3) 竞争定位

这是针对现有竞争者的、参考同类题材大型活动的优劣进行的定位。采用此种方式,大型活动企业需有足够的实力与勇气展开直接竞争。同时,也可利用与本大型活动有竞争关系的其他大型活动来拓展自己的影响力。

4) 功能定位

大型活动的功能一般有成交、信息发布、展示等,如果大型活动在这几大功能中的一项或几项很突出,则可采用此种定位方法。

9.3 大型活动品牌识别系统

9.3.1 大型活动品牌识别系统的要素

大型活动品牌识别系统包括以下三要素(见图9.3)。

图9.3 大型活动品牌识别系统的三要素

1)品牌理念系统

品牌理念系统是品牌最核心的内容,是在对目标受众的文化特征、消费心理需求分析的基础上,对大型活动品牌提出的观念、口号,个性的塑造及价值观的提炼,为以后品牌建设与延伸奠定基础。

2)品牌视觉识别系统

这主要指大型活动Logo(企业标志)的设计、产品的包装设计、环境的设计及大型活动企业形象的设计。具体包括:宣传手册、广告牌、车体广告、会刊、资料袋、邮寄信封、网站、宣传礼品、开幕式背景、场馆布置、促销广告、工作人员服饰等的规划设计。

3)品牌行为识别系统

这主要包括大型活动品牌的延伸计划、传播行为与规范、品牌的输出行为、禁止行为及相应的管理规范等。例如,与国内外大型活动代理机构的联系,与政府、行业协会的关系,对外的公众形象,客户的价值回报等。

9.3.2 大型活动品牌的规划过程

大型活动品牌的规划可分为3个阶段(见图9.4)。

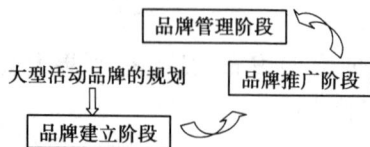

图9.4 大型活动品牌规划的3个阶段

1) 品牌建立阶段

这主要是运用组织系统对品牌的识别要素加以实体性的视觉化表现的过程。其中的工作包括:品牌名称的建立、视觉识别系统的建立和品牌标识语的确定。

(1) 品牌名称的建立

一个好的品牌名称至关重要,因为品牌的名称其实就是整个品牌营销大战的序幕。序幕越精彩,就越能吸引人,越能为以后的品牌整合传播提供更为坚实、广阔的发展空间。

(2) 视觉识别系统的建立

视觉识别系统主要分为基础系统和应用系统。其中基础系统又包括标准字、标准色、标准图案等;应用系统则包括办公用品应用、包装用品应用、交通工具应用、指示应用、销售应用、促销用品应用、产品上的标志应用、服务应用等。视觉识别系统通过鲜明的视觉冲击力和形象感染力,强化品牌的记忆点。

(3) 品牌标志语的确定

品牌的标志语是与品牌的整体推广密切相关的,必须从视觉识别中独立出来,加以充分重视。优秀的品牌标志不但能够有效地传达品牌识别及有关信息,还能引发丰富的品牌联想,更可以指引"广告语"的方向,产生独特鲜明的"概念营销效应",达到意想不到的传播效果,有利于品牌形象深入人心。

2) 品牌推广阶段

品牌推广主要包括以下 3 个过程。

(1) 推广品牌识别

这主要是运用媒介系统对品牌进行整合营销传播,在实践中建立品牌的 4 个识别要素:品牌核心价值、品牌定位、品牌理念和品牌个性。

(2) 推广品牌形象

这主要是通过丰富多彩的媒介形式、营销组合、视觉表现系统和组织大型活动,真正把品牌形象做到消费者的心中。

(3) 累积品牌资产

这主要包括品牌知名度、品牌认知度、品牌美誉度、品牌联想、品牌忠诚度,以及其他专属资产。

3) 品牌管理阶段

品牌管理主要包括以下 4 方面的内容。

(1) 品牌的有效延伸决策

这主要是指评估各阶段的营销状况,判断是否有必要引入颇具竞争力的新商品,以加强品牌的活性,满足消费者的最新要求。

（2）品牌资产长远的科学规划及管理

这主要是指对品牌知名度、品牌认知度、品牌美誉度、品牌联想度、品牌忠诚度以及其他专属资产的长远的科学规划及管理。

（3）品牌的改善和创新

这主要是根据市场环境和竞争对手的变化，进行品牌的产品、技术、传播、通路、组织、管理等方面的检讨和创新决策。

（4）品牌的长期传播规划及管理

这主要是指未来5年的广告投放策略、促销组合方案、整合传播方案等。

9.3.3　大型活动品牌系统实施中应注意的事项

1）制定品牌战略

要培育品牌大型活动，首要的一点就是经营者与管理者要树立牢固的品牌观念，认识到走品牌现代化的道路才是大型活动产业持续健康发展的唯一途径，并从场馆的设计、主题的选择、大型活动的规划、大型活动的组织与管理等具体方面来实施大型活动产业的品牌化战略。

2）提升品牌质量

这主要从大型活动的硬件和软件两个方面入手。大型活动的硬件设施是影响品牌质量的一个重要因素，国际上著名的品牌大型活动所使用的设备往往是最先进的。因此，大型活动要实现品牌质的飞跃，就要加大投入，不失时机地更新大型活动的硬件设备。大型活动的软件服务一方面要求大型活动企业加大专业人才的引进力度，另一方面，大型活动企业应积极加入国际性的大型活动组织，以实现大型活动服务与国际接轨。

3）拓展品牌空间

大型活动品牌的拓展空间具有三维性，即时间、空间和价值。时间是指品牌的影响力随着时间的延续而不断发散和扩张。一般来说，大型活动延续时间越长，则参与者之间的交流就越充分，大型活动的效果就越显著。国外的大型活动延续时间有十来天，而我国的大型活动往往只有三五天时间，这对于大型活动品牌的拓展是远远不够的。空间指品牌在地域上的扩张。德国汉诺威展览公司就通过在上海举办的汉诺威办公自动化展，成功地迈出了向中国扩张的第一步。价值则指品牌作为大型活动企业的无形资产，其经济价值是可以增加的，品牌价值的提升实际上也是为大型活动产业品牌在时间和空间上的拓展创造条件。

4）打造网络品牌

如今，网络已日益成为人们生活中的第二空间，大型活动产业应该充分利用网络的信息资源优势，在现实世界之外打造出知名的大型活动网络品牌。网络品牌的建立主要从企业网络形象塑造、网络大型活动的建设以及开展网络营销等方面进行。要借助网络优势开发出形象、生动、交互性能良好、功能强大的网络大型活动平台（见图 9.5）。

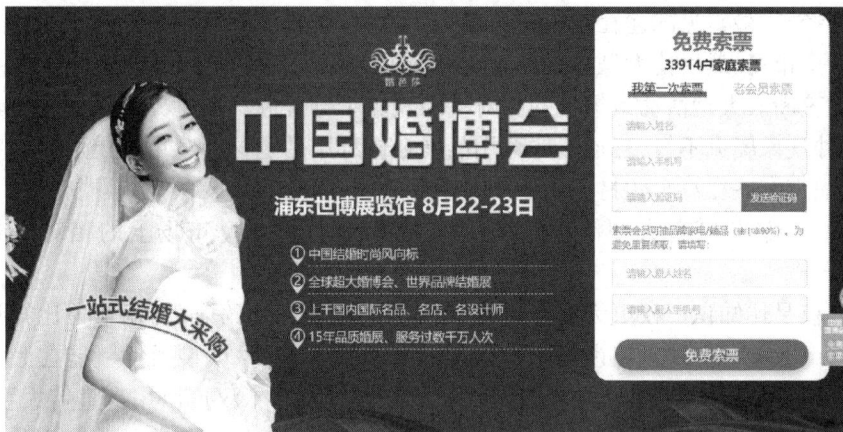

图 9.5　2020 年中国婚博会（上海）免费索票官方网站的首页

同时，在网络世界，品牌的推广可以通过多种渠道实现。其一，将网络资源收录到国内外知名的搜索引擎上，便于人们建立相关的链接。对于这种专业性比较强的行业来说，该方式可能是较为有效的。其二，与网民开展互动型的公共活动同样可以达到品牌推广的目的。

9.4　大型活动品牌经营

将自己举办的大型活动逐步培育成在国内外有重大影响力的品牌大型活动，是每一个大型活动主办单位不懈追求的目标。大型活动品牌都是通过对大型活动进行卓有成效的品牌经营才培育出来的，大型活动品牌经营是大型活动进行市场竞争最有效的手段之一（见图 9.6）。

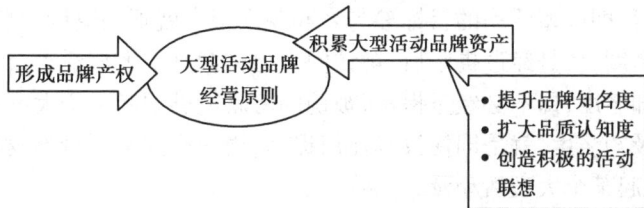

图 9.6　大型活动品牌经营原则

9.4.1　形成品牌产权

大型活动品牌经营，就是以经营品牌的观念来经营大型活动，将大型活动培育成品牌，并通过大型活动品牌来加强大型活动与参与者的关系的一种大型活动经营策略。大型活动品牌经营的主要目的，是提高大型活动的影响力和市场占有率，并努力使大型活动在该题材的大型活动市场上形成一种相对垄断的局面,也就是形成一种"品牌产权"。

大型活动经济是规模经济,品牌产权是大型活动经济发展到一定阶段的必然产物。大型活动品牌经营,最常见的途径是根据市场竞争态势选择某一个题材的大型活动市场,然后努力经营这个市场,最后使大型活动在这个题材的大型活动市场上占据主导地位,并对该市场形成相对垄断。大型活动市场上的相对垄断现象十分普遍。在世界大型活动经济最发达的德国,这种现象屡见不鲜:慕尼黑体育用品展在体育用品题材展览市场上居于相对垄断地位;法兰克福汽车展在汽车题材上居于相对垄断地位;科隆家具展在家具题材上居于相对垄断地位等。在我国,随着大型活动经济的深入发展,大型活动市场上的相对垄断也开始出现。

品牌产权是比知识产权更为高级的现代市场经济的产物,其市场竞争力比知识产权更为强大。某个大型活动一旦在市场上形成了一种品牌产权,该大型活动就能在激烈的市场竞争中占据有利地位。品牌代表着一种市场认可的品质,它不仅可以用来宣传大型活动,更是大型活动用来吸引参与者并拥有该题材大型活动市场的法宝。随着品牌在现代经济中发挥越来越重要的作用,品牌产权在大型活动无形资产的构成中占据着越来越重要的地位。一般来说,一个大型活动一旦在市场上形成了一种品牌产权,该大型活动就会拥有品牌知名度、品质认知度、品牌忠诚度、品牌联想度五大核心资产,这些资产是大型活动开展市场竞争最有力的武器。

9.4.2 积累大型活动品牌资产

开展大型活动品牌经营,使大型活动在市场上形成相对垄断,关键是要想办法逐步积累大型活动品牌的四大核心资产:品牌知名度、品质认知度、品牌联想度和品牌忠诚度。这四大资产能使大型活动获得参与者和观众的广泛认同,并促进大型活动不断向前发展。

(1)逐步提升大型活动的品牌知名度

大型活动品牌知名度分为4个层次:

第一,无知名度,即大型活动的目标参与者和观众根本就不知道该大型活动及其品牌。

第二,提示知名度,就是经过提示后,被访问者会记起某个大型活动及其品牌。

第三,未提示知名度,即不必经过提示,被访问者就能够记起某个大型活动及其品牌。

第四,第一提及知名度,就是即使没有任何提示,当一提到某一种题材的大型活动时,被访问者就会立刻记起某个大型活动及其品牌。

提升大型活动品牌知名度,就是要使大型活动品牌逐步从无知名度走向第一提及知名度,这样,大型活动才会被其目标参与者和观众作为首选的对象。

(2)扩大大型活动的品质认知度

品质认知度是指目标参与者和观众对大型活动的整体品质或优越性的感知程度,它使参与者和观众对大型活动的品质做出是"好"还是"坏"的判断;对大型活动的档次做出是"高"还是"低"的评价。品质认知度对于大型活动发展具有重要意义:首先,它可以为目标参与者和观众提供一个参加大型活动的充足理由,使大型活动定位和大型活动品牌获得目标参与者和观众的认同,提高他们参加大型活动的积极性;其次,有助于大型活动的销售代理开展组织工作,可以增加大型活动的通路筹码;最后,可以扩大大型活动的"性价比",创造竞争优势,促进大型活动进一步发展。

（3）努力创造积极的大型活动品牌联想

大型活动品牌联想是指在目标参与者和观众的记忆中与该大型活动相关的各种联想,包括他们对大型活动的类别、品质、服务、价值和顾客在大型活动中所能获得的利益等的判断和想法。大型活动品牌联想有积极的联想和消极的联想之分,积极的大型活动品牌联想有利于强化大型活动的差异化竞争优势,使目标参与者和观众对大型活动的认知更趋于全面,并可帮助目标参与者和观众进行参加选择决策,促成他们积极参加大型活动。大型活动品牌经营的任务之一,就是要通过营销等各种手段,努力促使目标参与者和观众对大型活动产生积极的品牌联想,避免他们对大型活动产生消极的品牌联想。

（4）不断提升目标参与者和观众对大型活动品牌的忠诚度

目标参与者和观众对一个大型活动品牌的忠诚度越高,他们就越倾向于参加该大型活动,否则,很可能放弃该大型活动而去参加其他大型活动。品牌忠诚度可以分为5个层次:

第一,无忠诚度。参与者和观众对大型活动没有什么感情,他们随时可能抛弃该大型活动而去参加其他大型活动。

第二,习惯参加某大型活动。参与者和观众基于习惯而参加某大型活动,他们处于一种可以参加该大型活动也可以参加其他大型活动的摇摆状态,容易受竞争者的影响。

第三,对该大型活动满意。参与者和观众对该大型活动基本感到满意,他们不太倾向于参加其他大型活动,因为对他们而言,不参加本大型活动而去参加其他大型活动需付出较高的时间、财务和适应性等方面的转换成本。

第四,情感参加者。参与者和观众不仅积极参加大型活动,还以能参加大型活动为骄傲,并会积极向其他人推荐该大型活动。

提升目标参与者和观众的品牌忠诚度,就是要不断壮大大型活动的情感购买者和忠贞购买者队伍,使大型活动成为行业的旗帜和方向标。拥有较多具有较高品牌忠诚度的参与者和观众的大型活动,必将成为该行业中最为著名和最具影响力的大型活动。

阅读资料

中国(深圳)国际文化产业博览交易会

中国(深圳)国际文化产业博览交易会(以下简称"文博会"),每年5月在深圳举行,始于2004年,至2019年已举办15届,是中国唯一一个国家级、国际化、综合性的文化产业博览交易会。文博会以博览和交易为核心,全力打造中国文化产品与项目交易平台,促进和拉动中国文化产业发展,积极推动中国文化产品走向世界,被誉为"中国文化产业第一展"。

第十五届文博会于 2019 年 5 月 16—20 日在深圳会展中心举办。主会场展览面积达 105 000 平方米,展商数量 2 312 家,连续 10 年实现全国 31 个省区市及港澳台地区全部组团参展,分会场数量 66 个。第十五届文博会汇聚了海内外 10 多万种文化创意产业展品、近 6 000 个文化产业投融资项目在现场进行展示与交易,吸引了 50 个国家 132 个机构参展,海外参展面积占总展馆面积 20%,吸引了 2.1 万余海外采购商在现场进行参观、采购、洽谈。在第十五届文博会上,文化旅游日渐展现融合发展的趋势,各种创新创意设计成果,也不断引领文化产业走质量型、内涵式发展道路,在"一带一路"倡议的带动下,中外文化交流更加活跃。

推进文旅融合发展,突出展示"文化+"新型业态

本届文博会突出展示"文化+科技"和数字文化内容,重点展示文化与大数据、云计算、人工智能、5G、4K 等文化科技融合创新成果,推动数字文化产业内容、技术、模式和业态创新。

旅游景区推出文化消费诚信柜,探索"文化+旅游"、IP Town 特色小镇发展模式,文艺演出空间、画廊、艺术品商店等与文化消费深度聚合形成产业链。

在文化和旅游融合发展馆,文博会以"美丽中国"整体旅游形象为统领,重点引进国内重点旅游省份的文化旅游特色产业集群参展,集中展示国内知名文化历史古迹、博物馆、文化创意主题公园、精品旅游演艺项目和旅游科技内容,助推文化和旅游的融合发展。

显现文化创新趋势,打造区域文化发展新引擎

本届文博会展出 10 余万件海内外文化产品,近 6 000 个文化产业投融资项目在现场进行展示与交易。除主会场外,还设置了 66 个分会场,其间策划各类活动近 600 项。截至 5 月 19 日,主会场、分会场及各类专项活动吸引了 700 余万次观众参与,主会场观众比上届增长 10% 以上。

一批文化创意产品受到市民欢迎,到文博会主会场和分会场了解文化产品最新潮流和创意设计新成果,成为不少市民的新时尚。3 号馆"奇幻影视博览会"展出《流浪地球》拍摄道具和美术制品,中影基地"中影幻境"让观众成为科幻片主角,红色 VR 电竞游戏让人身临其境。这些高质量文化创意产品吸引参观者的目光,也引领着文化产业发展的趋势与潮流。

为落实粤港澳大湾区发展规划纲要,第十五届文博会首设"粤港澳大湾区文化产业馆",组织了粤港澳优质文化企业、创意设计企业和产品参展,集中展示粤港澳文化产业创新发展成果。

加强中外文化交流,国际化水平进一步提升

第十五届文博会共吸引来自全球 50 个国家和地区的 132 家海外机构参展,分别比上届增加了 8 个和 2 个。他们带来了波斯地毯、越南沉香、北欧玩具等各具特色的文化产品。如连续 3 年参展的苏格兰展团今年带来高度还原电影场景的"哈利·波特"魔法商店。

此外,本届文博会参观、参展、采购的国家和地区达 103 个,海外采购商达到 22 167 名。文博会的"国际味"越来越浓,海外展区面积占比达 23.5%,国际化水平进一步提升。

　　在文博会"一带一路·国际馆",海外机构带来各具特色和地域风情的展品,馆内还专门设置了采购洽谈区,在展会期间开展以工艺美术、创意设计等内容为主题的"一对一""一对多"洽谈活动。不仅有"引进来",还有"走出去"。在"一带一路"文化产业和旅游产业国际合作重点项目交流会上,不少企业将中国优质的出版物、非物质文化遗产、文创产品、文化艺术品等进行了推广。

（资料来源：新华网,2019-05-21.）

专家评析

　　文化是旅游的灵魂,人文资源是旅游的核心资源,新时代文化与旅游融合发展机遇难得、大有可为。要坚持以文塑旅、以旅彰文,使文化繁荣和旅游发展相互促进、相得益彰。深圳文博会作为中国文化产业发展的重要检阅台、风向标和探索器,始终走在时代前列。聚焦文化产业发展过程中不断涌现的新产品、新技术、新模式,在布展时凸显了"文化+科技""文化+创意""文化+旅游""文化+金融""文化+互联网"等各个领域的最新成果和趋势。

第10章
城市会展业发展及其大型活动的经典案例

【本章导读】

　　本章城市会展业发展及其大型活动的经典案例,主要分析了国内外城市会展业的发展,以及北京、上海、广州会展业发展及其大型活动案例。学习本章,可以对城市会展业发展及其大型活动的经典案例有一定的了解。

【关键词汇】

　　城市会展业发展　大型活动经典案例

【学习任务】

1.阐述国内外城市会展业发展现状。

2.阐述城市会展业发展趋势。

3.阐述北京、上海、广州会展业发展现状。

4.阐述北京、上海、广州会展业发展特征。

5.阐述北京、上海、广州会展业发展趋势。

6.了解北京、上海、广州大型活动经典案例。

10.1　国内外城市会展业发展分析

10.1.1　国外城市会展业发展现状

自 18 世纪中叶首届世界博览会在英国成功举办以来,会展业得到迅速发展,成为一个新兴的产业,被世界各国所重视。经过 100 多年的积累与发展,德国、法国、意大利等欧洲国家会展业实力超群,规模庞大,涌现出了诸如德国汉诺威、法兰克福,法国巴黎,意大利米兰等众多国际会展中心城市。根据《世界会展城市实力报告》,2015 年世界会展城市综合实力评估从展馆展能、商展规模与展商实力 3 个维度,设计会展发展指数系统指标群,测评各国会展城市的实力水平,探索世界会展城市发展态势。入围的世界会展城市共计 55 个,其中 35 个城市位于欧洲,占比 63.64%;13 个城市位于亚洲,占比 23.64%;7 个城市位于北美洲,占比12.73%(见表 10.1)。本节将选取部分具有代表性的国外城市进行会展业发展现状分析。

表 10.1　世界会展城市一览表

地区	国家	城市
欧洲 (35 个)	德国(10 个)	汉诺威、法兰克福、科隆、杜塞尔多夫、慕尼黑、纽伦堡、柏林、莱比锡、埃森、斯图加特
	意大利(7 个)	米兰、博洛尼亚、维罗纳、巴里、罗马、里米尼、帕尔玛
	西班牙(4 个)	巴塞罗那、瓦伦西亚、马德里、毕尔巴鄂
	英国(3 个)	伯明翰、范堡罗、伦敦
	法国(2 个)	巴黎、里昂
	荷兰(2 个)	乌德勒支、阿姆斯特丹
	瑞士(2 个)	巴塞尔、日内瓦
	俄罗斯(1 个)	莫斯科
	比利时(1 个)	布鲁塞尔
	波兰(1 个)	波兹南
	捷克(1 个)	布鲁诺
	瑞典(1 个)	哥森堡
亚洲 (13 个)	中国(9 个)	香港、广州、重庆、上海、武汉、成都、北京、深圳、厦门
	新加坡(1 个)	新加坡
	泰国(1 个)	曼谷
	韩国(1 个)	首尔
	土耳其(1 个)	伊斯坦布尔
北美洲 (7 个)	美国(7 个)	芝加哥、洛杉矶、拉斯维加斯、亚特兰大、休斯敦、新奥尔良、路易斯维尔

1）德国城市会展业发展现状

德国作为世界头号会展强国，号称"世界展览王国"。全球近三分之二的重要会展在德国举办。德国展览业协会（AUMA）2015 年统计，在世界范围内影响较大的 210 个专业性国际贸易展览会中，有 150 多个是在德国举办的，德国每年吸引约 18 万参展商和 1 000 万观展者。德国的注册展会企业年营业总额超过 30 亿欧元，世界展览企业营业额排名前十的公司，有 5 家在德国。德国展览场馆集中，形成了规模效益，10 个展览中心的面积超过 10 万平方米。在世界几个会展业大国中，德国举办的专业性国际展会数量最多、规模最大、效益最好。德国会展业鲜明特点是：许多专业性展览会都是依托城市产业而发展起来的。例如，工业重镇汉诺威的工业博览会，杜塞尔多夫的国际印刷、包装展，旅游城市纽伦堡的玩具展等。

汉诺威是德国萨克森州的首府，是德国北部的文化、经济和科技中心，拥有发达的汽车、机械、电子等产业，曾举办 2000 年世界博览会，拥有全球最大的展览中心，其室内展览面积超过 46 万平方米，被誉为"国际会展之都"。德国汉诺威市工业高度发达，拥有技术先进的电子工业。因此，汉诺威市全力打造了一流的国际品牌展会——汉诺威消费电子、信息及通信博览会，汉诺威工业博览会以及汉诺威世界汽车及车载装备展等。其中，仅汉诺威消费电子、信息及通信博览会每年就能够吸引 6 000 余家参展商和 48 万多名观众参会，展会的净展出面积超过 40 万平方米。

2）美国城市会展业发展现状

2015 年世界会展国家展会发展指数排名中，美国凭借"芝加哥国际制造技术展览会"（IMTS）（155 000 平方米）从上一年的未入围到排名第五，实现了展会发展的重大突破。美国快速发展的会展行业主要得益于其独特的运作模式，即展览中心、行业协会协助、专业管理公司经营、立足于美国国内的市场化运作模式。美国国内具有巨大的市场容量，这种市场化的运作模式是以长、短期展览相结合的方式来保证展览企业的续航能力，以规模较大的展览中心完善配套服务设施，以立足本地、立足美国、立足专业产品的市场理念和谨慎的经营合作态度谋求发展。在美国著名的会展城市有：拉斯维加斯、芝加哥、洛杉矶、纽约、亚特兰大等。

拉斯维加斯地处美国西部内华达州南部的荒漠之中，素以博彩业闻名于世。受益于便捷的交通以及博彩业带来的庞大客流，"赌城"的会展业发展十分迅速。1959 年，拉斯维加斯会议中心建成开始营业，当年办展就达 8 次之多，参展者达 2 万余人，会展业成为当地经济发展的新引擎。当地政府还成立了专门管理拉斯维加斯会议中心的会议与旅游局，该机构为半官方性质，设有独立董事会，业务能力涵盖内华达州南部所有地区。目前，全美十大会展中心有 3 家坐落于拉斯维加斯，200 强会展中有 44 个在拉斯维加斯举行。拉斯维加斯完成从"赌城"到"展城"的华丽转身。

3）新加坡城市会展业发展现状

新加坡会展业发展位列亚洲之首。新加坡的会展业起步于 20 世纪 70 年代中期，政府对会展业十分重视。新加坡会议展览局和新加坡贸易发展局专门负责推动会展业发展。新加坡具有会展业发展良好的基础：发达的交通、通信等基础设施完善，较高水准的服务业，较高的国际开放度及较高的英语普及率等。新加坡每年举办大型会展活动近 4 000 个，展会规模和数量居亚洲第一，主要集中在新加坡博览中心、新达城会展中心、莱佛士城会议中心等三大场馆进行展览。新加坡曾连续 13 年被评为"亚洲最佳会议城市"。2000 年、2008 年新加坡被国际协会联盟分别评为世界第五大"会展之都"和"全球最佳会议城市"，这标志着新加坡成为世界会展强国。

10.1.2　国内城市会展业发展现状

相对于国外会展业的发展，我国会展业起步较晚，自 20 世纪 80 年代以来，经历从无到有，逐步迈向成熟。近年来，中国会展业年均增长达 20%，不仅培育了一批具有影响力的世界品牌展览会，而且拉动了外贸和投资的增长，促进经济的持续平稳健康发展。当前，中国已形成"珠三角""长三角""环渤海""中西部""泛北部湾""两江新区"和"东北部"等多区域、多层次的会展业聚集区。

目前，我国各地"以会兴市"的积极性高涨，普遍认为兴办会展是促进城市经济发展的首选之路。《中国展览经济发展报告（2019）》显示，2019 年各大城市相继出台促进本地展览业高质量发展的举措，加快提升会展业品质，不断提高会展经济效益，北上广继续保持中国最重要的展览城市地位，办展数量和办展面积持续位居前三，上海展览业发展优势尤为突出。除上海、北京和广州继续领跑全国展览业发展外，青岛、郑州、深圳、成都、杭州和重庆等城市展览业发展优势加快显现。在京津冀、长三角、珠三角区域发展战略的推进下，天津、武汉和深圳等城市也迎来新的发展机遇。

1）地区分布

2019 年中国各城市办展数量排名前三位的分别是上海、北京和广州，与上一年度保持一致；在前五位展览城市中，青岛超过郑州，由第五位上升到第四位，郑州由第四位下降到第五位。其中，上海共举办展览 545 个，占全国展览总数量的 15.4%；北京共举办展览 292 个，占全国展览总数量的 8.2%；广州共举办展览 260 个，占全国展览总数量的 7.3%；青岛和郑州分别举办展览 176 个和 148 个，在全国展览总数量中分别占比 5.0% 和 4.2%。上海、北京和广州合计办展 1 097 个，占全国办展总数的 30.9%。广州和深圳作为珠三角地区重要城市，具有重要的区位展览优势，共办展 384 个，在广东省占比 80.2%。2019 年我国各城市展览数量占比分布如图 10.1 所示。

据统计，2019 年全国共有 23 个城市举办展览数量在 50 个以上（见表 10.2）。

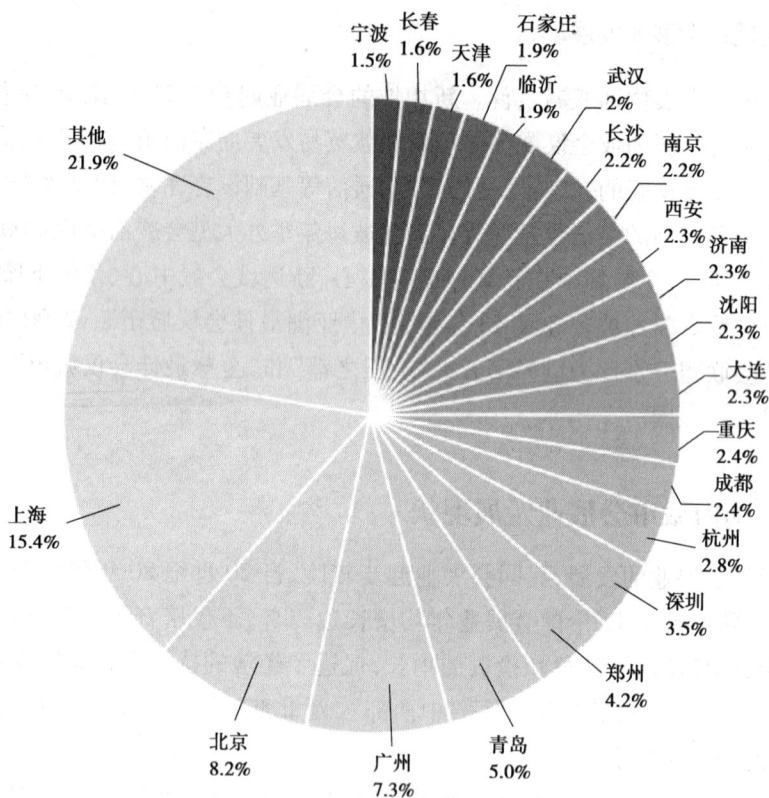

图 10.1　2019 年我国各城市展览数量占比分布

表 10.2　2019 年举办 50 个以上展览的城市汇总表

序号	城市	数量	序号	城市	数量
1	上海	545	13	西安	81
2	北京	292	14	南京	78
3	广州	260	15	长沙	77
4	青岛	176	16	武汉	70
5	郑州	148	17	临沂	68
6	深圳	124	18	石家庄	68
7	杭州	98	19	天津	58
8	成都	85	20	长春	56
9	重庆	84	21	宁波	53
10	沈阳	83	22	乌鲁木齐	51
11	大连	83	23	昆明	50
12	济南	82			

2) 展馆数量

据统计,2019 年中国展览馆数量和面积均保持持续增长趋势,国内大型展览馆数量达173 个(室内可租用面积大于等于 5 000 平方米,且 2019 年举办 2 个以上经贸类展览会的专业展览馆)。2019 年 3 月,国家会展中心(天津)项目正式开工建设,该项目坐落在天津市津南区海河中游南岸,距离北京 130 公里,距雄安新区 120 公里,总展览面积共计 55.8 万平方米。项目整体设计充分体现了生态环保绿色发展理念和天津的建筑特色,建成后将成为中国北方地区展览面积最大的会展中心,为京津冀城市群提供大型的国际会展场所。2019 年9 月,深圳国际会展中心顺利通过竣工验收正式落成,深圳国际会展中心是深圳建市以来最大的单体建筑,总建筑面积约 160.5 万平方米,其中室内展厅面积约 40 万平方米,整体建成后将成为全球最大的会展中心。

3) 展会特征

经过多年发展,一些由政府主导的综合会展向专业会展转变,有的随着市场化、专业化、国际化水平的提高而成为著名会展,已培育出一批具有特色、高水平、较大影响力的会展知名品牌,诸如广交会、高交会、进博会等综合会展。专业化会展比重增加,几乎涉及经济的各个部门和主要行业,如北京的机床展、纺机展、冶金铸造展和印刷展等已跻身国际同行展的前四名,珠海航展是世界五大最具国际影响力的航展之一。广交会作为中国目前历史最长、层次最高、规模最大、商品种类最全的综合性国际贸易盛会,被誉为"中国第一展"。

10.1.3　城市会展业发展趋势

1) 会展业重心向东亚转移,品牌会展仍集中在欧美

国际会展业发展格局正在发生新的变化。中国的北京、上海、香港地区以及日本、新加坡等由于基础设施发达、市场潜力巨大,并且具有较高的开放度和较好的区位优势,正在成为全球会展举办的热点地区。全球会展业发展重心由欧美地区向东亚地区转移,但品牌会展仍集中在欧美地区。欧美地区拥有大量的专业会展人才和专业买家,展览主办方能够为展商和买方提供优质的服务,并不断创新展览模式、设计理念和支撑技术,这使欧美地区在保持会展品牌方面具有强大的全球竞争力。

2) 会展业与科技加速融合,精准营销时代到来

以人工智能、移动互联网、云技术等为代表的新技术为依托传统产业发展的会展业注入了新的活力。科技将成为促进会展业务发展和优化服务的主要手段之一。在科技的驱动下,会展设备现代化水平不断提高,科技已经成为推动展会标准、展览内容和展览形式不断发展的重要力量。新媒体渠道把展览的商业周期延伸到会展以外,会展业与移动终端 App、

微信、微博、网络直播平台等结合,改变了传统营销方式,能够准确定位会展信息并推送给目标客户群体,使营销更加精准。以移动互联网为基础的会展大数据成为未来打通会展全产业链的关键。

3)会展专业化趋势增强,市场定位更加明确

第三次科技革命后,社会劳动分工越来越细,产品更新加速,综合性展会难以深入反映工业水平和市场状况,会展业逐渐向专业领域深耕挖掘。专业化展览会能够集中反映某个行业或其相关行业的整体状况,具有更强的市场功能,深受世界各国的青睐。专业化是会展业发展的必然趋势,只有具有明确的展览主题和市场定位,展览会才对参展商及与会者有足够的吸引力。

10.2 北京会展业发展及其大型活动案例分析

10.2.1 北京会展业发展现状

目前,我国已进入会展经济蓬勃发展的新阶段,北京作为我国会展业最发达的城市之一,会展业发展平稳,会议接待水平居全国之首。"十三五"期间,北京会展业发展的总体目标是要将北京打造成为体系完善、结构优化、布局合理、环境优良的国际会展中心城市。北京市的定位为"国际会展之都",进一步明确了首都会展业的发展方向,将为会展业发展带来重要战略机遇。

国际大会及会议协会发布的数据显示,2018年度北京接待国际会议的数量为94个,同比增长13.8%,位居亚太城市第七、中国第一。从APEC会议到"一带一路"国际合作高峰论坛,从世界种子大会到国际地理大会,近年来,一系列顶级国际会议和活动纷纷落户北京,会议产业成为北京的城市"新名片"。

北京展览业的竞争优势也在持续增强。2017年,北京举办各类展览790个,总展览面积609.5万平方米,接待展览人数1 029万人次,实现收入123.8亿元,位居全国前列。目前,北京已形成食品饮料展、机械工业展、医疗保健展、建筑建材展、绿色环保展、旅游消费展等展会主体,吸引了一批国际性专业展览落户。

10.2.2 北京会展业发展特征

1)会展活动品质逐步提升

截至2017年底,北京市共有国际展览业协会(UFI)会员单位29家,占大陆地区UFI会员数量的25%,有9家IAEE会员企业,占大陆地区总数的26%。各场馆举办展会的质量不

断提高,更加注重会展品牌的引进和培育,形成了一些固定的品牌展会。北京每年举办的400多个展会中,制造业占比最大,科技类、生活消费类、文化类占比均高于全国整体水平,从市场主体来看,国际化程度较高。

2019年8月26日,2019中国国际智能产业博览会(简称"智博会")隆重开幕,这届智博会以"智能化:为经济赋能,为生活添彩"为主题,聚焦"数字产业化、产业数字化",参展国际化程度、专业化水平等均高于首届。

2)国际性会展活动不断增多

2016年,北京市共接待国际会议5 000余个,接待国际会议人数65.5万人次;国际会议收入7.4亿元,占会议总收入的6.8%。2016年,北京市共举办国际展览159个,接待国际展览观众达167.8万人次,国际展览收入41.4亿元,占展览总收入的35.5%。根据数据资料,2010—2016年,北京市国际展览面积占比一直保持在50%以上,2016年为53.58%,2013年最高,达64.21%。北京会展业国际化程度不断提高,全球影响力逐步上升。

3)大力推动会奖旅游产业发展

借助文化和旅游融合的大趋势,坚持推动会奖旅游产业高质量发展,提升会奖旅游经济发展水平。政府高度重视北京市商务会奖旅游业的发展,提出了促进文旅融合,打造独特性产品,积极探索把文化内涵和文化体验融入会奖旅游,发挥会奖经济的带动效应和新品发现功能,挖掘文化内涵和可开发资源,打造有趣、生动、结合京味文化的独特性产品;充分发挥旅游业的拉动力、融合能力,整合北京相关优势资源,培育新业态,促进"会奖+中医养生""会奖+特色节庆""会奖+冬奥""会奖+文化演出"等整合发展,研发具有不同形式、针对不同群体的产品,推动丰富的会奖旅游产业链条与相关产业深度融合发展。

4)会展场馆及设施有待提升空间

北京市作为全国的经济文化中心,建有数量众多的展览场馆、会议中心、体育馆、演艺中心以及博物馆等。从会议设施上看,2016年北京市共有会议室5 000多个,同比增长1.9%。其中,规模超过500座次的有184个,占全部会议室数量的3.7%。2008—2016年,北京市规模超过500座次的会议室数量比重明显上升,会议设施的大型化特征显现。从展览设施上看,2016年北京市接待展览累计面积达673.8万平方米,其中展览面积在1万平方米及以上的展览有216个,占全部展览数量的24.9%。

随着北京市会展业规模的不断扩大,展馆资源与其他会展城市相比较更加紧张,北京市展馆的出租率较高,主要展馆出租率在40%左右,国家会议中心出租率高于50%,为全国之首。从展馆单体面积来看,北京最大的展馆是中国国际展览中心新馆(见图10.2),其可用室内展览面积仅为20万平方米,与上海国家会展中心(40万平方米)、广州国际会展中心(33.8万平方米)相距较远,无法满足会展业规模化发展的必然需求。

图 10.2　中国国际展览中心新馆

10.2.3　北京会展业发展趋势

1) 打造京津冀会展共同体,鼓励联合办展

紧密围绕京津冀会展业协同发展的要求,强化协同发展意识。一是在政府层面,树立全盘意识,积极与津冀两地建立会展业发展合作平台,加快北京市与津冀两地会展重点发展区的对接,建立合作关系,紧密联系,避免在政策制定、办展引展方面发生冲突。二是在市场层面,各个会展企业、场馆间应建立竞争与合作并存的发展模式,加强北京高水平会展企业对津冀两地会展企业的带动作用,促进京津冀区域会展业协同发展。

加快京津冀会展场馆及配套设施、会展品牌、会展人才等软硬件资源的深度整合。加强三地会展场馆之间的沟通协调,促进区域内会展人才的自由流动,不断推进联合办展,津冀两地要做好承接北京大型会展子展和分展的准备,进一步扩大展会规模,丰富展会内容,共同打造三地品牌展会项目。与此同时,依托三地不同的区位优势,相互支持培育各自的品牌会展,实现合作共赢。

2) "互联网+"视域下,着力打造智慧会展

加快推进互联网技术和会展业的融合发展,实现"互联网+会展",着力打造智慧会展。展会主办方及参展商应加强对会展资源的优化和集成,利用现代信息技术实现展品展示方式的更新。2020 年初新冠疫情暴发,全球蔓延,我国外贸面临严峻挑战,企业履约接单困难凸显。此时,第 127 届广交会用新技术为经济注入新动能,以"云开幕"的方式开启,将进展交易搬到线上,确保"买全球、卖全球"的贸易盛会如期举行,展现了"云端"商贸"足不出户做生意"的火爆场景。这次成功的尝试无疑是稳住外资外贸基本盘的创新之举。在未来可积极尝试举办网络虚拟展会,使线上线下模式得到有机融合。

此外,在线下展会将结合大数据、云计算等技术,建立国内外企业信息数据库,运用智能手机、网络平台等信息化的手段和企业保持联系,即时推送会展信息,实现展前的定制化服务沟通,并加强展后的精准化服务跟踪,尽量拉长和拉大展会服务的时间和空间。利用新技术手段实现场馆精细化布局,增强观众的参展体验感,提高展商的参展效率。

3)"会展+旅游",促进会展与旅游良性互动

北京具有丰富的旅游资源,逐步形成会展拉动旅游、旅游促进会展的互动发展模式,促进了会展与旅游活动的有机结合。因此,要建立健全会展与旅游信息共享平台,为会展和旅游活动的结合打通信息渠道,实现信息共享。旅游业可及时获取会展信息,进行捆绑宣传,促进客流转化。同时,利用以故宫、圆明园等为代表的文化旅游,以及以国家体育场、奥林匹克森林公园等为代表的体育旅游著名景点对会展各方的吸引作用,将大型精品旅游节庆活动与会展活动相结合,大力开拓奖励旅游市场,依托成熟旅游项目,打造会展旅游目的地。

4)推进优势会展资源共享,壮大本土会展品牌

充分发挥北京会展场馆在我国会展产业发展中的领先地位,依托新老国展、国家会议中心、中国国际科技会展中心等在大型会展活动策划、组织、实施方面的经验,鼓励其对国内其他地区场馆进行输出管理,逐步确定会展品牌输出模式。切实发挥会展行业协会的作用,加快建立北上广深与港澳等全国会展业发达地区产业发展经验交流共享。通过会展信息、会展服务、办展经验以及品牌建设等优势资源共享,提升我国会展业的整体实力,培育并壮大一批本土会展品牌,加快会展企业"走出去"的步伐。

10.2.4 大型活动经典案例:中国北京世界园艺博览会

2019年中国北京世界园艺博览会(简称"世园会"),是经国际园艺生产者协会批准、国际展览局认可的A1类世园会,属于世博会范畴,也是继1999年昆明世园会、2010年上海世博会之后,我国举办级别最高、规模最大的国际博览盛会。

这届世园会的办会主题是"绿色生活,美丽家园"。"绿色生活"就是以园艺为媒介,引领人们尊重自然、保护自然、融入自然,牢固树立绿色、低碳、环保的生产生活理念。"美丽家园"就是要全面践行科学发展观,加快资源节约型和环境友好型社会建设,促进世界园艺事业大发展、大繁荣,共同建设多姿多彩的美好家园。

1)妫河森林公园作为园区主体

世园会园区位于延庆区妫河沿岸,总面积960公顷①,分为围栏区(约505公顷)、非围栏区(约399公顷)和世园村(约58公顷)三部分。

围栏区集中展示世界园艺文化、园艺科技及绿色生态环境,会期实行收费管理。非围栏区是绿色生活、绿色产业体验区,展示村庄自然风貌,并为围栏区提供配套设施和交通疏散

---

① 1公顷 = 10 000平方米

场地;世园村是会前、会时参展人员办公及住宿配套服务区,设有办公、住宿、酒店、应急指挥中心、交通枢纽等功能,是会时指挥管理中心和交通组织中心。

园区主要是妫河森林公园的一部分,面积达424公顷,其中水域面积为185公顷。妫河两岸分布有连片林地,大部分为杨树林,还分布有芦苇等大片水生植物,共同构成了景色优美的妫河森林公园。此外,周边还种植了杏、桃等果树以及村庄周边的草地,生态优良。园区规划充分利用山水林田肌理,保护和提升现有生态系统,使森林、水系、湿地三大系统和谐共生。

2)"一心、两轴、三带、多片区"结构布局

结合山形水系和自然地形特点,2019年北京世园会园区整体呈现"一心、两轴、三带、多片区"的结构布局。即一个核心景观区、两条园艺景观轴、三条园艺景观带和多个园艺景观展示区。其中,"一心"即核心景观,包括中国馆、综合馆、演艺中心、中国展园和部分世界展园。"两轴"是以南边的官帽山和北边的海坨山为对景,形成正南北向的山水园艺轴和世界园艺轴。山水园艺轴充满东方神韵,充分展示中国近3 000年园林艺术、园林文化。"三带"包括妫河生态休闲带、园艺生活体验带和园艺科技发展带。"多片区"包括围栏区内的融合绽放展示区(世界园艺展园)、盛世花开展示区(中国园艺展园)、心灵家园展示区(自然生态展园)、生活园艺展示区(世界园艺小镇+人文园艺展园)、教育与未来展示区(园艺科技展园+儿童园艺展园),以及非围栏区的花卉生态示范区、农业观光体验区、绿色生活体验区、生态湿地体验区、生活园艺展示区等。

参照历届世园会建设案例,2019年北京世园会园区也配有相应规模的建筑。其中,围栏区内的展馆建筑包括中国馆、国际馆、生活体验馆、植物馆、演艺中心等,承担室内园艺展览和世园会开闭幕式、演出活动等功能。配套服务设施包括门区票务、餐饮、厕所、零售、医疗服务等。

3)会后将形成大型生态公园

"创新办会、永续利用"是2019年北京世园会综合规划的一大亮点。创新办会体现在园区规划中科技元素的运用。发挥首都科技创新中心优势,园区规划中融入了智能终端显示、机器人人机交互、全息投影、分子育种等高新科技,同时在生态技术利用方面,采用了循环节约型生态水系、生态湿地净化等手段,打造海绵园区。世园会结束后,园区将成为大型生态公园,同时,也是延庆打造花卉园艺产业集聚区的核心区。

会后,园区将创办一年一度的北京花展品牌,中国馆作为北京花展的主展馆,保留了论坛、新闻发布、会展等功能;国际馆建设成为中国园艺交易中心,搭建园艺产品研发、培育、交易平台;植物馆结合现有地热资源利用,吸引企业投资,建设展览温室,丰富冬季北京旅游资源;生活体验馆作为市民环保意识的园艺体验中心。园艺小镇,将成为设计师创作、展示的聚集地;兼具养老、休闲等功能,成为最专业最全面的园艺疗法体验地,吸引了不同年龄层的园艺爱好者。

2019年北京世园会,让汇集世界各国的精品园艺融入天然的山水大花园中,全面展示了园艺、城市、自然与人类和谐相融。园区与周边的自然美景融为一体,成为山水大花园中的园中之园,这将是对"让园艺融入自然让自然感动心灵"这一办会理念的最佳阐释。

10.3　上海会展业发展及其大型活动案例分析

10.3.1　上海会展业发展现状

上海地处长江入海口,是长江经济带的龙头城市,也是世界上规模和面积最大的都会区之一。改革开放以来,上海会展业经历了30多年的发展历程,为上海总体社会、经济发展做出了巨大的贡献,上海也已经从开始的学习起步阶段逐渐发展成为中国具有地方特色的会展中心城市。2016年5月,上海市人民政府印发《关于促进本市展览业改革发展的实施意见》:到2020年,基本建成要素集聚、配置合理、制度健全、服务完善、生态优化的展览业促进体系,把上海打造成市场运行机制比较成熟、会展企业富有活力、具有全球市场重要话语权的国际会展之都。

根据《2016中国会议统计分析报告》,2013—2015年,上海市会议数量均维持在300～400场。2015年上海市的会议数量为309场,在全国92个城市中位列第十五。根据《2016年ICCA国际会议市场分析报告》,2001—2016年,上海市平均每年举办56场国际会议,平均增长率为23.1%。

根据上海市会展业促进中心《2019年上海会展业统计数据》,2019年上海共举办各类展览及活动1 043个,举办总面积1 941.67万平方米。其中举办国际展310个,同比增长3.68%;举办国内展496个,同比增长6.21%;举办规模10万平方米以上的展览数量45个,其中30万平方米以上的展览数量6个。展览数量和展览面积均居国内首位,跻身世界前列,上海已成为全球成长最快的会展城市之一。

在展览场地上,上海的展览场馆室内外总展出面积达100多万平方米,已位居全国第一、全球前列。根据国际公认的指标来细分,上海拥有两个“超级场馆”(室内展览面积10万平方米以上)——国家会展中心40万平方米(见图10.3)、新国际博览中心20万平方米。两个场馆均跻身世界超级场馆55强排行榜,其中国家会展中心位居世界第二,新国际博览中心位居世界第十八。

图10.3　国家会展中心

从办展面积和数量上看,根据中国会展经济协会的数据,2016—2017 年上海市的办展面积为 1 689 万平方米,办展数量 767 场。

从展会上看,上海市重点打造了"上海家博会""中国(上海)国际建筑节能及新型建材展览会""上海国际印刷包装纸业展览会""上海国际汽车工业展览"等数十个优秀品牌展会项目。到 2017 年底,上海共有 UFI 认证展会项目 20 个,占比 25.0%,位居中国境内城市第一。

2018 年 11 月,在上海举办的首届中国国际进口博览会受到了国内外的广泛关注。该博览会是中国发起、多个国际组织和多个国家共同参与的国际性博览会,是 2018 年中国四场主场外交活动之一,是中国市场主动向世界开放的重大举措,它为全球贸易发展搭建了公共平台。

10.3.2   上海会展业发展特征

1) 拥抱互联网,发展数字展会

在发展数字经济已成为全球共识的背景下,上海市会展行业全面向"互联网+会展"发力,拥抱互联网,发展数字展会。其本质是以互联网为基础,将云计算、大数据、移动互联网技术和线下各行业展览融为一体,构建一个数字信息集成化的展示空间。上海新国际博览中心带头努力推进智慧会展建设,在其 17 个展馆中实现免费 WiFi 全覆盖,并实现停车场智能化改造,开通制证中心线上支付、智能导航、旅游及餐饮服务线上查询预订等增值服务,有效提升浦东会展、旅游、商务综合核心竞争力。

2) "产业+会展"资源整合,打造全产业链业态

会展是一个以与其他产业强联系合作而得以发展的行业,上海会展业在发展过程中与产业实现紧密结合。上海着力打造国际会展城市,会展业地位和作用日益凸显,其发展对于产业结构调整、开拓市场、促进消费、扩大产品出口、加强合作交流、推动国际化产业沟通都具有重要作用。

3) 政府政策导向,为会展经济释放巨大市场空间

随着我国经济市场化进程进一步加快,会展业逐步由政府主导的格局转向市场化发展。从会展业主体来看,会展业已经形成了政府、国有企事业单位、民营企业、外资企业、行业协会相互协作共赢的五大办展主体。上海作为长三角经济带的核心重点城市,打造会展总部经济优势明显,加之相应支持政策的助力,会展业市场发展空间巨大。

4) 技术驱动,会展行业转型升级

近年来,人工智能、虚拟现实、新媒体、数字化等技术的发展为会展行业的转型升级提供了内部驱动力。综观目前会展行业的市场表现,尤其是展览业,借助科技的力量可实现更加前沿、高科技的展出方式,如全息投影、虚拟现实等技术在展览现场为观众营造沉浸式的观

览体验。新技术的运用为会展经济的转型升级提供了巨大动能。

10.3.3 上海会展业发展趋势

1) 加快与相关产业深度融合

紧密围绕营销、体验和创意等途径,会展业可与其他产业实现融合发展。如:充分利用会展业的营销功能,加速与一般产业融合发展;积极推动展示技术发展,实现与通信、传媒、出版等产业的融合发展;发挥会展的体验路径优势,增强与旅游、休闲等产业的融合发展;挖掘会展业的创意路径,加快与文化创意产业的融合发展。

2) 专业化与品牌化并驱,提升上海会展国际影响力

培育精品会展和会展企业,提升会展专业化水平。依据国际会展发展最新潮流,立足上海自身产业特色,开展创意设计、信息数字、时装消费、高端国际会议等特色精品展,提升上海会展知名度和影响力。扶持和培育专业化会展企业,坚持会展企业与行业协会联合管理运作的模式,增强主办大型国际会展的专业性。

打造上海本土品牌会展,扩大会展国际知名度。通过扩大展览规模,提高展览质量,申请注册商标保护,以及国际评估认证等一系列措施,结合上海已有特色展会,逐步培养一批本土品牌展览,扩大展览的影响力和品牌优势。

3) "引进来"与"走出去"相结合,提升上海会展国际化水平

积极引入国内外知名展览公司,打造上海会展企业集聚群,实现强强联合,以提升上海会展的规模和质量。鼓励和扶持本土品牌会展企业出国办展,与国际知名企业交流和研讨会展信息、营商理念,提升上海会展的国际影响力。

10.3.4 大型活动经典案例:中国国际进口博览会

2017 年 5 月,中国国家主席习近平在"一带一路"国际合作高峰论坛上宣布,中国将从2018 年起举办中国国际进口博览会。中国国际进口博览会(以下简称"进博会"或"CIIE"),旨在坚定支持贸易自由化和经济全球化,主动向世界开放市场。举办中国国际进口博览会是中国政府坚定支持贸易自由化和经济全球化、主动向世界开放市场的重大举措,有利于促进世界各国加强经贸交流合作,促进全球贸易和世界经济增长,推动开放型世界经济发展。

首届进博会,以"新时代,共享未来"为主题口号,172 个国家、地区和国际组织的 3 617家企业参展(包括 200 多家世界 500 强和行业龙头企业),展出面积合计 30 万平方米,其中世界各国首次进入中国市场的产品、技术和服务 5 000 余件,境内外采购商 40 余万人到会洽谈采购,达成意向成交额 578.3 亿美元。比照全球顶级商贸展指标,进博会已跻身世界百强,挺进国际一流。

1) 多维度的展区构成

进博会主要包括展会和论坛两个主题,由国家贸易投资综合展(以下简称"国家展")、企业商业展和虹桥国际经贸论坛三大板块架构而成。

国家展是首届进博会的重要组成部分,只展示不成交,由82个国家、3个国际组织(世界贸易组织、联合国工业发展组织、联合国国际贸易中心)设立71个展台,囊括了发达国家、发展中国家和最不发达国家,覆盖五大洲,展览面积达3万平方米,成为世界各国展示国家形象、经贸成就和特色优势产品的公共服务综合平台。参展国家高度重视进博会,派出多支高层政府代表团参加国家展。展览内容丰富多样,涵盖了商品服务贸易、工业发展水平、特色旅游项目等。此外,中国馆特别设立了"中国进口故事"专题,从"开放、融通、共享"的理念出发,向参观者充分展现了改革开放新时期中国发展的新举措,尤其是进口在改革开放和"一带一路"建设中的积极作用,让世界看到中国新时期的全面开放新格局和包容共享的理念给世界经济带来的发展机遇。

企业商业展包括两个部分——货物贸易和服务贸易,具有展览规模宏大、国家分布广泛、企业数量众多、质量优秀、产品技术水平高等特点。企业商业展的展览面积达27万平方米,参展企业3 000多家,其中世界五百强企业有200多家。境外参展商总计3617家,国际化率达100%,特装展位占91%。参展企业数量位居前三位的是日本、韩国和美国,其中美国参展企业多达180家。来自美、欧、日等发达国家的参展企业,与"一带一路"沿线国家的参展企业数量之比约为9∶1。据统计,企业商业展共接待来自90多个国家和地区及5个国际组织的境外(含港澳台)部长级以上政要参观团120多个,其中包括国家元首或总理级团组8个、副总理级团组8个。境内外专业观众15万人,展会期间入场总人次达80万之多。进博会还发布了100多项新产品和国际前沿技术。首届进博会以国际专业性展会标准为基本要求,所有展区按照行业进行分类,实行专业布展,布展水平远超国际平均水平。

虹桥国际经贸论坛邀请到来自全球130多个国家和地区的4 500名政府官员、国际组织负责人、知名企业家和专家学者参加,直接服务于进博会的总体目标,包括开幕式和配套的三个平行论坛"贸易与开放""贸易与创新""贸易与投资"议题,以"激发全球贸易新活力,共创开放共赢新格局"为主题,紧扣了当前国际国内发展的新趋势和新变化。此外,博览会期间还举办了数量众多的产业研讨会、供需对接会、政策说明会、新品发布会等相关配套活动,用以诠释和推广我国的改革开放政策。同时积极促进参展商和采购商对接与信息交流,满足各方综合需求,充分发挥进博会的溢出效应和放大效应。

习近平主席的主旨演讲《共建创新包容的开放型世界经济》把脉全球发展大势,阐释合作共赢、共同发展的理念主张,宣布中国扩大开放新举措,在与会政要和企业家中产生强烈共鸣。这是一场吸引全球目光、汇聚全球智慧、倡导开放融通、拓展互利合作的主场外交活动。15位外国国家元首、政府首脑和王室代表出席开幕式,与会部级以上外方嘉宾超过400位,是2018年国别最广、规模最大的主场外交活动之一,树立了新时代高水平开放的里程碑。

2) 企业商业展览内容丰富多彩

企业商业展分货物贸易和服务贸易两大板块。其中货物贸易6大展区,展出面积24万平方米;服务贸易 1 大展区,展出面积 3 万平方米。

货物贸易分消费电子及家电、服装服饰及日用消费品、汽车、智能及高端装备、食品及农产品、医疗器械及医药保健六大展区。其中成交量第一大展区是智能及高端装备展区,展会期间意向成交额 164.6 亿美元。中国正在从制造业大国走向制造业强国。中国制造业产值全球占比 20%,其转型升级过程将对全球先进制造装备提出巨大需求。

第二大展区是食品及农产品展区,展会期间意向成交额 126.8 亿美元。近年来中国的食品进口市场不断扩大,2016 年接近 500 亿美元;农产品进口市场超过 1 100 亿美元。

第三大展区是汽车展区,展会期间意向成交额 119.9 亿美元。中国正在进入汽车普及时代,截至 2016 年底,年产销量达 2 800 万台,保有量比 2011 年增加 1 倍,达 1.97 亿台,仅次于美国。中国已成为世界上规模最大、成长最快的汽车市场,每年进口汽车超过 100 万辆,销售额超过 450 亿美元。

第四大展区是医疗器械及医药保健展区,展会期间意向成交额 57.6 亿美元。近年来,中国医疗器械及医药保健行业市场规模持续扩大。2016 年医疗器械进口金额为 184 亿美元,同比增长 6.3%;医药保健进口金额为 480 亿美元,同比增长 3.8%。参考国际经验,未来中国市场仍将有相当广阔的成长空间。

第五大展区是消费电子及家电展区,展会期间意向成交额 43.3 亿美元。2016 年,中国家电及电子产品进口市场达 4 128.88 亿美元。中国手机用户超过 13 亿,市场出货总量 5.6 亿部,智能手机占比超过 90%。消费需求呈现多元化、定制化趋势,国际知名品牌和高端产品受到青睐。中国品牌性价比日益逼近世界一流,自然形成了替代进口大趋势。

第六大展区是服装服饰及日用消费品展区,展会期间意向成交额 33.7 亿美元。消费者关注质量,关注进口商品。不同于之前海外大型企业的直接进口途径,许多中小企业产品通过代购及进口超市、跨境电商等新渠道进入中国。

服务贸易是单列展区,展会期间意向成交额 32.4 亿美元。中国目前拥有优质服务的巨大市场。2011—2015 年,中国服务贸易进口额从 2 477 亿美元上升至 4 674 亿美元,年均增长 17.2%。其中,出境旅游表现突出,连续 8 年以超过 20% 的势头快速增长;出境游消费2015 年增长 77%。此外,运输、商业服务、特许权、建筑服务和保险服务 5 个领域进口额增长显著。

无论是进博会还是 2010 年上海世博会,都为经济全球化注入了巨大的正能量。进博会作为 2018 年四大主场外交活动之一,是以进口为主题的国家级国际化的超级贸易展。进博会是外贸展、专业展、交易展,以企业为主体,在中国政府搭建的经贸沟通平台上实现世界各国企业间的贸易交往,主要服务于国际贸易和企业供需,并通过市场交易的内在机制,针对逆全球化潮流,采用开放中国市场的方式支持多边主义和自由贸易。它与世博会以公众为主体,在中国开辟的世博园区内展示世界各国的政治、经济、社会、文化,与通过开阔公众眼界和胸怀支持对外开放和国内改革有所区别,但都是展示国际化程度的重要平台。

10.4 广州会展业发展及其大型活动案例分析

10.4.1 广州会展业发展概况

广州是我国三大会展中心城市之一,从1957年举办第一届广交会,到2017年成功举办《财富》全球论坛,广州会展业的重要地位和影响力一直延续至今。广州历来是商贸活动活跃之地,改革开放后区域内经济快速发展,形成了富有特色的城镇产业带,为会展业的发展奠定了坚实、广阔的市场基础,带动了许多特色显著、定位精确的会展项目。近年来,广州致力于建设国际会展中心,不断优化会展营商环境,促进会展业持续健康发展,取得了显著的发展成效。

2012—2017年,广州会展业景气程度持续回升,主要会展指标均保持了平稳增长态势(见表10.3)。2017年,全市重点场馆共举办展览678场,展览面积达989.6万平方米;举办会议7 768场;接待参展参观参会人数1 570.3万人次。

表10.3 2012—2017年广州重点场馆举办会展活动情况

主要会展指标	2012年	2013年	2014年	2015年	2016年	2017年
展览场次/场	377	480	392	482	538	678
会议场次/场	6 682	7 919	8 385	7 523	7 114	7 768
展览面积/万平方米	829.0	831.8	858.7	861.7	896.5	989.6
参展参观参会人次/万人次	1 305.9	1 405.9	1 256.9	1 338.9	1 490.5	1 570.3

2018年,面对贸易保护主义和单边主义有所抬头,世界经济增长动能有所放缓的不利情况,广州通过夯实会展财政资金支持力度,切实加大引进和培育力度,扩大会展品牌整体宣传等措施,兼顾保有存量和扩大增量,展览面积稳中有升并继续保持增长。2018年,全市重点场馆合计举办展览628场,展览面积合计突破1 000万平方米,达1 020万平方米,比2017年增长3.03%;展览平均面积16 242平方米,比2017年增长11.23%。2018年,首次在广州举办的展览项目24个,展览面积369 475平方米。其中,首届举办展览项目15个,新引进展览项目9个。

近年来,广州提出打造高端国际会议目的地城市重要举措,整合优化会议业发展的软硬件环境,主动承接和吸引各类高端国际会议,不断巩固广州作为华南国际会议中心的地位。2018年,全市重点场馆合计接待各类会议8 416场,比2017年增长8.3%;合计接待参展参观参会人员1 342.18万人次。其中,国际会议61场。继2017年《财富》全球论坛之后,2018年9月15—18日,被誉为全球民航界"奥运会"和"世博会"的世界航线发展大会在广州成功举办,来自全球约110个国家的300多家航空公司、700多家机场管理机构、130多家政府及旅游机构等3 500多名代表参会。大会围绕"航空""城市""经济"三大热词,举办"国际航空枢纽战略与城市创新力论坛""临空产业经济论坛"和"智慧城市与智慧机场论坛"三场论坛,并举办广州旅游推介会、一对一会谈、城市观光游及民俗文艺演出等系列活动。

10.4.2 广州会展业发展特征

1) 品牌展会培育引进成效显著

积极培育引进品牌展会。如:积极推进德国柏林展览有限公司在穗举办"中国广州国际电子消费品及家电品牌展",支持举办"博古斯"世界烹饪大赛中国区和亚太区选拔赛、第七届中国饭店文化节暨世界级城市群饭店餐饮合作大会、世界职业教育大会暨展览会、第80届全国药品交易会等品牌会展活动。

品牌展会成为广州会展业重要支撑。从展览面积来看,2018年广州举办5万平方米以上的大型特大型展览42场,比2017年增加7场,增长20%,展览面积合计734.4万平方米,占全年展览面积的72%。从展览的连续性来看,至2018年,广州举办超过10年以上的品牌展览81场。

2) 展览题材丰富,产业会展特征明显

展会题材基本与当地城市的经济总量、产业基础、人口结构等特点相吻合。根据报告统计数据,从中国进出口商品交易会展馆(见图10.4)、保利世贸博览馆、南丰国际会展中心、广州国际采购中心、白云国际会议中心2018年全年举办的232场经贸类展览会来看,轻工化工类展览会有141场,占比61%;服务贸易文化类展览会有39场,占比17%;重工工业设备类展览会有40场,占比17%;电子通信技术类展览会有12场,占比5%。由此可见,广州会展业发展主要由产业和市场双重驱动。广州作为国家中心城市,拥有巨大的展会消费市场,工业制造辐射力较强,生产装备需求量大。另外,广州作为较高收入的城市,催生了对汽车、家具家装的需求,促进了汽车交通、家具家居、房产建材等类别的展览会发展。同时,广州生活水平的日益提高释放了对文娱活动和居民服务方面的需求,以图书动漫、礼品玩具、文化教育、健康医疗为题材的展览会场次逐渐增多。

图10.4 中国进出口商品交易会展馆

3) 办展主体以民营企业为主,市场化程度高

在 2018 年全年举办的 232 场经贸类展览会当中,全年办展主体有 141 家企业。按办展主体性质划分,党政机关 12 个,占比 8.5%;国有企业 12 家,占比 8.5%;外资企业 12 家,占比 8.5%;民营企业 105 家,占比 74.4%。从市场化程度来看,广州展览市场化程度较高,尤其在全国清理政府展、减少政府展的背景下,政府主导型的展览会有 16 场,场次占比 7%,由企业纯市场化运作的展览会有 216 场,场次占比 93%。从展览会举办数量来看,党政机关、国有企业和外资企业举办的展览会 63 场,占比 28%;民营企业举办的展览会 169 场,占比 72%。

10.4.3 广州会展业发展趋势

1) 提升广交会发展水平,增强会展龙头带动作用

打造城市品牌。将广交会作为城市品牌,在国际友城交往和境内外经贸交流活动中进行广泛宣传推广,助力广交会吸引更多高质量的新采购商到会。

营造良好宣传氛围。协调相关部门,利用城市主干道、交通站点、出入境口岸、主要商业区等场所,通过平面媒体、电子媒体等,扩大对广交会的宣传,组织境内外主流媒体加强对广交会的采访报道,营造良好的城市宣传氛围。

推动广交会优化展区结构。支持广交会进口展区做大做强,协助邀请国内进口企业、跨境电商企业、大型超市、百货商场等优质采购商到会,推动进口展区拓展展品题材和提升采购商规模质量,促进广交会进口和出口、外贸和内贸融合。

策划组织配套活动。配套策划举办有影响力的高端论坛,务实组织行业对接活动,打造展览与会议、行业交流相互促进的开放合作平台。

2) 加强粤港澳大湾区会展业协同合作

继续办好"澳门·广州缤纷产品展",引进"活力澳门"展览项目,打造一批穗港澳会展合作示范项目。进一步探索有效合作的模式机制,整合湾区会展资源,打造有国际影响力的展会活动,促进企业互相参展参会。利用广东 21 世纪海上丝绸之路国际博览会移至广州举办的契机,以粤港澳大湾区建设为重要主题,推动三地合作办展和三地企业共同参展,促进湾区会展业协作发展。

3) 加强会展人才队伍建设,培育核心竞争力

通过举办国际人才交流合作会大力引进海内外高层次人才,培养一支熟悉会展标准制定规则、熟悉专业技术、精通外语、了解国际会展规则的标准化人才队伍。重点引进具有国际会展操作经验和在会展活动中起骨干作用的管理、策划、设计专家及工程师等高端专业人才。

创新会展人才培养模式,会展单位与学校积极共建会展人才教育培训基地,加强校企合

作办学,产教融合。提高会展人才的实际操作能力,有针对性地培养一批国际化的会展专业人才,加速会展及相关行业人才的储备,为广州会展业持续发展提供理论支持和人才保障。

10.4.4　大型活动经典案例:中国进出口商品交易会(广交会)

中国进出口商品交易会于1957年由周恩来总理倡议创办,被誉为"中国第一展"。一年春秋两季在广州举办两度盛会,广交会创办历史悠久,是我国层次最高、规模最大并且商品种类最为齐全、成交效果最为突出的展会。

广交会成功举办60余年来,始终秉持开放、共赢、创新求发展的理念,在这个开放型国际贸易平台上,中国的企业、产品和品牌走出国门,走向世界;国外先进的产品、技术进入中国市场,促进中国市场同类产品开发。

第126届广交会的成功举办,正值新中国成立70周年之际,意义十分重大。在世界经济增速放缓、外贸环境更趋复杂严峻的背景下,采购商到会符合预期,质量稳步提升。第126届广交会采购商到会186 015人,来自214个国家和地区。此届广交会出口成交总体平稳,外贸高质量发展步伐加快。累计出口成交2 070.9亿元(折合292.88亿美元)。

受新型冠状病毒肺炎疫情影响,第127届广交会改在网上举办,海内外近2.6万家企业参展。2020年6月24日,第127届广交会在"云端"圆满落幕,云平台运行平稳。展商展品、新闻与活动、全球供采对接、大会服务、跨境电商专区五大板块交相辉映,携手全球展客商共同演绎了一场"云端"盛宴。

(1)新产品新技术闪耀"云端"

众多全球首发、广交会首发新品集中亮相,让世界对中国制造、中国品牌有了新的认识。近2.6万家境内外参展企业通过图文、视频、3D等形式上传海量展品,新产品、智能产品、"三自一高"产品持续增多。"云端"琳琅满目的产品吸引了全球采购商"冲浪"观展。

(2)直播营销有人气有热度

第127届广交会推出的网上直播间突破了时空限制,增强了交互体验,企业参与热情高涨。有的企业针对各个海外市场的实际情况,制定个性化直播方案,每天上线十几场直播。有的企业不仅以VR形式呈现产品展厅、企业全景等,还实时直播自动化生产线,全方位展现企业实力。有的企业根据客户分布特点,划分了美洲、欧洲、亚太、中东非四大直播时区,分时段、有针对性地进行直播推介,无缝对接来自全球的采购商。

(3)线上贸易撮合智能高效

第127届广交会以采购商需求为导向,以展商展品信息为基础,运用数字技术,搭建智能高效的供采对接推送与在线洽谈系统。境外采购商通过系统发起预约洽谈、开展即时沟通、达成意向订单。同时,在网上复制实体展双方互信的贸易洽谈环境,提升了双方沟通的信任度和采购洽谈效率,受到客商欢迎。

(4)配套活动精彩纷呈

第127届广交会高标准举办了形式多样的相关活动。举办了24场采购商"云推介"活动,集中促成了5场贸易合同"云签约"。20个交易团(分团)的58家龙头企业,举办了64

场新品发布活动。邀请京东、网易严选和苏宁易购联合举办线上采购需求说明会活动,为企业搭建内贸渠道。联合海关举办专场政策宣讲,为展客商提供权威专业的资讯分享。广交会产品设计与贸易促进中心(PDC)采用"云讲座+云直播"方式进行了13场主题分享,组织33个时尚品牌参与20场"云"上走秀活动。广交会出口产品设计奖(CF奖)首次推出获奖产品云展厅,为获奖企业和产品提供展示平台。

(5)全面重塑整合服务

金融服务专区8家金融机构为参展企业定制专属金融产品,授信额度更高、结算费率更低、融资渠道更便捷。第127届广交会建立线上线下相结合的投诉处理新模式,高标准筑牢知识产权保护之盾。全国105个跨境电商综试区首次集中向全球亮相,展示中国跨境电商蓬勃发展的实力。与广交会官网建立连接的6家跨境电商平台受到普遍关注,网站访问活跃。

(6)举办成效符合预期

在疫情仍在全球蔓延、世界经济衰退风险大幅上升、全球贸易受到严重冲击的背景下,第127届广交会成功吸引了来自217个国家和地区的境外采购商注册观展,采购商来源地分布创历史纪录,保持了多元化和全球化,持续助力优化国际市场布局。许多外贸企业通过此届广交会在网上全方位展示和直播,将所有产品、生产车间、样板间向客户做了全面推广,吸引了来自全球的客流,收获不少咨询和意向订单,取得了不错的参展效果。不少外贸企业表示,广交会的举办帮助他们维系了老客户、结识了新客户,为正需要订单的企业下了一场"及时雨",会后还将与采购商进行更加深入的洽谈,力争达成更多贸易成果。

(7)支持企业出口转内销

为了更好地服务构建国内国际双循环相互促进的新发展格局,贯彻落实国务院关于支持适销对路的出口商品开拓国内市场的决策部署,第127届广交会加大了境内采购商邀请力度,境内采购商注册观展较第126届广交会大幅增长。

阅读资料

澳门打造"会议城市"

2016年,包括国际展览业协会(UFI)及国际大会及会议协会(ICCA)等在内的国际会议及展览行业协会,对澳门会展业的发展均给予正面评价。特别是在会议业方面,ICCA于2016年5月发布的最新报告显示,2015年其认可了28项在澳举行的会议,按亚太区城市排名,澳门名列第21位,反映了澳门对全球会议活动及参会代表的吸引力正逐步增加。以往澳门曾接待数千甚至上万人的会议方。全球能轻易举办过万人次的会议城市也只有3个,分别是美国的拉斯维加斯、新加坡及澳门,这无疑彰显了澳门的接待实力。同时,"透过吸引大型会议来澳举办,吸纳专业客商并拉动澳门经济"的政策理念,以及随着更多大型会议落户澳门在逐步实现,为数众多的海内外高端商务和专业人士来澳,除带旺路氹城区一带经济,澳门旧城区及北区等社区生意额亦有所增加。

　　会展业作为促进澳门经济适度多元化发展的重要元素,能带动上下游产业链,具有对整体经济的拉动效应,带动广告、物流、餐饮、旅游、酒店等多个行业发展,并在推动"世界旅游休闲中心"和"中国与葡语国家商贸合作服务平台"的建设中发挥了积极而有效的作用。自回归以来,澳门特区政府先后出台一系列支持及鼓励会展业发展的措施,透过这些政策措施、专业培训、支持承办大型会展活动,以及深化区域合作等,力图促进本地会展业的快速发展。在会展业中,会议业属于轻资产,具有轻成本的特点,相较于对场地等硬件设施具有刚性要求的展览业,地少人多的澳门比较适合"会议为先,展览为辅"的产业发展模式。当然,随着会展业的发展,往往是会中有展、展中有会,要严格区分会议和展览,一来比较困难,二来也不必要。在对于"会议城市"的角度展开分析时,并不忽略展览业,更多的则是要说明和分析澳门在推进会议业已有的基础以及发展过程方面所遇到的问题,尝试探索进一步推进会议业,以及联动展览业共同发展的可行路径。

　　应当说,澳门会议业存在的问题与潜在的优势非常明显,澳门旅游、中国与葡语国家商贸合作服务平台与绿色会展这3个方面的优势已成为会展业的亮点。未来随着港珠澳大桥、粤澳新通道、轻轨等大型交通设施的落成和启用,澳门发展会议业的环境将进一步优化,更有效发挥区域联动效应,促进客源互引。通过多管齐下,我们相信,有了"会议为先"的定位,在人才配备到位、产业设施及娱乐元素有所增加的基础上,产、官、学、研齐心做好品牌的推广,澳门的会议业联合展览业将会迎来飞跃发展期。

　　(资料来源:一带一路工业和信息化产业资源平台,2018-08-24.)

专家评析

　　在推动"世界旅游休闲中心""中国与葡语国家商贸合作服务平台"建设和促进经济适度多元过程中,澳门特区政府以"会议为先"为方向,着力培育会展业的产业链,引进不同类型高质素的国际会议落户澳门,吸引更多优质的高端商务旅客,以带动本地更多行业和中小企业的综合发展。为实现这一目标,澳门特区政府和业界应大力宣传澳门作为"盛会之都"的优势,积极竞投国际会展机构年会;通过精准扶持,引导"会议城市"与国际接轨;巩固和强化会议中的葡语国家元素;加大培育和引进会议产业的专业技术人才的力度。

参考文献

[1] 杨顺勇,丁萍萍.会展营销[M].北京:化学工业出版社,2009.

[2] 魏仁兴.会展营销[M].重庆:重庆大学出版社,2012.

[3] 王承云.会展经济[M].重庆:重庆大学出版社,2018.

[4] 马琪,仲欣.会展策划与管理[M].2版.北京:清华大学出版社,北京交通大学出版社,2018.

[5] 许传宏.会展策划与管理[M].武汉:华中科技大学出版社,2019.

[6] 李海,谢英.体育活动策划与组织[M].北京:高等教育出版社,2018.

[7] 来逢波.会展概论[M].2版.北京:北京大学出版社,2019.

[8] 张义.会展导论[M].上海:复旦大学出版社,2020.

[9] 吴志才.会展策划理论与实务[M].北京:经济管理出版社,2016.

[10] 马勇.会展学原理[M].重庆:重庆大学出版社,2015.

[11] 张晓红,任炜,李凌,等.大型活动志愿服务的组织与管理[M].北京:中国青年出版社,2014.

[12] 卢晓.节事活动策划与管理[M].4版.上海:上海人民出版社,2016.

[13] 华谦生.会展策划[M].3版.杭州:浙江大学出版社,2019.